国家社会科学青年基金项目“我国区域发展不平衡的福祉测评与均衡机制研究（12CJL062）”的最终研究成果

中国区域福祉不平衡及其均衡机制

王圣云 著

Zhongguo Quyu Fuzhi Bupingheng Jiqi Junheng Jizhi

中国社会科学出版社

图书在版编目(CIP)数据

中国区域福祉不平衡及其均衡机制/王圣云著.—北京:中国社会科学出版社,2017.8

ISBN 978-7-5203-0790-1

Ⅰ.①中… Ⅱ.①王… Ⅲ.①社会福利—区域差异—研究—中国 Ⅳ.①D632.1

中国版本图书馆CIP数据核字(2017)第187871号

出 版 人 赵剑英
责任编辑 周晓慧
责任校对 无 介
责任印制 戴 宽

出 版 中国社会科学出版社
社 址 北京鼓楼西大街甲158号
邮 编 100720
网 址 http://www.csspw.cn
发 行 部 010-84083685
门 市 部 010-84029450
经 销 新华书店及其他书店

印 刷 北京明恒达印务有限公司
装 订 廊坊市广阳区广增装订厂
版 次 2017年8月第1版
印 次 2017年8月第1次印刷

开 本 710×1000 1/16
印 张 16.5
插 页 2
字 数 246千字
定 价 69.00元

目　　录

前　言

从改革开放到20世纪末，中国实施的非均衡发展战略使东部沿海地区率先得到发展，但同时也使中国区域经济差距不断扩大，进而造成在教育、健康、居住、公共服务和收入等方面的福祉不平衡问题，在一定程度上表现为区域福祉失衡，福祉城乡失调，福祉分配失均，福祉供需失序，福祉产业失效等不协调现象，引起了学界、政府和社会的广泛关注。

区域发展不平衡是区域经济学和经济地理学关注的核心领域，区域均衡发展机制一直都是区域经济学和经济地理学家积极探索和力求创新的核心议题。但至今仍在区域发展不平衡的测度指标选取等方面存在争议。多数研究将人均 GDP（或人均收入）等经济指标视为发展或福祉的替代变量，过多停留在对经济维度的地区差距考量上，忽视了对涵盖非经济维度的福祉区域不平衡的综合衡量。这不仅不能科学地反映区域发展的多维不平衡特征，而且也不能客观揭示区域福祉非均衡格局和演变态势。区域发展不平衡的测评基准最重要的是福祉指标，从福祉层面分析区域发展不平衡态势是根本所在。

区域之间福祉均衡状态是衡量区域协调发展质量的“指示器”，实现福祉均衡是促进区域协调发展的应有之义。近年来，关于区域发展空间均衡问题研究得到了足够重视。学界开始逐步扭转以往仅从经济视角缩小区域发展差距的传统观点，认为区域均衡发展旨在缩小地区之间福祉水平或生活水平的差距。但在具体研究中，对福祉视角的区域发展空间均衡问题的研究成果甚少。研究范式多倾向于分析区域经济趋同趋异规律，未能厘清区域空间均衡与趋同的内涵差异，尚未认识到区域发展空间均衡不仅是趋同，还包括福祉结构互补的协调含义。

在全面建成小康社会的大背景下，在五大发展理念的指导下，基于多维福祉指标，进行中国区域发展不平衡的格局演变、态势研判、影响因素、均衡机制以及调控思路等研究，是促进中国区域协调发展，实现中国区域与城乡基本公共服务均等化调控的重要基础，是一个日益受到各界重视且具有理论和实践探索空间的重要研究导向。

本书认为，中国区域经济发展不平衡是必然趋势，但是区域之间人均福祉均衡却是可以实现的。区域均衡发展不是刻意平衡区域之间的经济发展水平，而是在保持适度经济差距的前提下，促进区域之间人均福祉均衡，即中国在经济不断发展过程中，各地区福祉水平不断提升，通过提高福祉产出绩效和加强福祉均衡因素调控，促进中国福祉结构均衡、福祉空间均衡、福祉城乡均衡、福祉供需均衡，从而使得人均综合福祉水平的地区差距趋向缩小和逐步趋同的过程。

为此，中国要实行保持“适度经济差距”与“人均福祉均衡”并行不悖的区域均衡发展战略。可以预见，促进人类福祉区域城乡均衡发展应成为今后一段时期中国区域协调发展战略的新焦点。中国政府要将缩小区域之间、城乡之间人类福祉差距作为缩小区域发展差距的先导战略，以缩小人类福祉的区域差距和城乡差距为优先着力点，更加重视提升中西部地区人们的基本生活需求和生活质量。同时，要着力扭转不可持续的以高碳排放为代价的福祉发展模式，推行兼顾“降低碳排放”和“增进人类福祉”双重目标的低碳福祉战略。以两大战略的联动实施深入推进中国区域协调发展与全面小康社会建设，促进中国区域社会公平，提高中国民生福祉质量，增强中国发展能力，提升中国发展的协调性、平衡性、持续性与人本性。

本书依托国家社会科学青年项目（12CJL062），在构建区域福祉均衡分析框架的基础上，首先在世界区域人类福祉格局演进背景下对中国人类发展成就和态势进行透视和分析；然后基于新测算的人类发展指数、纳入环境因素的人类福祉指数以及阿马蒂亚·森的可行能力福祉测评框架三个层次，对中国区域及城乡发展不平衡的时空演变特征、组份结构分解、驱动要素效应以及影响调控因素等进行实证研究，最后给出了供需匹配视角下中国省级区域福祉均衡调控机制和情景方案。

本书出版得到了国家社会科学基金青年项目（12CJL062）、南昌大学“三个一工程”建设计划“区域经济与绿色发展创新研究平台”经费资助。本书在撰写过程中得到了教育部人文社会科学重点研究基地南昌大学中国中部经济社会发展研究中心的大力支持，得到了美国密歇根州立大学（MSU）地理系/全球城市研究中心的陈果教授在我于2015—2016年受CSC资助赴美国访学期间的指导和关照，得到了我的研究生罗玉婷、翟晨阳的有力帮助，在此一并致谢。最后还要感谢五位匿名评审专家中肯、富有建设性的宝贵建议。书中不足之处敬请同行专家和读者朋友批评指正。

王圣云

第一章　导论

第一节　问题的提出

改革开放到20世纪末，中国实施的非均衡发展战略使东部沿海地区率先发展，但同时也使中国区域之间的经济发展差距不断扩大，区域发展的不平衡态势加剧，体现在教育、健康、住房和收入等方面的区域差距呈现出明显扩大态势（丁海，2003）。尽管区域经济发展不平衡是中国的基本国情，是中国经济快速发展过程中不可避免会出现的副作用（陆大道，2007），但由此导致的中国不同地区居民在收入、公共服务等方面所存在的显著差距①，使得地区之间福祉不平衡，造成了区域社会不公，已成为中国保持长期繁荣的最大隐患（胡鞍钢，2006）。

区域之间福祉均衡状态在某种意义上是衡量区域协调发展质量的“指示器”，区域协调发展旨在缩小地区之间生活水平和民生福祉差距，实现福祉均衡是促进区域协调发展的应有之义。福祉作为一个反映人的“良好生活状态”的概念（Des Gasper，2007），是区域经济社会发展的根本出发点和最终落脚点，也是民生问题的重要体现。

一方面，随着发展观由物本发展观向人本发展观的不断演变，人在发展中的作用逐步得到重视。发展开始被认为不仅提高了人的

① 杨永恒、胡鞍钢、张宁在《中国人类发展的地区差距和不协调——历史视角下的“一个中国，四个世界”》（《经济学》（季刊）2006年第2期）一文中指出，中国的人类福祉存在“一个中国，四个世界”的地区差距。

物质生活条件，而且满足了人们的生活需要以及扩展了人的选择能力，也即提升了人的福祉水平（阿马蒂亚·森，2002）。尤其是区域发展的研究范式出现了福祉转向，更为关注人本发展和社会公平，发展目标逐步从以经济发展为主导转向追求民生福祉，向满足人的需要和提升民生福祉方向转变。区域发展研究范式的福祉转向对区域发展不平衡研究的最大影响在于，打破了以往仅从经济视角缩小区域发展差距的传统观点，认为区域发展不平衡的测评指标或测评基准最重要的是福祉，从福祉层面分析区域发展不平衡是根本所在。同时，构成福祉的非经济变量与经济变量存在空间上的非一致性（Sen，2002），因而经济指标的区域不平衡不是最重要的，分析福祉指标的区域不平衡才是最重要的（万广华，2008）。可见，福祉指标比人均 GDP 等经济指标对中国区域发展不平衡的刻画更为全面与准确（胡鞍钢，2006）。

另一方面，随着科学发展观向五大发展理念的演进以及中国区域治理实践的不断推进，中国区域协调发展的内涵得到不断拓展。从国家“五年”发展战略中关于区域协调发展方面的表述中可以看出，自“十一五”规划起，中国区域协调发展战略改变了以往注重缩小区域经济发展不平衡格局的趋向，转向关注区域之间基本公共服务均等化。“十一五”规划纲要明确提出了区域协调发展机制，要求缩小区域之间基本公共服务和人民生活水平的差距。“十二五”规划纲要则提出要逐步实现不同区域基本公共服务均等化，形成公共服务和人民生活水平差距趋向缩小的区域协调发展格局。

到了“十三五”时期，则提出了“要创新区域发展政策，健全区域协调发展机制，促进区域协调、协同、共同发展，努力缩小区域发展差距。提升全民教育和健康水平，提高民生保障水平，坚持普惠性、保基本、均等化、可持续方向，提高公共服务共建能力和共享水平”的战略要求（见表 1－1）。由此可见，更为关注民生福祉，从以往的经济主导向福祉导向转变是中国区域发展研究范式的重大转向，人均福祉均衡将是对中国区域发展不平衡进行测评和区域协调发展进行调控的关注焦点（王圣云，2011）。

表 1-1 **中国五年发展规划中区域协调发展战略内涵演变**

国家发展规划	区域协调发展战略要求和内涵	主要举措
"九五"计划（1996—2000年）	发挥地区比较优势，缩小地区经济差距	提出西部大开发战略
"十五"计划（2001—2005年）	解决区域发展不平衡问题	进行区域发展总体战略重大调整，实施西部大开发，中部崛起和东北振兴等国家区域战略
"十一五"规划（2006—2010年）	提出协调发展机制，要求缩小区域之间基本公共服务和人民生活水平差距	坚持实施推进西部大开发，振兴东北地区等老工业基地，促进中部地区崛起，鼓励东部地区率先发展的区域发展总体战略 健全区域协调互动机制（市场机制、合作机制、互助机制、扶持机制） 推进形成主体功能区
"十二五"规划（2011—2015年）	促进要素流动和区域合作，缩小地区发展差距 公共服务和人民生活水平差距趋向缩小的区域协调发展格局 逐步实现不同区域基本公共服务均等化	实施区域发展总体战略，推进新一轮西部大开发，全面振兴东北地区等老工业基地、大力促进中部地区崛起，优化区域发展格局 实施主体功能区战略
"十三五"规划（2016—2020年）	促进区域协调、协同、共同发展，努力缩小区域发展差距 提升全民教育和健康水平，提高民生保障水平，坚持普惠性、保基本、均等化、可持续方向，提高公共服务共建能力和共享水平	深入实施西部开发、东北振兴、中部崛起和东部率先的区域发展总体战略，创新区域发展政策，健全区域协调发展机制 改善民生，建立健全基本公共服务体系 加快建设主体功能区

资料来源：根据历次五年规划纲要整理。

第二节 研究意义

当前，中国进入了一个深化改革的新的发展时期[①]，全面建成小

① 2013年召开的十八届三中全会对中国全面深化改革做出了战略部署，认为促进社会公平正义、增进人民福祉是中国全面深化改革的出发点和落脚点，要求发展成果更多更公平地惠及全体人民。

康社会的决胜时期①，以及推进现代化建设的关键历史起点时期。②在此背景下，以增进社会公平和增进人民福祉为出发点和落脚点，从福祉视角对中国区域发展不平衡进行福祉测度和均衡机制研究，科学地测评中国区域福祉不平衡态势，找寻中国区域福祉不平衡的影响因素和改进途径，不仅能够丰富国内外区域发展不平衡和均衡调控研究，而且有助于科学认识中国区域发展不平衡态势，可为中国大力扭转地区发展不平衡不断扩大的趋势，形成公共服务和人民生活水平差距趋向缩小的区域协调发展格局，为政府促进区域协调发展和改善民生福祉制定相关政策提供决策依据。这是党的十八大，十八届三中全会、五中全会和中国“十三五”规划纲要提出的战略要求，也是中国进一步推进区域均衡发展和民生建设亟须考虑的重要学术和现实命题。

本书的理论和现实意义在于：（1）从经济主导转到福祉导向研究中国区域发展不平衡，符合可持续发展的根本要求，体现了以人为本、改善民生、发展成果共享等科学发展内涵，对于推进中国区域发展研究范式转向和区域协调发展具有重要的理论指导意义；（2）构建中国区域福祉不平衡的测评模型，分析中国区域福祉的区域非均衡性，有利于综合考察中国区域发展不平衡态势；（3）识别与评估中国区域福祉不平衡的影响因素，拓展了中国区域协调发展战略思路，有利于促进中国区域福祉趋同和协调发展，对推进中国区域协调发展具有重要的理论指导和实际运用价值；（4）基于福祉供需空间匹配视角提出中国省区福祉均衡调配思路和方案，对于促进中国地区之间居民福祉均衡具有应用和推广价值。

---

① 胡锦涛在《坚定不移沿着中国特色社会主义道路前进——在中国共产党第十八次全国代表大会上的报告》（人民出版社 2012 年版，第 34 页）指出，中国正处于全面建成小康社会，加快推进社会主义现代化的进程之中，强调更加注重社会建设，着力保障和改善民生，提出要加快推进以改善民生为重点的社会建设。

② 提出了国内生产总值和城乡居民人均收入 2020 年要比 2010 年翻一番，建党 100 年时全面建成小康社会，建国 100 年时建成富强民主文明和谐的社会主义现代化国家的目标。到 2020 年全面建成小康社会，是我们党确定的“两个一百年”奋斗目标的第一个百年奋斗目标，“十三五”时期是中国全面建成小康社会的决胜阶段。

第三节　福祉均衡：区域协调研究的新视角

一　区域均衡发展：从经济均衡转向福祉均衡

从区域经济学相关理论来看，区域均衡是与区域分异或地区差距相对的一个概念。造成区域分异的根本原因在于自然禀赋的非均衡性，生产要素的不完全流动性和经济活动的不完全可分性（胡佛，1984）。新古典主义趋同假说认为，在市场机制的作用下，加快生产要素的自由流动会最终缩小地区差距，最终实现区域趋同。然而，在现实世界中，往往由于市场机制的不完善，人口自由流动存在壁垒等原因，使得生产要素的自由流动很难实现，新古典主义的趋同假说在现实世界很难成立。

在区域协调发展研究中，关于区域均衡发展，强调的是区域之间的发展差距能稳定在合理适度的范围内并逐渐收敛或不断缩小。那么，如何来衡量区域之间的发展差距，或者说，实现区域均衡到底要均衡什么，这是当前区域经济学界未加以足够重视的根本问题（陈雯，2008）。一些研究指出，魏后凯（1994）强调区域协调发展主要是解决区域经济差距问题，将区域差距控制在人们社会心理所能承受的范围内，并使差距不断缩小。高志刚（2003）认为，区域经济协调发展要使区域间的经济差距稳定在合理、适度的范围内。陈秀山、刘红（2006）认为，区域协调发展要使地区间的发展差距稳定在合理适度的范围内并逐渐收敛。以笔者之见，区域均衡发展旨在缩小地区之间生活水平或福祉水平的差距。区域均衡是指随着经济的不断发展，区域之间居民生活水平或福祉水平更趋均等化，或落后地区和发达地区之间尽管经济差距较大，但居民平均生活水平或福祉水平的差距较小且逐步趋同。区域均衡发展不是区域之间经济发展水平的趋同，因为人均 GDP、人均收入等经济指标是纯经济增长观之下衡量区域发展一维的、粗糙的替代变量，福祉指标优于人均 GDP 或人均收入等经济指标。

显然，如果一味追求区域之间经济发展水平的趋同，势必会大大影响区域经济的运行效率。在中国转型时期，在市场机制的作用下，区域经济发展不平衡是必然趋势，但是区域之间人均福祉均衡却是可以实现的，这就要求政府发挥调控和规划作用，积极创造区域福祉均衡的各项条件。扭转区域之间福祉失衡趋势是区域均衡发展研究关注的焦点。区域发展空间均衡不是平衡区域之间的经济发展，而是创造条件，加快要素的自由流动，促进公共财政的合理配置，扭转区域之间福祉失衡的趋势，逐步实现区域间人均福祉水平的大体均衡。

需要指出区域均衡的另外一个含义，不仅包括区域福祉趋同，即区域之间平均生活水平或福祉水平等指标在“数量”差距上的缩小，还包括通过福祉组分互补的结构协调含义，即经济维度的福祉不平衡程度，往往可由非经济维度的福祉均衡而得到削减，最终实现区域之间经济维度与非经济维度综合计算的人均福祉均衡。根据人的需求理论，人不仅有经济维度的需要，而且对非经济维度的教育、健康和良好的生态环境也有需要（Doyal & Gough，1984）。因此，从大的维度来划分，福祉是包含经济、社会和环境等多维度的综合福祉（诸大建，2008）。

因此，更为关注民生福祉，从以往的经济主导向福祉导向转变是中国区域协调发展研究的一个新视角，通过福祉视角来研究区域均衡发展是有待拓展的重要研究方向，实现人均综合福祉均衡是区域均衡发展调控所关注的目标。

二　区域福祉均衡：一个概念性分析框架

（一）区域福祉均衡概念的提出

从福祉指标透视区域协调发展，若出现了福祉空间失衡、福祉城乡失调、福祉分配失均、福祉供需失序、福祉产出失效等，则表示区域协调发展水平差。反之亦然。因此，区域福祉均衡是指各地区在经济不断发展过程中，福祉水平得到不断提升，通过提高福祉产出绩效和加强福祉均衡因素调控，促进福祉结构均衡、福祉空间均衡、福祉城乡均衡、福祉供需均衡而使得人均综合福祉水平的地区差距趋向缩小、逐步趋同的过程。

需要说明的是，区域福祉均衡的实现过程是逐步推进的，不可能一蹴而就。同时，区域福祉均衡所要实现的人均综合福祉水平大致均等，是相对的，因为不可能有绝对的均等。若追求绝对的均等，则必然会违背社会公平，甚至会牺牲发展的效率。所以，区域福祉均衡是在福祉产出绩效不断提升基础上的均衡，是一种福祉产出效率和福祉分布公平并重的均衡概念。

同时，这种均等也是适度的均等，是人均综合福祉适度的大致均等。此外，区域福祉均衡也是动态的，随着经济增长和福祉水平的不断提升，福祉水平的均等标准也是不断提升的。而且随着人均综合福祉均等化水平的不断提升，福祉的组份结构也会发生变化，因而是一种动态均衡。

由于福祉衡量的是人的良好生活状态，区域福祉均衡的核心要义是在各地区人均生活水平不断提高的基础上，使得各地区人均福祉水平大致均等。这就意味着从区域发展来看，尽管区域之间的经济发展可以不平衡，但只要区域之间的福祉水平是大致均衡的，就可以说实现了区域福祉均衡。因此，实现区域福祉均衡目标，不是要刻意平衡区域之间的经济发展，而是在保持适度经济发展差距的前提下，积极创造条件以扭转区域之间所存在的福祉供需失衡和福祉差距扩大的趋势，逐步实现区域人均福祉水平大体均等。①

（二）区域福祉均衡分析框架阐释

福祉均衡的核心要义是各地区良好生活状态和人均福祉水平的大体均等。实现人类福祉均衡是促进区域协调发展的根本目标，促进区域协调发展不是缩小地区之间的经济差距，而是要使生活在不同地区的居民享有大体均等的生活水平。

1. 福祉空间均衡

福祉空间均衡是指各地区在不断促进经济发展和提升福祉水平的进程中，由于一些福祉均衡因素的作用，地区之间的福祉水平逐步趋同，福祉水平地区差距逐步缩小，达到人均综合福祉水平大致均等的过程。

2. 福祉城乡均衡

福祉城乡均衡是指城乡居民在不断提升福祉水平的过程中，由于

---

① 樊杰（2007，2013）认为区域发展的空间均衡是指标识任何区域综合发展状态的人均水平值趋于大体相等。

一些福祉均衡因素的作用而使城乡居民福祉差距不断缩小的过程。

3．福祉结构均衡

福祉结构均衡[①]是指在地区之间人均综合福祉水平大致均等的要求下，通过提高区域福祉产出绩效[②]和加强调控均衡因素，使经济福祉水平低的区域可以通过较好的社会福祉和生态福祉状态来提高其人均综合福祉水平。同理，社会福祉水平低的区域可能其经济福祉和生态福祉水平相对更高。因为各地区均具有比较优势，地区之间不可能实现经济福祉、社会福祉或生态福祉等单一维度福祉的大致均等，实现人均福祉地区趋同，这里的人均福祉必然是人均综合福祉水平。因为区域发展是经济发展、社会进步和生态环境保护三维目标下的发展过程（陆大道，1995，2010），区域发展也是提高经济维度、社会维度、生态环境维度这三个维度人均综合福祉水平的过程。

区域发展的空间均衡是指标识任何区域综合发展状态的人均水平值趋于大体相等，经济发展水平低的区域可以通过其更好的社会发展状态和生态环境状态提高其综合发展水平。通过经济发展、社会发展和生态环境保护三方面指标的互补，可以实现空间均衡目标（樊杰，2007）。

如图1－1所示，若将福祉分解为经济福祉和非经济福祉，那么经济福祉水平低的地区可由较高的非经济福祉加以补充，而经济福祉水平高的地区则可能会由于较低的非经济福祉而抵消。通过福祉组份或要素的结构互补可以实现综合福祉均衡。图1－1中在同一条线上的任何点，表示处于该福祉均衡水平的各地区综合福祉水平都相等。但不同线上的点之间的综合福祉水平都不相同，线条之间表示不同地区的综合福祉水平不同，粗线表示综合福祉水平高的地区，细线表示综合福祉水平低的地区。粗线上的圆点比细线上的星点的综合福祉水平高20%，粗线上的任何点都比细线上任何点的综合福祉水平高20%。

① 这里的福祉结构均衡的实际含义是各地区可以通过不同的福祉结构配比形成均等的福祉水平。

② 即以最小的资源环境消耗实现区域福祉的最大化，包括提高经济发展的碳绩效和经济发展的福祉绩效。

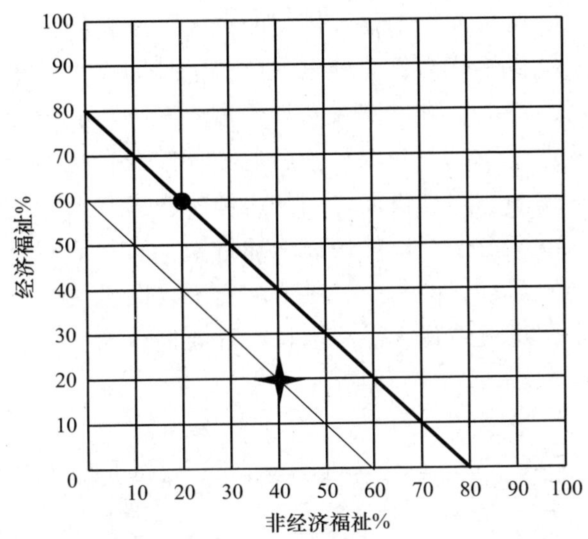

图 1－1　福祉结构均衡示意图

国外关于区域发展空间均衡的研究以《2009 年世界发展报告：重塑世界经济地理》为代表，通过实证探索区域福祉空间趋同规律后发现：虽然发展中国家的收入和物质福利的不平衡加大了，但教育和健康方面的福利水平趋同。发达国家收入和福利水平的不平衡先是拉大，接着缓慢趋同。在发展中国家，生活水平的地区不平衡随着发展的深入先上升后下降（世界银行，2009）。这些结论表明，区域福祉空间均衡调控具有十分重要的研究价值，为从福祉视角展开区域发展空间均衡研究提供了启示意义和方法借鉴。

4. 福祉供需均衡

区域福祉失衡的实质就是福祉供给能力和需求水平在结构上不协调和空间上的不匹配所造成的结果。造成区域之间福祉不平衡的根本原因在于福祉供需的空间不匹配。福祉供需均衡是指通过供需匹配视角实现中国区域福祉均衡，缩小地区之间生活水平或福祉水平的差距，缓解中国各地区之间由于经济差距而造成的福祉失衡现象。区域福祉供需均衡指的是区域之间的一种福祉均衡状态，即以福祉为衡量基准，某地区可提供的福祉能力与该地区对于福祉的需求水平相适应，因而每个地区都有其各自的福祉供—需均衡点。

对一个地区而言，决定福祉供需的主要因素总体上有两个：一个是地区对福祉的供给能力，一个是地区对福祉的需求水平，这两个因素的变化会对最终的福祉供需关系产生重要影响。假设全国有两个地区，一个是发达地区，另一个是落后地区；假设发达地区的福祉基础水平较高，且初始的福祉供需之间是均衡的，当其经济增长较快且有大量人口流入时，由于人口的快速增加带来了大量的对公共服务和社会保障等的福祉需求，使其原有供给能力不足以满足大量流入人口的新增福祉需求，这就体现为经济增长与社会福祉失衡，所以需要当地加大福祉供给和投入。

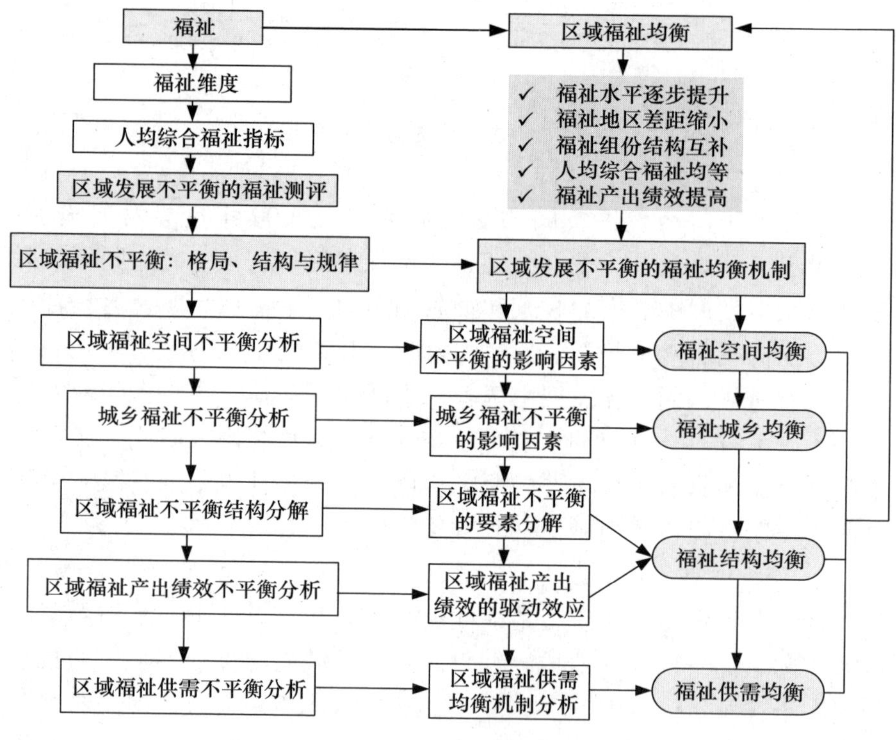

图 1－2　中国区域福祉均衡分析框架

假设落后地区的经济发展水平较低，福祉水平也较低，且初始福祉供需之间是均衡的，当其经济发展较慢且有大量人口流出时，由于该地区初始福祉水平低，经济发展水平低，所以这里对公共服务和社会保障等福祉需求较大。这就体现为与发达地区的福祉差距。但是由于其人口大量流出，人口基数减小，如果当地加大对福祉供给方面的公共服务和财政投入，人均福祉水平则更易得到提高。

本书从福祉空间均衡、福祉城乡均衡、福祉结构均衡、福祉供需均衡四个维度构建了中国区域福祉均衡分析框架（见图1－2）。

第四节　研究思路与内容框架

一　研究思路

本书在中国全面建成小康社会和推进区域协调发展等战略背景下，以五大发展理念为指导围绕研究目标，以基于福祉视域的区域发展不平衡格局、演变与调控研究为逻辑主线，遵循“研究视域国际化、研究方法科学化、解决问题中国化”的原则，首先对国内外关于区域发展不平衡和福祉测评的研究进展进行评述和分析，对区域福祉均衡的概念和内涵进行界定；然后结合区域经济学、经济地理学、福利经济学、公共财政学等学科相关理论，构建中国区域发展不平衡的福祉测评框架和测评模型；再应用数理统计和计量经济模型，基于福祉视角对中国区域以及城乡发展不平衡格局、态势和演变规律进行测评和分析；在此基础上从空间均衡、城乡均衡、结构均衡、供需均衡等方面分析和概括中国区域发展不平衡的福祉均衡机制，即主要分析中国区域福祉不平衡的影响因素、中国城乡福祉不平衡的动力因子、中国区域福祉变化的驱动效应、中国区域福祉不平衡的要素分解、中国区域福祉不平衡的产出绩效、中国区域福祉不平衡的供需均衡等；最后从福祉视角提出促进中国区域平衡协调发展的调控对策建议。

二　研究框架

本书的研究内容框架如图1－3所示。

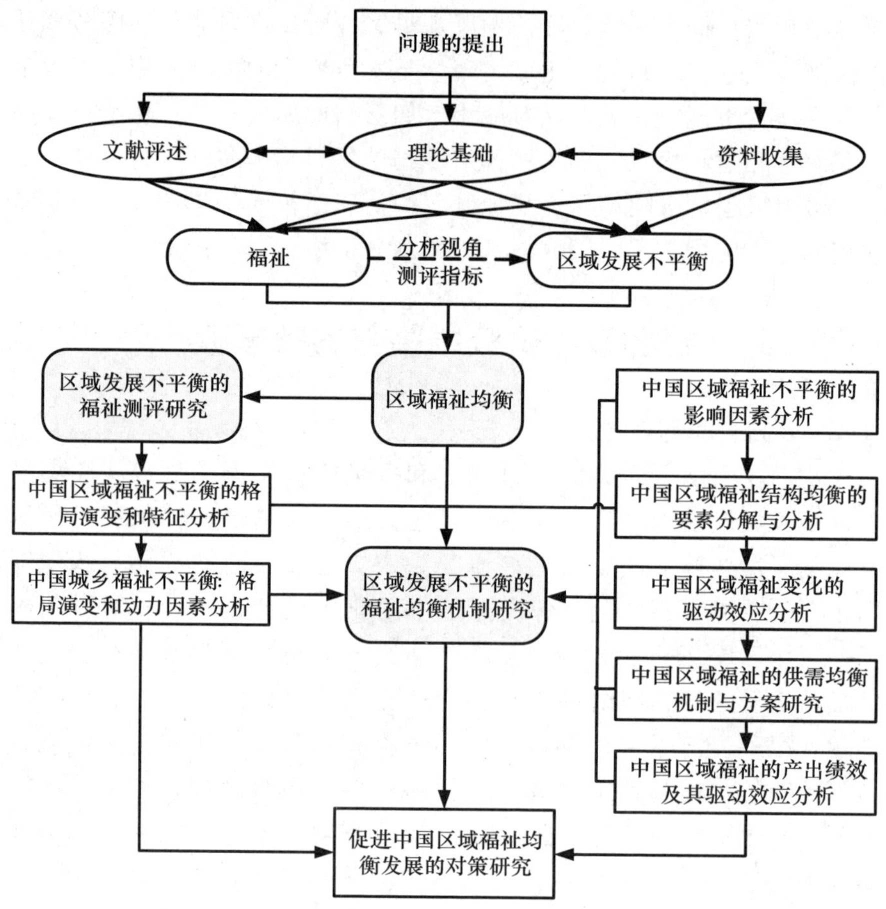

图 1－3　本书研究内容框架

三　主要内容

本书整体分为五大部分，共九章。

第一部分为导论，即第一章，主要阐述本书的选题背景和研究价值、研究设计以及理论框架。第二部分为中国区域福祉不平衡的测评研究，即第二、三、四章。第三部分为中国区域发展不平衡的福祉均衡机制研究，包括第五、六、七、八章共四章内容。第四部分主要阐释本书研究结论并提出相关对策建议，即第九章。具体来看：

第一章：导论。包括五节，第一节为问题的提出；第二节为研究意义；第三节提出本书的主体概念——福祉均衡并架构了区域福祉均衡分析框架。首先论述了从经济均衡向福祉均衡的区域均衡研究范式转变，然后构建了由福祉空间均衡、福祉城乡均衡、福祉结构均衡和福祉供需均衡所构成的区域福祉均衡分析框架；第四节阐述了本书的研究思路、研究框架和主要内容；第五节为区域划分和数据说明。

第二章：在世界人类福祉演化框架下对中国人类福祉发展状况和演进趋势进行分析。应用人类发展指数（HDI），选取基尼系数、泰尔指数综合度量世界人类福祉的非均衡性及其演变趋势；对全球人类福祉区域不平衡演变模式、规律或特征进行实证分析，探究世界人类福祉空间差异变化的主要影响因素及福祉结构变化。

第三章：中国区域福祉不平衡的测评研究。包括四节内容，前三节分别从HWI、HDI、功能—能力三种视域对中国区域发展不平衡进行测评和分析。第四节从经济与福祉指标比较视域对中国区域发展不平衡的演变规律进行实证分析。具体来看，第一节构建了中国区域发展不平衡的福祉测评模型，基于HWI对中国人类福祉时空格局演变过程、动态类型、区域差距演变以及人类福祉提升的生态环境代价等内容进行了分析；第二节重新估算了中国省级尺度的人类发展指数，应用空间基尼系数以及加权变异系数、泰尔系数的空间分解方法，对中国区域福祉不平衡进行了空间分解研究。第三节首先基于阿马蒂亚·森的可行能力理论构建了中国区域福祉不平衡的“功能—能力”测评框架，从全国、区域和省区三个层面以及功能与能力两类福祉空间，分析了中国区域福祉不平衡的演变过程、格局和态势。第四节基于GDP和HDI指标，对中国区域经济发展不平衡与区域福祉不平衡的时空演变规律进行了定量的比较分析。

第四章：中国城乡福祉不平衡及其影响因素研究。包括四节内容，第一节构建了中国城乡福祉不平衡测评指标体系、模型以及空间差异测度方法；第二节分析中国城乡福祉差距的区域格局演变；第三节分析中国城乡福祉差距的空间不平衡态势；第四节应用灰色关联度方法分析了中国城乡福祉差距的影响因素。

第五章：中国区域福祉不平衡的结构分解研究。共分三小节，第一节为中国区域福祉结构的动态演进分析，应用四象限图方法，对中国及四大区域人类福祉结构的演变过程、轨迹和模式进行了实证分析；第二节基于基尼系数要素分解方法对中国区域福祉不平衡进行结构分析；第三节基于主成分系数结构方法和视角对中国区域福祉不平衡的要素权重结构进行动态分析。

第六章：中国区域福祉的产出绩效与驱动效应分析。主要包括四小节内容，第一节提出了中国区域福祉产出绩效与驱动效应的分析方法；第二节对中国四大区域及省级区域人类福祉的产出绩效进行动态测算和比较分析；第三节对中国区域人类福祉与二氧化碳排放进行了脱钩分析；第四节从时空分异的角度对中国区域人类福祉变化的驱动效应进行了研究。

第七章：中国区域福祉不平衡的影响因素分析。主要有三节内容，第一节从全国层面，应用多元逐步回归模型对影响中国人类福祉空间差异的因素进行了回归分析；第二节从区域层面，应用灰色关联度模型对影响中国人类福祉的主要因素进行了定量分析；第三节从省级层面，应用面板模型对中国人类福祉变化的影响因素进行了计量分析。

第八章：基于福祉供需空间匹配视角的中国省区福祉均衡调控机制研究。包括三节内容，第一节提出了中国区域福祉供需均衡的理论机制和调控思路；第二节对中国省区福祉供给能力和需求水平进行了定量测算和修正；第三节对中国区域福祉供需匹配与均衡调配的情景方案进行了定量研究。

第九章：研究结论与对策建议。有两节内容，第一节为主要研究结论，提炼出本书研究所得出的 14 条结论；第二节为相关对策建议，围绕促进中国各地区福祉产出绩效不断提高，人均福祉水平逐步提升，人均福祉区域差距不断缩小，逐步实现结构互补意义上的区域人均综合福祉趋同等福祉均衡内涵提出了五条对策建议。

第五节　主要观点与创新之处

一　主要观点

1. 区域发展不平衡的测评基准最重要的是福祉指标，从福祉层面分析区域发展不平衡态势是根本所在。

停留在收入维度对区域发展不平衡进行考量，忽视了对健康、教育等方面的非经济维度福祉的区域不平衡考量。福祉是一个多维度的概念，收入只是福祉的一个维度，促进健康、教育等非经济指标的区域均衡调控，对中国建设小康社会、促进社会公平和加强民生福祉建设更有意义。

2. 区域经济发展不平衡是必然趋势，区域均衡发展目标在于逐步实现区域之间人均福祉均衡。

区域均衡发展不是刻意平衡区域之间的经济发展，而是在保持适度经济发展差距的前提下，发挥调控和规划作用，积极创造条件以扭转区域之间所存在的福祉供需失衡和福祉差距扩大的趋势，加快要素自由流动，促进公共财政合理配置，逐步实现区域间人均福祉水平的大体均衡。

3. 区域之间的福祉均衡状态是衡量区域协调发展质量的“指示器”，实现福祉均衡是促进区域协调发展的应有之义。

区域福祉失衡的实质就是福祉供给能力和需求水平在结构上不协调和空间上不匹配所造成的结果，尤其是福祉供需的空间不匹配。福祉供需均衡是指通过供需匹配视角实现中国区域福祉均衡，缩小地区之间生活水平或福祉水平的差距，缓解中国各地区之间由于经济差距所造成的福祉失衡现象。

4. 区域福祉均衡是指各地区在经济不断发展的过程中，福祉水平得到不断提升，通过提高福祉产出绩效和加强福祉均衡因素的调控，促进福祉结构均衡、福祉空间均衡、福祉城乡均衡、福祉供需均衡而使得人均综合福祉水平的地区差距趋向缩小和逐步趋同的演进过程。

区域均衡不仅包括区域之间福祉水平“数量”差距的缩小，还包括通过福祉组份互补的结构协调含义，即经济维度的福祉不平衡程度，往往可由非经济维度的福祉均衡而得到削减，最终实现区域之间人均综合福祉的均衡，这种均衡是适度的均衡，是一种动态的相对均衡。

二　创新之处

（一）视角创新

1. 区域发展不平衡的测评基准是福祉指标。

区域发展不平衡的测评基准最重要的是福祉指标，而不是经济指标，从福祉层面分析中国区域发展不平衡态势是根本所在。因此，本书的分析视角没有仅停留在收入维度对区域发展不平衡进行经济指标的考量，而是加入了对健康、教育等非经济维度福祉区域不平衡的综合考量。本书将福祉视为一个包含了经济和非经济维度的多维度指标。

2. 基于多维福祉指标分析中国区域发展不平衡的态势与格局演变。

基于多维度福祉指标透视和分析中国区域发展不平衡的态势、格局与演变，是在全面建成小康社会的背景下，促进中国区域协调发展和社会公平以及加强民生福祉建设的新要求。

（二）理论创新

1. 提出了区域福祉均衡新概念，拓展和加深了对区域均衡发展的认识。

本书认为，区域经济发展不平衡是必然趋势，但是区域之间人均福祉均衡却是可以实现的。因而，区域均衡发展不是刻意平衡区域之间的经济发展水平，而是在保持适度经济发展差距的前提下，寻求中国区域之间人均福祉均衡的途径和方式。我们认为，区域福祉均衡是指各地区在经济发展过程中，福祉水平得到不断提升，通过提高福祉产出绩效和加强福祉均衡因素的调控，促进福祉结构均衡、福祉空间均衡、福祉城乡均衡、福祉供需均衡而使得人均综合福祉水平的地区差距趋向缩小和逐步趋同的过程。

本书指出了区域福祉均衡概念包括五个内涵：福祉水平不断提升、福祉地区差距缩小、福祉组份结构互补、人均综合福祉均等、福祉产出绩效提高。这一概念的提出，实现了福祉在“水平—结构—绩效—均衡”等层面研究内容和视角的统一，进而形成统领本书研究的基础，使之成为本书的主体核心概念。在概念方面，超越了以往的经济均衡或空间均衡等概念，拓宽了对区域发展均衡的认识。

2. 基于“区域福祉均衡”新概念构建了中国区域福祉均衡分析框架，将空间均衡、城乡均衡、结构均衡、供需均衡四个维度的区域福祉均衡涵盖其中。

从“福祉空间均衡、福祉城乡均衡、福祉结构均衡、福祉供需均衡”四个维度构建了中国区域福祉均衡的分析框架。通过这一分析框架，将中国区域福祉的不平衡研究与区域福祉均衡研究有机结合起来，将中国区域发展不平衡的福祉测评与福祉均衡机制两部分研究内容结合起来，该框架具有一定的理论创新价值，拓展了区域经济学关于区域差异与趋同机制理论范式研究的深度与视域。

3. 构建了区域福祉供需空间均衡的理论机制，提出了基于福祉供需空间匹配的区域福祉空间均衡思路和方案，对区域福祉空间均衡做出理论创新方面的探索。

其一，构建了区域福祉空间供需均衡的理论机制。

假定决定福祉供需的主要因素有两个：一是地区对福祉的供给能力，二是地区对福祉的需求水平。区域福祉失衡的实质就是福祉供给能力和福祉需求水平在结构上的不协调和在空间上的不匹配。假设全国有两个地区，一个是发达地区，另一个是落后地区。

一方面，假设发达地区的福祉基础水平较高，且初始的福祉供需是大致均衡的，当其经济增长较快且有大量人口流入时，由于人口的快速增加带来了大量对公共服务和社会保障等方面的福祉需求，使其原有福祉供给能力不足以满足大量流入人口新增福祉的需求，这就体现为经济增长与社会福祉之间的失衡，所以需要当地加大福祉供给和投入。发达地区由于福祉存量水平高，人口大量流入，所以要加大福祉供给，提高人均福祉水平。

另一方面，假设落后地区的经济发展水平较低，福祉水平也较低，且初始福祉供需也是均衡的，当其经济发展较慢且有大量人口流出时，由于该地区初始福祉水平低，经济发展水平低，所以这里对公共服务和社会保障等方面的福祉需求较大。这就体现为与发达地区的福祉差距。但是由于其人口大量流出，人口基数减小，如果当地加大对福祉供给方面的公共服务和财政投入，人均福祉水平更易得到提高。落后地区由于福祉存量水平低，人口大量流出，所以只要略微加强福祉供给，就可提高人均福祉水平，进而实现发达地区与落后地区的福祉相对均衡。

其二，提出了基于福祉供需空间匹配的区域福祉空间均衡思路和方案。

首先计算全国人均意义上的标准人福祉水平；然后计算各地区福祉供给能力和福祉需求水平；再应用全国标准人福祉水平、地区福祉存量水平、人口流动因素等合成地区福祉需求的调节系数①，对原先计算的地区福祉需求得分进行修正；在此基础上，通过比较各地区福祉供需匹配关系以及福祉总供给盈余和福祉总需求缺口情况，进行综合考量后提出中国区域福祉供需匹配与均衡调配方案。

（三）研究内容创新

在中国区域发展不平衡的福祉测评研究方面，基于 HWI、HDI、功能—能力框架以及与经济指标比较等多视角，揭示了中国区域福祉不平衡态势和特征；并深入分析了中国城乡福祉差异及其不平衡的演变格局、态势和规律，在中国区域发展不平衡的福祉测评研究内容方面具有一定的创新性。

在中国区域发展不平衡的福祉均衡机制研究方面，从福祉产出绩效、福祉驱动效应、福祉结构分解、福祉影响因素、福祉均衡方案等多层面进行了促进中国区域或城乡实现福祉均衡的机制等研究，在中国区域发展不平衡的福祉均衡机制研究方面进行了一定的创新性探索。

（四）研究方法应用创新

1. 构建了纳入碳排放敏感性的人类福祉指数，并应用 HWI 分析了中国人类福祉不平衡的类型和态势，比使用 HDI 指标更能反映中国各省区人类福祉提升所付出的环境代价，方法应用具有一定的创新价值。

① 标准人需求的设定，受到两种因素的影响：一个是地区初始福祉水平，一般认为，相对于福祉水平较低的地区而言，福祉水平较高的地区的潜在福祉需求较低。二是人口流动因素，一般认为，各省按照户籍人口提供的福祉供给会被常住人口分配和分享。因此，常住人口大于户籍人口的人口流入地区对福祉的潜在需求更高（详见第 8 章）。

2. 重新估算了中国省级尺度的人类发展指数，并应用空间基尼系数以及加权变异系数、泰尔指数等空间非均衡测度和分解方法，分析了中国区域福祉不平衡特征。重新估算的 HDI 比人类发展报告提供的 HDI 数据更具可比性，且生成了人类发展指数的时间序列数据，基于其进行的区域发展不平衡测度的研究结果更好。

3. 基于“功能—能力”福祉框架构建了中国区域发展不平衡测评指标体系，并应用全局主成分方法对中国区域功能福祉和福祉能力进行了分析，并应用空间基尼系数以及加权变异系数空间分解方法对中国区域发展不平衡进行了分解研究。基于“功能—能力”福祉框架比 HDI 或 HWI 覆盖的福祉维度更宽，更重要的是能将福祉分解为功能空间和能力空间，深入揭示了中国及区域福祉空间的维度特征和产出效率。

4. 构建了中国城乡福祉差距测评指标体系和 AHP-Entropy 组合加权测评模型，应用空间基尼系数、加权变异系数和泰尔指数分解方法，对中国城乡福祉差距进行分析；并应用灰色关联度方法，分析了中国城乡福祉差距的影响因素；直接选取反映城乡福祉差距的比值指标，覆盖了城乡居民收入、消费等福祉方面的重要指标，比已有研究更能反映城乡福祉差距及其区域差异。

5. 应用象限图方法分析了中国区域福祉结构的动态演变模式和演变轨迹；应用基尼系数要素分解方法，揭示了中国区域福祉不平衡演变的结构效应和集中效应；应用主成分系数比较方法，揭示了中国区域福祉不平衡的结构特征。将象限图方法应用于区域福祉结构的演变分析，具有一定的创新。更重要的是，将基尼系数要素分解方法应用于中国区域福祉不平衡的结构分析，更能揭示其要素演变的结构效应和集中效应，加深了对区域福祉研究的方法深度。

6. 构建了区域人类福祉产出绩效图解模型和驱动效应分解模型，将人类福祉产出绩效分解为经济发展的碳绩效和人类福祉的经济绩效两个绩效的叠合，并将碳排放驱动效应模型创新拓展为人类福祉变化的驱动效应模型，对中国及区域人类福祉的产出绩效和模式进行了动态分析，揭示出中国人类福祉变化驱动效应的时空分异规律。

7. 建立了中国省区人类福祉与二氧化碳的脱钩模型，应用该模型对中国人类福祉与二氧化碳的脱钩状态进行了时空比较分析；既能分析中国人类福祉与二氧化碳排放之间的演变规律，又能揭示出人类福祉与不同二氧化碳排放之间的关系。

8. 应用人类发展指数及其基尼系数作为被解释变量，从全国层面应用多元逐步回归模型对中国人类福祉空间差异的影响因素进行回归分析；从区域层面，应用灰色关联度模型对中国人类福祉的主要影响因素进行了定量分析；从省级层面，应用面板模型对中国人类福祉变化的影响因素进行了计量分析。应用多种方法，基于多个层面，更能揭示出中国人类福祉变化及其空间差异的影响因素。

9. 创建了中国省区福祉供给能力和福祉需求水平评价指标体系，并对各省区的福祉供给能力和福祉需求水平进行评价，并创新性地结合人口流动因素与初始福祉水平对理论福祉需求水平进行修正，测算了中国福祉供给盈余与需求缺口，基于区域福祉供需匹配视角，所提出的中国区域福祉供需匹配与均衡调控情景方案具有一定的理论和应用创新性。

第六节　区域划分与数据来源

一　区域划分

（一）世界七大区域划分

在探究世界人类福祉的区域差异时，首先对其进行区域划分。目前，使用较为广泛的世界区域划分依据是“联合国地理方案”，该方案将除南美洲以外的世界划分为亚洲、美洲、欧洲、非洲和大洋洲五大区域。此后，联合国统计司在“联合国地理方案”的基础上，结合世界银行对各国和地区按照人均国民收入分组的方法，将世界分为发达国家（或地区）和属于发展中国家（或地区）的高加索和中亚、东亚（不含日本）等10组。

其次，为使基于国家分组的人类福祉分析更有意义，结合对世界大区域的同质性和差异性的定性判断，综合考虑以上两种世界区域划分方法，尝试将世界划分为亚洲、非洲、拉丁美洲和加勒比海、北美洲、大洋洲、俄罗斯和东欧、欧洲七大区域（除东欧外的欧洲归为一类)。其中，亚洲区域包括中国、日本等国家（或地区），非洲区域包括阿尔及利亚等国家（或地区），拉丁美洲和加勒比海区域包括阿根廷等国家（或地区），北美洲区域包括加拿大、美国与墨西哥；大洋洲区域包括澳大利亚等国家（或地区），欧洲区域包括除东欧外的瑞典、荷兰等国家（或地区），俄罗斯与东欧国家的联系较为密切，政治、经济等方面有着较高的相似性，因此将俄罗斯与东欧地区归为一类（见图1-4）。

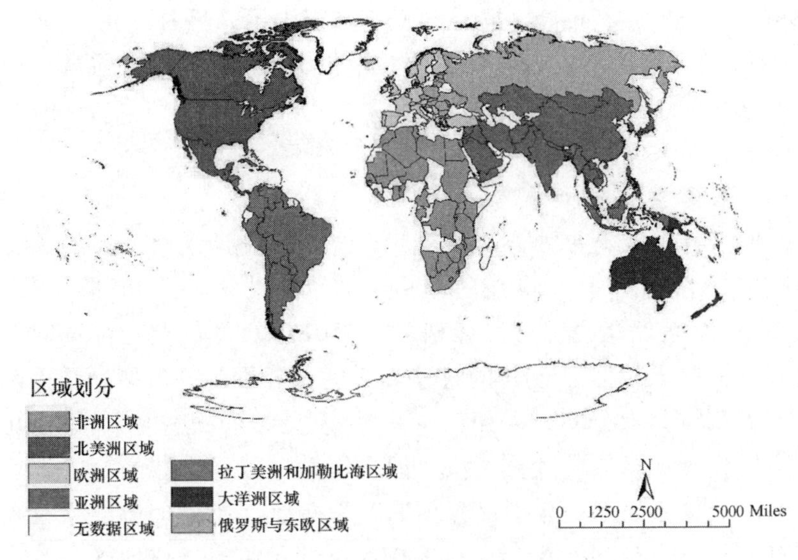

图1-4　世界七大区域划分

（二）中国四大区域划分

由于数据所限，本书研究范围和尺度为中国除港澳台地区外的31个大陆省区。研究区域采用四大区域板块划分法：东部地区包括北京、天津、河北、上海、江苏、浙江、福建、山东、广东、海南；东北地区包括辽宁、吉林、黑龙江；中部地区包括山西、安徽、河南、湖北、湖南、江西；西部地区包括内蒙古、宁夏、陕西、甘肃、青海、四川、重庆、贵州、云南、广西、新疆、西藏。在研究中，由于西藏历年的碳排放数据难以获取，故在相关研究时舍去。

需要指出的是，本书选取的研究时段只能根据数据情况和研究内容做出取舍。在福祉均衡机制研究方面，研究时段大致选取 1995 年以后，主要是因为 1994 年中国实行了分税制改革，对中国区域发展不平衡的调控研究具有很大影响。因而在均衡机制研究方面，主要采用的是 1995 年之后的数据。具体根据数据限制和可得情况，有些研究的时间区间为 1995—2014 年，也有的研究区间为 1995—2013 年或 1995—2012 年。在中国或区域层面的人类福祉测评和驱动效应等研究方面，根据研究需要和数据可得情况，省级数据的指标选取最早可到 1990 年，全国层面的数据最早可到 1980 年。另外，由于重庆市 1997 年被设为直辖市，为研究方便，本书假设 1997 年之前重庆市的指标数据与四川相同。

二　数据说明

在世界各国人类福祉方面，采用联合国开发计划署公布的人类发展指数来衡量各国家（或地区）的人类福祉状况。值得指出的是，尽管 2010 年以后联合国开发计划署对 HDI 计算方法及指标选取做了一些调整，但为了保证 HDI 的时序可比性，分析各分项指标结构及适用于基尼系数分项分解，采用《2015 年人类发展报告》计算 HDI 的所选指标和分项指数的计算方法，但采用三个分项指数的算术平均数计算 HDI。具体如下：分别计算预期寿命指数、受教育指数和收入指数，对 1990 年、1995 年、2000—2014 年世界各国（或地区）的 HDI 进行重新核算。其中，预期寿命指标来自世界银行的世界发展指标，预期受教育年限、平均受教育年限指标来自世界银行教育统计数据和 2010—2014 年世界人类发展报告，人均 GNI 来源于国际货币基金组织和 2010—2014 年世界人类发展报告。

在中国各省区人类福祉方面，人类发展指数（HDI）数据来源于联合国开发计划署公开发行的历年《中国人类发展报告》，有 1990 年、1995 年、1997 年、1999 年、2003 年、2005 年、2008 年、2010 年的数据。碳排放敏感性人类福祉指数基于《中国人类发展报告》中的人类发展指数数据计算而得。计算的 1995—2013 年的中国省级人类发展指数数据，是依据《中国人类发展报告》对于人类发展指数的指标内容的定义而构建的。由于中国只有1990年、2000年、2010年的人口普查数据，无法估算出连续年份的各省区的平均预期寿命，因此在估算时健康数据采用《中国人类发展报告》中1995年、1997年、1999年、2003年、2005年、2008年、2010年各省区的平均预期寿命数据，其他年份数据以相近年份平均预期寿命替代。

计算教育指数需估算成人识字率和综合入学率。成人识字率指15岁以上能读写人口占15—64岁人口的百分比。这里使用年鉴中的文盲人口来计算。文盲人口和15—64岁人口可以从历年的《中国统计年鉴》中得到。2000年和2010年是人口普查年份，年鉴中公布的文盲率指的是文盲人口占总人口的比重，不可直接使用，需要先计算出文盲人口数，再计算文盲人口占15—64岁人口的比重，最后用1减去文盲人口占15—64岁人口的比重。

综合入学率指6岁以上受教育人数占6—24岁学龄人口的比重，通过计算在校学生占比和6—24岁学龄人口占比的比值来求得综合入学率。在校学生占比为各地区普通小学、初中、中等职业学校、特殊教育、普通高中和普通高等学校的在校学生数加总求和，除以各地区总人口数而得。6—24岁人口估算较复杂。小普和大普年份会有详尽的各省区人均年龄细分的统计表，可以直接获取。其他年份，统计年鉴中均为每年的抽样调查数据，抽样比例在1‰左右。将6—24岁人口拆成6—14岁人口和15—24岁人口。6—14岁人口通过0—14岁人口减去6岁以下人口占比。0—14岁人口数据和总人口数来源于历年《中国统计年鉴》中的年龄和抚养比的统计表。6岁以下人口是使用总人口数减去6岁以上人口数计算得出。15—24岁人口占比的数据来源于历年《中国统计年鉴》和历年各省统计年鉴，在各省提供的数据不全的情况下使用全国平均数据补齐。

计算收入指数的人均GDP数据来源于《中国统计年鉴》，美元平价购买力数据来源于国际货币基金组织官网上的统计数据。

能源数据来源于历年《中国能源统计年鉴》。

人口数据来源于历年《中国统计年鉴》《中国人口与就业统计年鉴》以及我国数次全国人口普查资料。

本书中 HDI 的三个分项指数，H_1 为健康指数，H_2 为教育指数，H_3 为收入指数。行文中各省区表示各省级区域或对象。

本书数据主要来自历年《中国统计年鉴》《中国财政年鉴》和《新中国六十年统计资料汇编》，其他数据来源则具体标注于文中。

第二章　世界人类福祉区域格局演变及其驱动要素

本章侧重于从全球视野及国际比较视角透视中国人类福祉在世界范围内的发展态势和演进图景。近几十年来，世界人类发展水平整体上得到了很大提升，绝大多数国家的人民生活条件得到了明显改善，不少国家在改善人类福祉方面卓有成效。然而，并非所有的国家都能取得如此之大的人类发展成就，也并非所有国家的人民都能享有良好的生活质量。由于各国（或地区）在经济、社会、政治、历史等方面存在着诸多差异，一些国家（或地区）的人类福祉提升缓慢，日益被那些人类发展进步快速的国家（或地区）甩在后面，这就不可避免地形成了世界人类福祉的空间非均衡。尽管世界人类发展进程不断推进，人类福祉得到整体提升，但这并不能掩饰世界区域之间、国家（或地区）之间人类福祉的非均衡性。

公平与繁荣相辅相成，公平是发展的重要影响因素。长期来看，世界人类福祉不平衡势必会减缓全球人类发展进步的脚步，会导致一些国家（或地区）的人类发展停滞不前甚至倒退。不平等不是全球共同发展和包容性发展的目标，促进人类福祉均衡是全球化时代的重要发展伦理。在全球人类福祉整体上得到提升和世界区域间、国家间人类福祉不平衡演进并存的框架背景下，如何衡量、评估和分析世界人类发展进程，揭示全球人类福祉区域差异及其动态演变特征是当前学界关注和研究的热点。

对世界区域人类福祉不平衡格局演变及其结构或要素分解等内容进行研究有助于掌握世界人类福祉的发展和演变态势，同时通过对其非均衡性进行空间要素分解，可以进一步分析世界人类福祉空间差异变化，揭示导致世界人类福祉不平衡演变的驱动因素和原因所在。为此，本章应用人类发展指数（HDI），分析世界各区域人类福祉及其收入、教育、健康等维度的不平衡演变趋势；并对全球人类福祉不平衡程度是扩大还是缩小，以及呈现的演变模式、规律或特征给予实证分析，具体选取基尼系数、泰尔指数综合度量世界人类福祉的非均衡性，并根据泰尔指数空间分解方法深入探究世界七大区域内及区域间的人类福祉空间差异；同时，采用基尼系数要素分解方法和主成分系数方法，探究世界人类福祉空间差异变化的主要影响因素及福祉结构变化；最后，在世界人类福祉演化框架下对中国人类福祉发展状况及趋势进行讨论。[①] 实现全球均衡与结构协同的高人类福祉是世界各国追求的人类发展目标。世界组织和世界各国（或地区）应共同制定相关政策与发展规划，以包容性发展理念促进世界人类福祉的整体提升，推动世界各国人类福祉的均衡发展。

第一节　世界人类福祉空间格局演变特征

一　世界人类福祉演进态势

（一）世界人类福祉演变的动态特征

对 1990—2014 年世界 HDI 及其分项指数的演变态势进行分析可以得出人类发展指数（见图 2－1 和表 2－1）。

1. 1990—2014 年世界人类福祉水平整体上得到明显提升

世界各国 HDI 最小值从 1990 年的 0. 204 提升为 2014 年的 0. 390，最大值由 1990 年的 0. 841 上升到 2014 年的 0. 957，HDI 平均水平由 1990 年的 0. 588 上升为 2014 年的 0. 722，增长率为 22. 79%。从世界平均 HDI 增速来看，世界人类福祉增速逐步趋缓，2000 年以前 HDI 增长速度不断增加，2001—2008 年增速保持在 1% 左右，2009 年以后有所下降，约为 0. 7%。

① 由于部分国家（或地区）数据严重缺失，故对收集的数据进行筛选和剔除，最终选取世界范围内数据较为完备的 136 个国家（或地区）为本章研究对象。

2. 世界各国 HDI 的三个分项指数均有很大提高

HDI 三个分项指数由高到低依次为健康指数、收入指数和教育指数，健康指数得分最高，但教育指数增速最快，尽管教育指数相比健康与收入指数得分较低，但整体增幅最大，表明世界各国在改善和提升教育水平方面卓有成效。

3. 世界 HDI 及三个分项指数均呈收敛趋势

1990 年世界各国（或地区）之间的 HDI 绝对差距较大，2014 年明显缩小。从图 2－1、表 2－1 可见，人类福祉水平较低的国家在 2000 年前后取得了较大进步，人类发展水平显著提升。2000 年以前，世界各国 HDI 及其分项指数均保持较快增长，尤以教育指数增速最快，1990—1995 年、1995—2000 年的增速分别为 7.1% 与 7.8%，2010 年增速下滑至1% 以下。收入指数增速从 2009 年起低于1%，健康指数增速则始终保持在 1% 以下。总体来看，1990—2014 年世界 HDI 及三个分项指数的增速整体趋于降低，至 2014 年增速分别保持在 0.6% 上下，表明 HDI 的三个分项指数呈逐步收敛趋势。

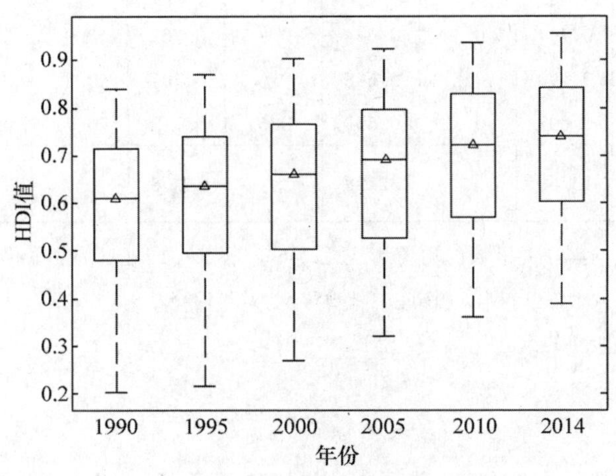

图 2－1　1990—2014 年世界 HDI 值分布箱线图

说明：箱线图上端点与下端点分别表示该年世界各国 HDI 的最大值与最小值，箱体部分表示 HDI 按从大到小排序，处于中间 50% HDI 所在范围。箱体中“—△—”线条表示该年所有国家 HDI 的中位数。

表2－1　世界人类发展指数（HDI）及其分项指数（1990—2014年）

年份	健康指数均值	增速*（%）	教育指数均值	增速（%）	收入指数均值	增速*（%）	HDI均值	增速（%）
1990	0.706		0.487		0.572		0.588	
1995	0.717	1.6	0.521	7.1	0.590	3.2	0.610	3.6
2000	0.733	2.3	0.562	7.8	0.618	4.6	0.638	4.6
2001	0.738	0.6	0.573	1.9	0.624	1.0	0.645	1.1
2002	0.741	0.5	0.580	1.3	0.630	1.0	0.650	0.9
2003	0.745	0.6	0.589	1.6	0.636	0.9	0.657	1.0
2004	0.751	0.8	0.595	1.0	0.646	1.6	0.664	1.1
2005	0.756	0.6	0.601	1.0	0.655	1.5	0.671	1.0
2006	0.762	0.8	0.609	1.3	0.667	1.8	0.679	1.3
2007	0.767	0.7	0.615	1.0	0.678	1.6	0.687	1.1
2008	0.773	0.8	0.623	1.3	0.685	1.0	0.693	1.0
2009	0.779	0.8	0.630	1.1	0.684	－0.1	0.697	0.6
2010	0.784	0.7	0.636	1.0	0.690	0.8	0.703	0.8
2011	0.790	0.7	0.639	0.4	0.696	0.9	0.708	0.7
2012	0.794	0.5	0.644	0.8	0.702	0.9	0.713	0.7
2013	0.798	0.5	0.648	0.6	0.707	0.8	0.718	0.6
2014	0.802	0.5	0.652	0.6	0.712	0.7	0.722	0.6
增长率（%）（1990—2014）	13.60		33.88		24.48		22.79	

说明：HDI与其分项指数的均值为应用136个国家（或地区）数据计算的平均值；1995年、2000年的增速分别以1990年、1995年为基年计算。

*增速指与上年的比值。

（二）世界人类福祉演变的区域特征

分析世界各国HDI及其分项指数演变可以发现（见图2－2至图2－5）：

1. 北美洲、大洋洲区域多数国家的HDI一直保持在较高水平，亚洲、欧洲与俄罗斯及东欧区域的HDI提升明显。

美国、加拿大、澳大利亚、瑞士等国家一直处于极高人类发展水平上。1990—2000 年，欧洲区域在人类福祉提升方面表现得较为突出，多数国家从高人类发展水平逐步迈向极高人类发展水平。2000—2014 年，俄罗斯及东欧区域的 HDI 提升较快，亚洲区域的 HDI 则在近十年里取得了较大成就。非洲区域尽管 HDI 有了明显提高，但大多数国家仍属于低人类发展水平类型。1990—2014 年，拉丁美洲及加勒比海区域人类福祉的提升表现出持续稳定增长的态势，南部阿根廷、智利等国家人类福祉提升较快，区域内人类福祉的提升由南向北推进，直至 2014 年区域内绝对大多数国家已处于高人类发展水平之上。

2. 就健康维度而言，世界各国的健康指数整体较高。

1990—2014 年，多数国家的 HDI 均实现了提质升级。北美洲、大洋洲及欧洲区域多数国家的健康指数始终处于领先地位。拉丁美洲和加勒比海区域的健康指数提升较快。从教育维度来看，除北美洲、大洋洲区域的多数国家外，其他区域的健康指数均偏低。欧洲及拉丁美洲南部的部分国家在改善教育水平方面成效显著。收入指数的空间分布与 HDI 的空间分布较为类似。尽管教育指数的增长率高于健康与收入指数，但由于初始水平较低，其发展水平的提升仍较为缓慢。

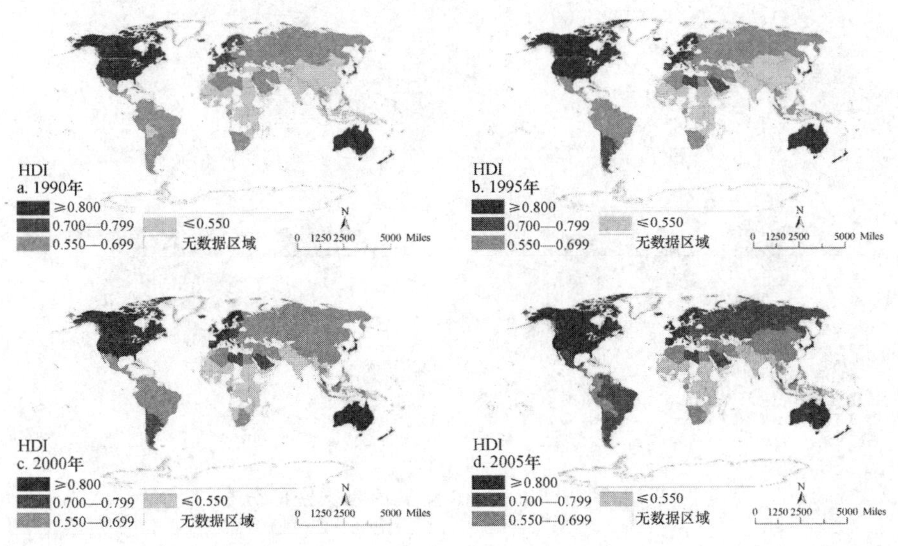

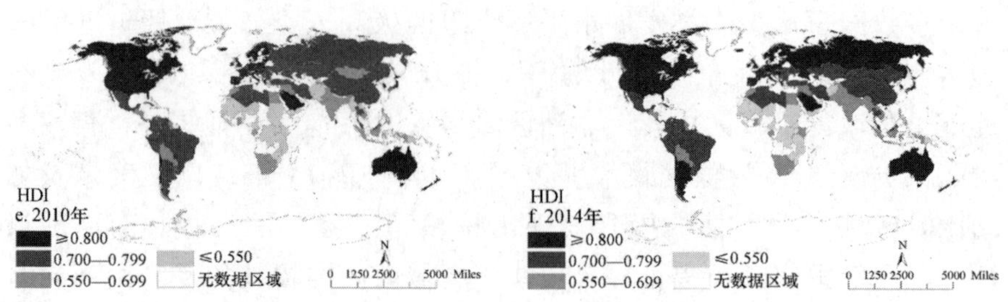

图 2-2 1990—2014 年世界 HDI 空间分布

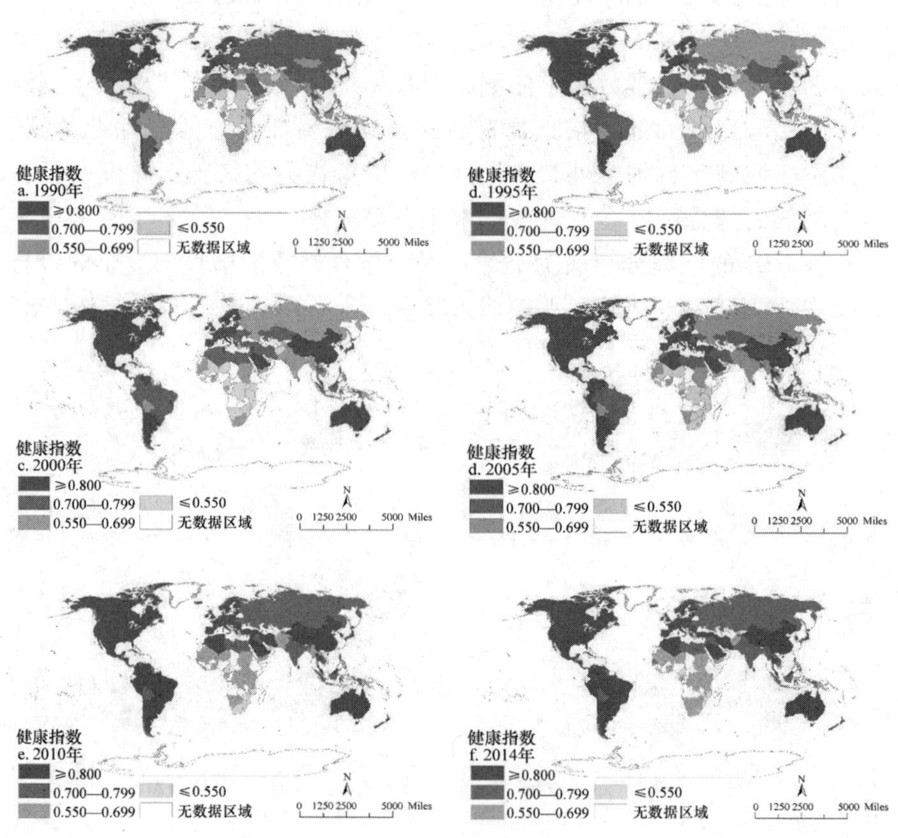

图 2-3 1990—2014 年健康指数空间分布

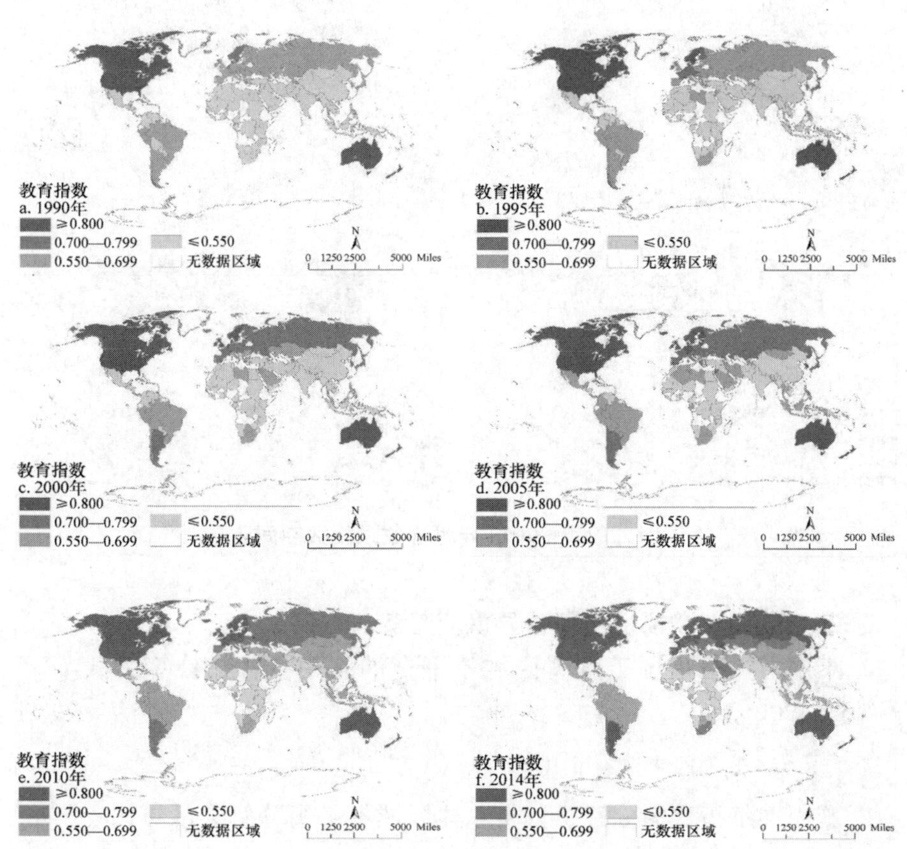

图 2－4 1990—2014 年世界教育指数空间分布

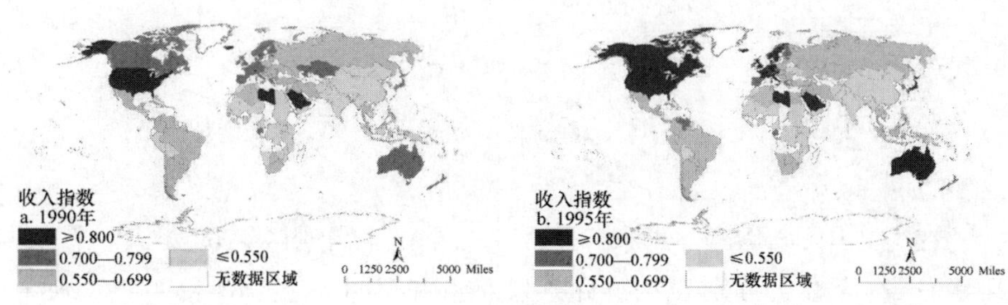

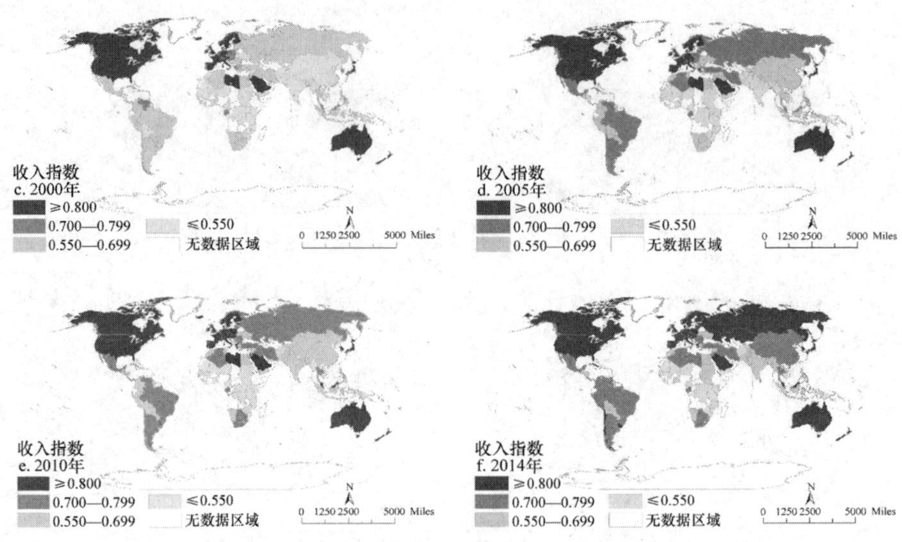

图 2－5　1990—2014 年世界收入指数空间分布

二　世界人类福祉空间差异演变趋势

泰尔指数也是用于测度区域不平衡的常用指标，计算公式如下（刘慧，2006）：

$$I_{theil} = \sum (y_i/Y) \times \lg[(y_i/Y)/(x_i/X)]$$

利用泰尔指数的分解，可将总体区域不平衡分解为区域内差异和区域间差异两部分：

$$I_{theil} = I_{(\text{inter})} + \sum (Y_i/Y) I_{i(\text{intra})}$$

$$I_{(\text{inter})} = \sum (Y_i/Y) \times \lg[(Y_i/Y)/(X_i/X)]$$

$$I_{i(\text{intra})} = \sum (y_i/Y) \times \lg[(y_j/Y_i)/(x_j/X_i)]$$

$$Y_i = \sum Y_j \quad j \in i \quad i = 1,2,3,\cdots,n\ ;\ X_i = \sum X_j \quad j \in i \quad i = 1,2,3,\cdots,n$$

在上式中，x_i 和 y_i 分别表示第 i 个国家（或地区）的人口总量与 HDI 总量，X 和 Y 分别表示世界人口总量和 HDI 总量，X_i 和 Y_i 的下标 i 表示将世界划分为 n 个区域，$I_{(\text{inter})}$ 表示区域间差异，$I_{i(\text{intra})}$ 表示区域内部差异，X_i 和 Y_i 分别表示第 i 个区域的人口总量与 HDI 总量，x_j 和 y_j

分别表示第 i 个区域内的第 j 个国家的人口总量与 HDI 总量。

采用空间基尼系数及泰尔指数对世界人类福祉空间差异动态演变过程进行测度和分析。

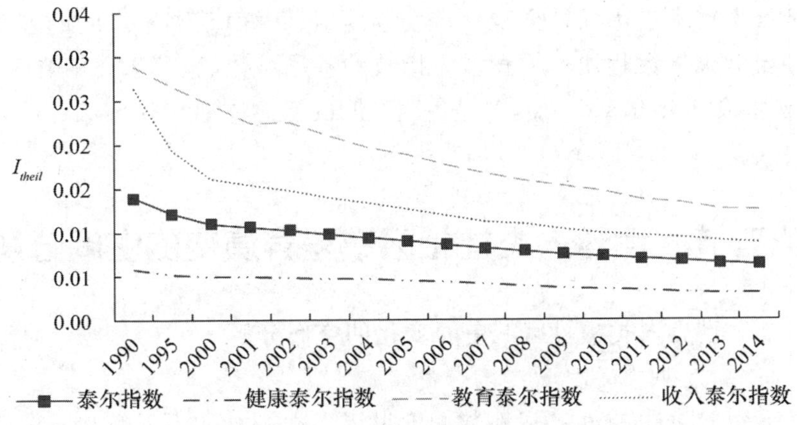

图 2－6　1990—2014 年世界人类福祉空间差异演变：基于泰尔指数

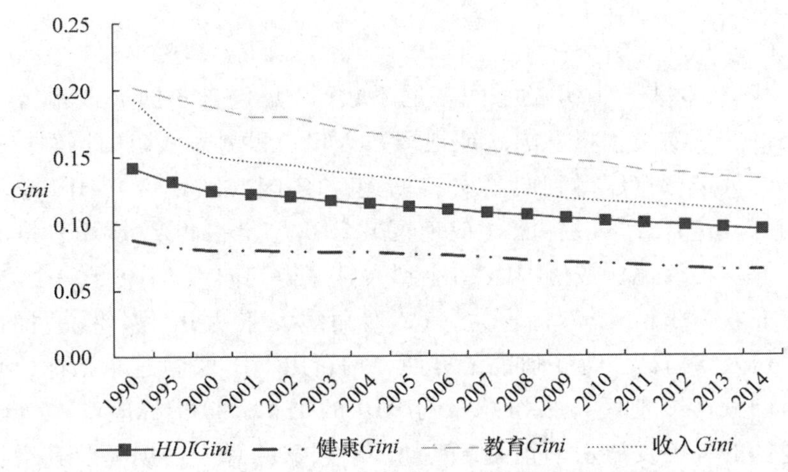

图 2－7　1990—2014 年世界 HDI 及其分项指数的空间基尼系数演变

通过图 2－6、图 2－7 可以看出，1990—2014 年，世界各国（或地区）之间 HDI 及分项指数的空间差异均呈缓慢下降态势，说明国家之间的人类福祉差距不断缩小，世界人类福祉演变趋向空间均衡。

就三个分项指数而言，国家之间的教育指数差距最大，收入差距次之，健康指数最小。随着各国社会经济的不断发展和世界医疗技术整体提高与广泛扩散，欠发达国家的婴儿死亡率得到明显降低，国家之间的健康指数差距缩小。教育指数的提升不仅依赖于经济发展，还依赖于科学技术进步及社会观念转变等因素，因而其国家之间的差距较大。与健康指数相比，尽管教育指数的基尼系数已从1990年的0.202降低到2014年0.133，但世界各国之间的教育差距仍比健康、收入指数要大。

第二节　世界人类福祉区域差异演变的空间分解

一　世界人类福祉区域差异变化的空间分解

（一）空间基尼系数要素分解

采用HDI的空间基尼系数测度世界人类福祉的不平衡状况，考虑到各国（或地区）人口规模的影响，采用人口加权计算HDI的空间基尼系数，公式如下：

$$G = PQI$$

其中，G表示HDI的空间基尼系数；P是包含各国（或地区）人口比例的行向量，将各国（或地区）人口占世界总人口的比例按HDI由小到大进行排序得到向量P；I是包含各国（或地区）HDI总量占比的列向量，计算出各国（或地区）HDI总量占世界HDI总量的比例，同样将该比例按照HDI由小到大排序得到向量I；Q是一个方阵，上方元素为+1，下方元素为-1，对角线元素为0。需要说明的是，HDI是人均指标，为了研究的方便，构造出HDI总量这个指标，它为一个国家（或地区）人口总量与HDI的乘积，该指标既与一个国家或地区的人类发展水平相关，又与一个国家的总人口规模及其增长趋势相关，充分反映了不同人口规模、不同人类发展水平下的人类发展总福利。

再对空间基尼系数（G）进行分项分解：

$$G = \sum_{i=1}^{N} S_i G(Y_i) R_i$$

S_i 表示各分项指数占 HDI 的份额，$G(Y_i)$ 表示各分项指数的空间基尼系数，i 为分项指数的个数（$i = 3$），R_i 是相关系数之比，其分子为分项指数与 HDI 排序的相关系数，分母为分项指数与其位序的相关系数，$G(Y_i)R_i$ 为分项集中系数，亦可表示为 C_i。$S_iG(Y_i)R_i/G \times 100\%$ 表示第 i 个分项指数对 G 的贡献率；$G(Y_i)R_i/G$ 为相对集中系数，该值大于 1，说明其分项指数对 G 有促进作用，反之，则为抑制作用。

对空间基尼系数变化进行分解如下①：

$$\Delta G = \sum_{i=1}^{N} \Delta S_{it} C_i + \sum_{i=1}^{N} \Delta C_{it} S_i + \sum_{i=1}^{N} \Delta S_i \Delta C_i$$

其中，ΔG 为世界 HDI 空间基尼系数的变化量，$\sum \Delta S_{it} C_i$ 表示由各分项指数份额变化所引起的空间基尼系数变化，称为“结构效应”；$\sum \Delta C_{it} S_i$ 表示由集中系数变化所引起的空间基尼系数变化，称为“集中效应”；$\sum \Delta S_i \Delta C_i$ 为各分项指数份额与集中系数的变化所引起的空间基尼系数变化，称为“综合效应”。

（二）世界人类福祉区域差异的构成分析

将泰尔指数按世界七大区域进行空间分解，探究世界人类福祉区域差异及其演变特征。从图 2－8 可以看出，1990—2014 年，世界七大区域之间的人类福祉差距是造成世界人类福祉总体差距的主要原因，但七大区域之间的差距对世界人类福祉整体差距的贡献率逐步下降。世界七大区域内部差异的贡献率呈上升态势，表明世界区域间和区域内人类福祉差距整体上趋向均衡。

从图 2－9 关于世界七大区域内部人类福祉差异的演变趋势来看：(1) 世界七大区域内部人类福祉整体差异呈缩小趋势。其中，非洲与大洋洲区域内国家间的人类福祉差距明显高于其他区域，而北美洲、欧洲（除东欧外）、拉丁美洲和加勒比海等区域内部的人类福祉差距较小且比较接近，俄罗斯与东欧区域内部的人类福祉差距最小。

① 万广华：《中国农村区域间居民收入差异及其变化的实证分析》，《经济研究》1998 年第 5 期。

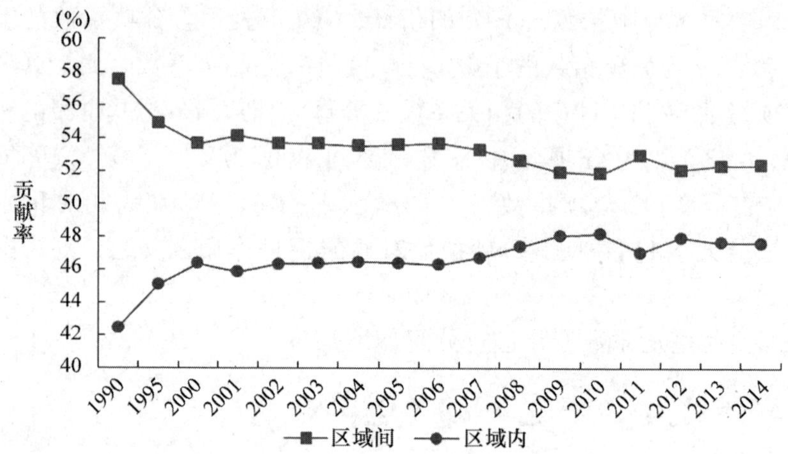

图 2－8　世界 HDI 区域间与区域内差异贡献率演变（1990—2014 年）

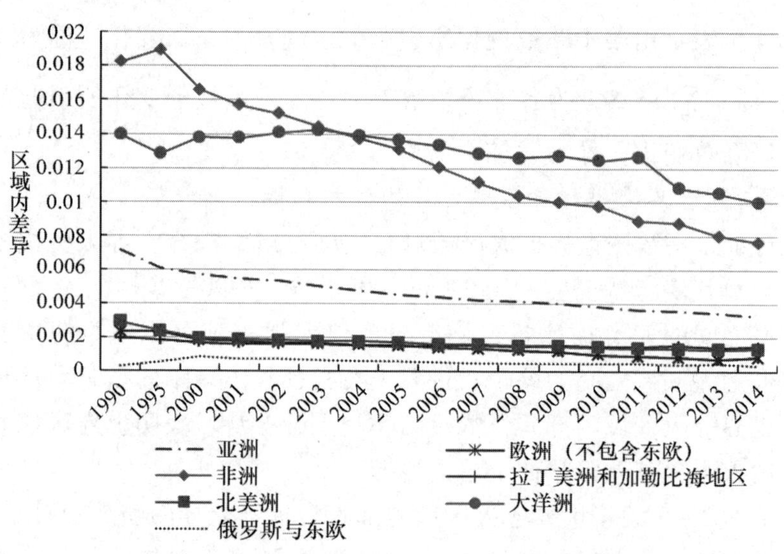

图 2－9　世界七大区域内部的 HDI 空间差异演化和泰尔指数分解（1990—2014 年）

（2）非洲区域在 1995 年之后区域内人类福祉差距缩小趋势更为明显。尽管非洲区域的人类福祉整体上与世界其他区域仍存在较大差距，但非洲各国之间的人类福祉差距显著降低，其人类发展不平衡状况有明显改善。欧洲（除东欧外）从 2006 年起区域内的人类福祉差距明显缩小，人类福祉空间均衡趋势比北美洲与拉丁美洲和加勒比海地区更为明显。俄罗斯与东欧区域内的人类福祉差异最小，但在 1990—2000 年略有扩大，这可能与苏联解体的影响和东欧政局变动有关。

二　世界各维度人类福祉区域差异变化的空间分解

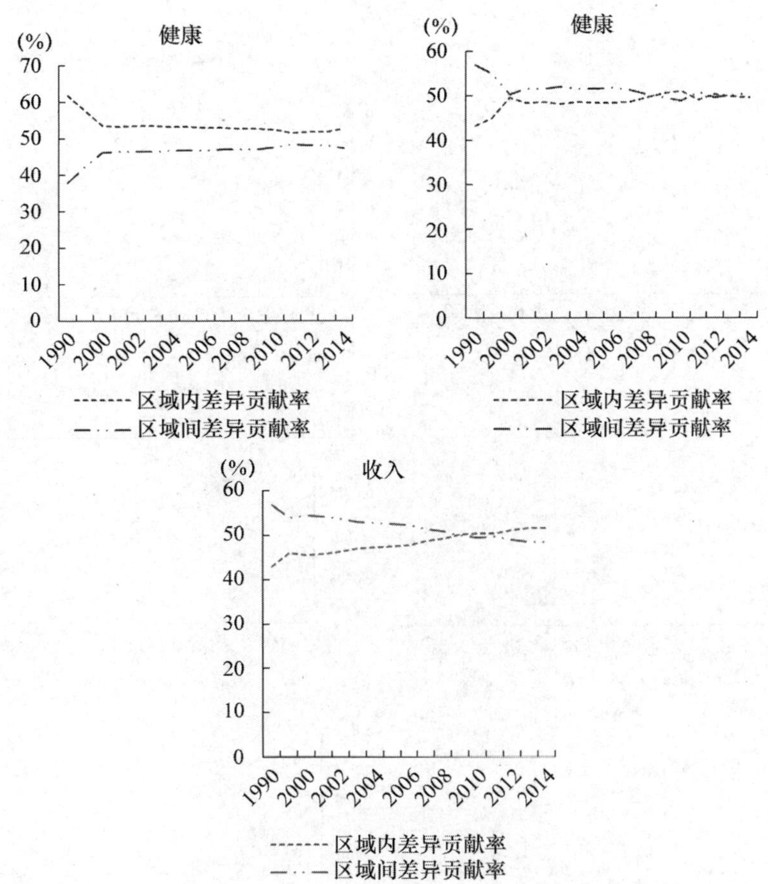

图 2－10　世界 HDI 三个分项指数的区域间与区域内差距贡献率演变

分析世界各国 HDI 三个分项指数的区域间与区域内差距演变过程可以发现：

（一）健康指数的区域内差距一直大于区域间差距，2000 年以后平缓降低

教育指数区域间与区域内差异的贡献率在 50% 附近上下波动，教育指数的区域内与区域间差异相对均衡。2009 年之前区域间的收入差异是世界收入空间分异的主要部分，但其贡献率不断降低。2009 年之后区域内部差异的贡献率成为全球收入空间差异的主体（见图 2－10）。

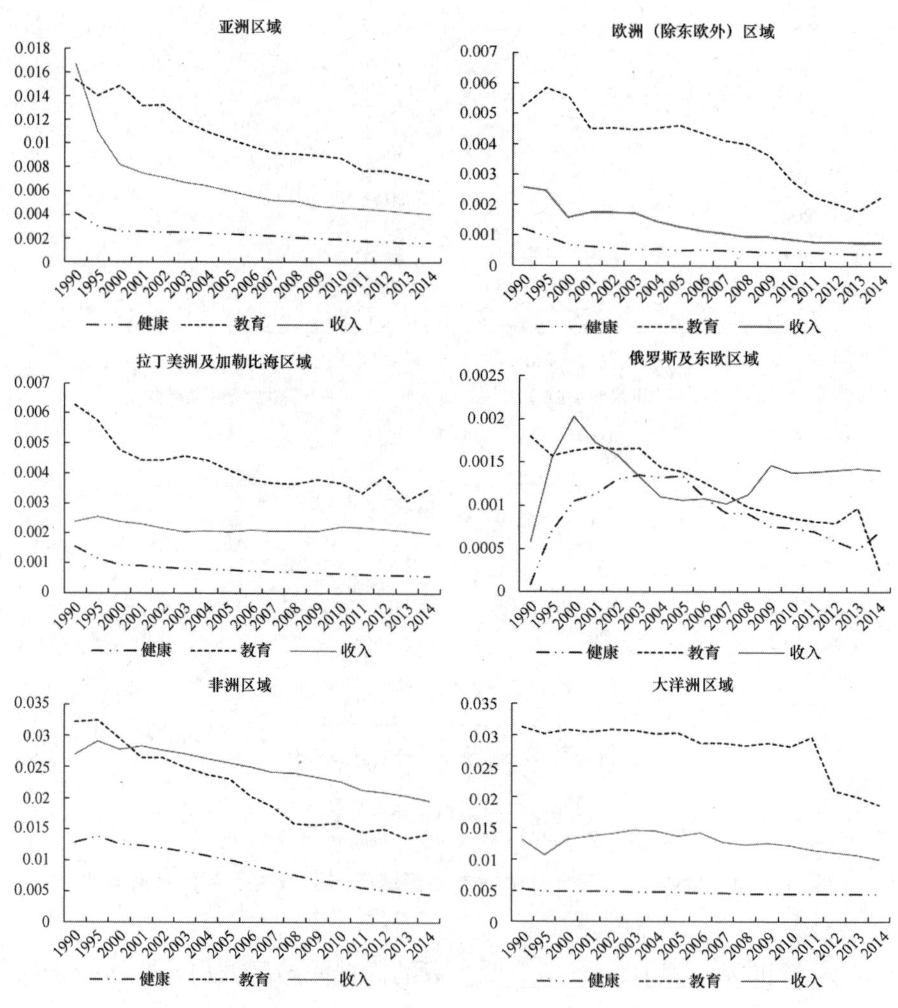

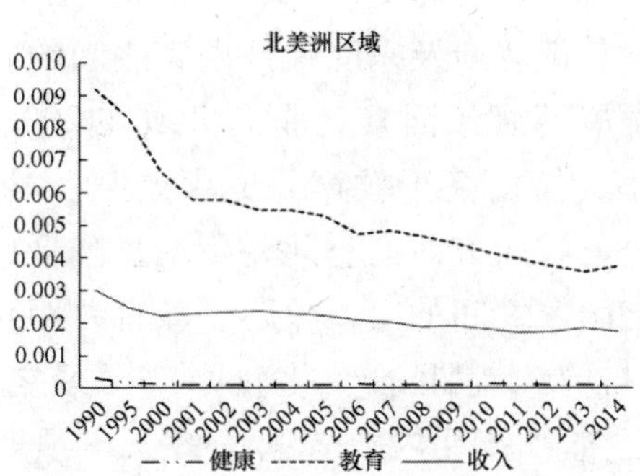

图 2－11　世界七大区域内部 HDI 分项指数空间差异演变（1990—2014 年）

（二）三个福祉分项指标在世界七大区域内部的差距呈现出不同变化趋势

对健康、教育与收入三个分项指数从七大区域内部差距的变化趋势进行分析可以看出（见图 2－11）：亚洲的 HDI 三个分项指数区域内部差距均有降低，其国家间的教育差距最大，收入差距次之，健康差距最小。其中，1990—2000 年，亚洲区域内国家之间的收入差距大幅降低，尽管 20 世纪后 10 年亚洲的发展中国家经济得到了快速发展和较大改善，但国家之间的教育差距是亚洲人类发展进程不可忽视的挑战。欧洲（除东欧外）区域国家之间的教育差距明显大于收入与健康差距，其 HDI 三个分项指数的国家间差距明显小于亚洲。拉丁美洲及加勒比海地区 HDI 分项指数在国家之间的差距由大到小依次是教育、收入和健康指数，其中教育指数的空间差距大幅缩小，波动明显；收入指数的空间差距较为平稳。拉丁美洲和加勒比海地区 HDI 的三个分项指数的空间差距均比欧洲大，演变格局整体上和欧洲（除东欧外）相似。

俄罗斯及东欧地区在健康、教育与收入三个分项指数方面的国家间差距明显小于其他六大区域，但波动特征明显，其健康指数的空间差距演变大致呈倒 U 形，2003 年之后其国家间教育差距明显缩小。俄罗斯与东欧地区国家之间收入指数的差距波动较大，先急剧扩大，后明显缩小，2009 年之后基本保持平稳。俄罗斯及东欧地区各项福祉指标的国家间差距变化在很大程度上与其政治因素有关，苏联解体不仅影响了一些国家的经济发展，而且对人们的生活水平、健康状况都产生了巨大影响。俄罗斯及东欧地区国家之间的收入差距仍是影响该地区福祉均衡发展的瓶颈因素。非洲区域在 2000 年以后国家间的收入差距不断缩小，但仍高于教育与健康差距。尽管 1990—2014 年非洲在健康、教育与收入方面的空间差距明显降低，人类福祉水平得到了很大改善，但国家之间的收入差距、教育差距仍比较严峻。大洋洲国家之间健康与收入差距的变化较小，国家之间的教育差距在 2012 年后汤加、巴布亚新几内亚等国家的人口预期受教育年限大幅提升而明显减小，但大洋洲区域国家之间的收入分化现象不容忽视。北美洲区域国家之间的教育差距最大，收入差距次之，健康差距最小，北美洲在世界七大区域中健康差距最小。

总体来看，除俄罗斯及东欧之外，世界其他六大区域健康、教育与收入指数的国家间差距整体趋于缩小。除俄罗斯及东欧、非洲之外，世界其他五个区域 HDI 分项指标的国家间差距由大到小的排序均为教育指数、收入指数、健康指数，教育指数的差距是这五大区域国家间的主要差距。尽管俄罗斯及东欧 HDI 三个分项指标的空间差距演变呈波动性，但其空间差距是世界七大区域中较小的。同时，国家间收入差距最大的是非洲，最小的是俄罗斯及东欧；教育差距最大的是大洋洲，最小的是俄罗斯及东欧；健康差距最大的是非洲，最小的是北美洲。

第三节　世界人类福祉区域差异演变的驱动要素

一　世界人类福祉空间差距的结构分析

对世界 HDI 及其三个分项指数对世界人类福祉不平衡的贡献进行研究，可以分析世界人类福祉区域差异的主要因素（见表 2－2）。

根据 Lerman and Yitzhaki（1985）提出的分项收入变化对空间不平等的边际分析法可知，当该比值大于 1 时，表示分项指标的增长将导致总不平等的上升；若比值小于 1，则表示分项指标的增长将导致总不平等的降低；若比值等于 1，则表示分项指标的改变对总不平等无影响（R. Lerman，et al.，1985）。

表 2-2　　**世界 HDI 空间基尼系数及分项指数基尼系数的贡献率（1990—2014 年）**

年份	空间基尼系数	集中系数			相对集中系数			贡献率（%）		
		健康	教育	收入	健康	教育	收入	健康	教育	收入
1990	0.142	0.078	0.195	0.184	0.550	1.376	1.297	23.48	37.48	39.03
1995	0.131	0.072	0.188	0.161	0.547	1.432	1.223	22.70	39.64	37.70
2000	0.125	0.068	0.181	0.147	0.549	1.457	1.181	22.35	40.64	37.04
2001	0.122	0.071	0.172	0.141	0.582	1.402	1.155	23.57	39.92	36.30
2002	0.120	0.070	0.172	0.139	0.578	1.430	1.156	23.33	40.26	36.41
2003	0.117	0.068	0.167	0.135	0.583	1.422	1.150	23.35	40.29	36.36
2004	0.115	0.069	0.162	0.131	0.597	1.406	1.142	23.74	39.89	36.37
2005	0.113	0.068	0.158	0.128	0.603	1.401	1.135	23.81	39.84	36.41
2006	0.110	0.067	0.153	0.125	0.609	1.388	1.133	23.84	39.47	36.69
2007	0.108	0.066	0.149	0.121	0.612	1.384	1.127	23.80	39.43	36.77
2008	0.106	0.065	0.146	0.120	0.609	1.374	1.134	23.56	39.31	37.13
2009	0.104	0.063	0.143	0.116	0.613	1.382	1.121	23.63	39.71	36.66
2010	0.102	0.063	0.140	0.114	0.614	1.378	1.121	23.55	39.78	36.77
2011	0.100	0.062	0.136	0.113	0.617	1.360	1.128	23.55	39.31	37.14
2012	0.098	0.060	0.135	0.111	0.613	1.367	1.125	23.32	39.55	37.14
2013	0.096	0.059	0.131	0.109	0.615	1.361	1.125	23.32	39.46	37.21
2014	0.095	0.058	0.129	0.107	0.615	1.363	1.123	23.27	39.46	37.27

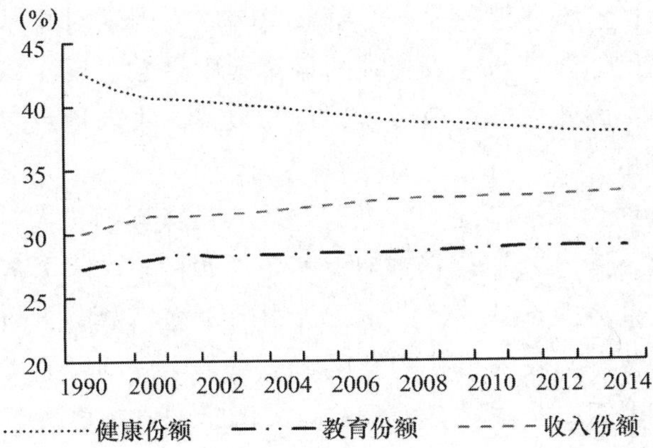

图 2-12　HDI 三个分项指数占 HDI 份额演变

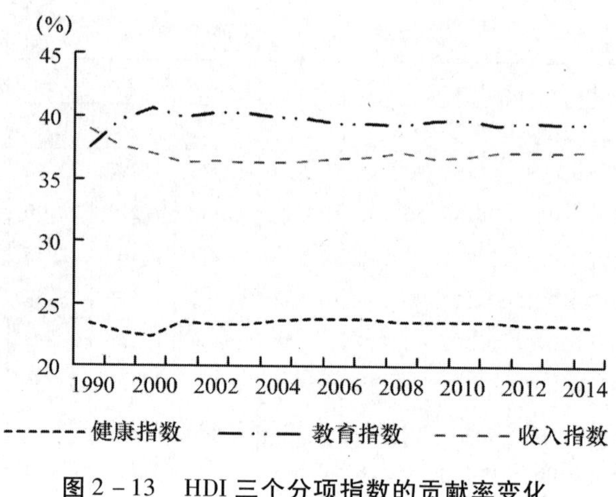

图 2－13　HDI 三个分项指数的贡献率变化

从图 2－12、图 2－13 可以看出：

（1）1990—2014 年，世界人类福祉空间不平衡程度整体上逐渐缩小，健康、教育和收入指数的集中系数均呈下降态势，表明世界人类福祉演化趋向空间均衡。

（2）从表 2－2 相对集中系数来看，1990—2014 年，教育与收入指数的相对集中系数大于 1，它们对总基尼系数表现为扩大效应。但由于基尼系数还与三个分项指数的相对集中系数、份额相关，而与教育份额和收入份额的关系较小，因而世界人类福祉的空间差异总体上仍逐年减小；值得注意的是，尽管教育与收入因素对总基尼系数表现为扩大效应，但教育与收入指数的相对集中系数也逐年减小，即其对基尼系数的扩大效应亦逐渐减小，这与教育、收入指数自身非均衡性的改善密切相关。

（3）健康份额逐渐缩小，教育与收入份额逐渐扩大，人类福祉结构趋向均衡。但 HDI 三个指数对其基尼系数的贡献率差异较大，教育指数对基尼系数的贡献率最大，收入指数次之，健康指数的贡献率最小，这说明教育与收入指数的发展不平衡是导致世界人类福祉空间不平衡的主要因素，其中教育因素较收入因素的影响更大。

二 世界人类福祉空间差异的效应分析

从表2－3对世界HDI空间基尼系数变化的结构分解进一步可以看出：

1. 世界人类福祉空间差异变化的集中效应明显高于结构效应。表明HDI三个分项指数空间差异的缩小是世界人类福祉趋向空间均衡的主要原因，而结构效应却扩大了世界人类福祉鸿沟。从图2－13可见，教育指数与收入指数对世界人类福祉空间差异的贡献率均高于35%，远高于健康指数的贡献率，表明世界人类福祉的空间差异在很大程度上源于教育与收入因素；从图2－12也可以看出，1990—2014年，世界教育与收入指数占HDI的份额持续上升，而健康指数所占份额明显减小，表明导致世界人类福祉非均衡的结构效应呈加剧趋势。

2. 健康、教育与收入指数的集中效应均使世界人类福祉趋向空间收敛。从集中效应来看，健康、教育与收入指数的集中效应均使世界人类福祉趋向空间收敛，其中教育与收入指数的收敛效应更强。除2000—2001年和2003—2004年两个时间段健康指数的集中效应为负效应之外，其余时间段三个分项指数的集中效应均为正效应。

3. 健康指数的结构变化促进了世界人类福祉均衡，教育指数、收入指数的结构变动扩大了世界人类福祉的空间差异。从结构效应来看，健康指数的结构变化促进了世界人类福祉均衡，教育指数的结构变动扩大了世界人类福祉的空间差异，收入指数的结构变化整体上加剧了世界人类福祉的空间差异。1990—2014年，健康指数的结构效应均为正效应，教育指数的结构效应除了在2013—2014年为正效应外，其余年份均表现为负效应。收入指数的结构效应在2008—2009年为正效应，其余年份均为负效应。这一时期受全球金融危机的冲击，世界各国人均收入整体下降，导致收入份额有所下滑。由于收入指数的结构变化使其份额减小，且相对集中的系数也有所减小，2008—2009年，收入指数的结构效应则起到了缩小世界人类福祉差距的作用。

表 2 - 3　HDI 分项指数对 HDI 空间基尼系数变化的贡献率和效应分解（1990—2014 年）

时段（年）	基尼系数变化	基尼系数变化的结构分解（%）			集中效应（%）			结构效应（%）			各分项指数贡献率（%）		
		结构效应	集中效应	综合效应	健康	教育	收入	健康	教育	收入	健康	教育	收入
1990—1995	-0.0104	-11.3	112.5	1.24	24.8	18.9	68.8	8.2	-8.2	-11.3	33.0	10.7	57.5
1995—2000	-0.0069	-9.7	110.6	0.92	20.7	27.2	62.6	7.5	-5.4	-11.8	28.3	21.8	50.8
2000—2001	-0.0021	-8.8	109.6	0.83	-53.8	81.1	82.3	6.7	-11.4	-4.0	-47.1	69.6	78.3
2001—2002	-0.0020	-8.3	108.5	0.11	30.9	42.4	35.1	6.4	-10.0	-4.8	37.3	32.5	30.3
2002—2003	-0.0031	-8.3	108.7	0.36	15.8	49.5	43.4	6.6	-10.0	-5.0	22.5	39.5	38.4
2003—2004	-0.0025	-7.0	107.4	0.42	-1.7	61.1	48.0	7.2	-2.3	-11.9	5.5	58.8	36.2
2004—2005	-0.0023	-8.9	109.2	0.40	11.3	48.5	49.4	9.1	-4.3	-13.7	20.5	44.3	35.6
2005—2006	-0.0022	-8.4	108.7	0.28	12.4	57.7	38.6	9.5	-1.0	-17.0	22.0	56.7	21.6
2006—2007	-0.0026	-7.1	107.4	0.30	17.3	44.4	45.7	7.9	-2.9	-12.1	25.1	41.6	33.6
2007—2008	-0.0019	-7.5	107.7	0.12	30.3	54.8	22.5	7.0	-8.7	-5.8	37.3	46.1	16.7
2008—2009	-0.0024	-3.5	103.5	0.02	17.9	29.8	55.8	2.4	-7.9	2.0	20.3	21.9	57.8
2009—2010	-0.0018	-8.4	108.6	0.19	22.7	47.8	38.1	8.1	-9.5	-7.0	30.8	38.3	31.1
2010—2011	-0.0020	-4.2	104.3	0.10	16.5	63.4	24.4	4.6	-2.5	-6.3	21.1	60.8	18.2
2011—2012	-0.0013	-5.7	105.7	0.04	34.8	25.9	45.1	5.9	-4.1	-7.6	40.8	21.8	37.5
2012—2013	-0.0020	-3.6	103.7	0.11	19.4	47.5	36.9	3.6	-3.9	-3.3	23.0	43.6	33.5
2013—2014	-0.0015	-1.6	101.6	0.05	23.5	36.2	41.9	2.7	3.6	-7.8	26.2	39.8	34.0

4. 世界人类福祉空间整体上趋向均衡。在2001年以前，收入指数对世界人类福祉空间均衡的贡献率最大，表明2001年以前经济增长不仅是改善世界人类福祉的主要动力，经济维度差距的缩小还是促进世界人类福祉空间均衡的主要因素。2001—2002年，健康指数的贡献率较大，之后除2008—2009年、2011—2012年之外，其余年份教育指数的贡献率均最高，说明教育水平的有效改善是推动世界人类福祉空间均衡的重要因素。

三　世界人类福祉演变的均衡系数分析

（一）基于PCA的世界人类福祉演变的均衡系数模型

主成分分析法（PCA）是一种经过降维处理，把多个相关指标简化为用少数指标代替的综合评价方法。

假设有p个指标，用向量表示为：$X = (H_1, H_2, \cdots, H_p)$；其中，$H_i = (h_{1i}, h_{2i}, \cdots, h_{ni})'$。$h_{ni}$表示第$n$个样本在第$i$个（$i = 1,2,\cdots,p$）指标上的观测值，那么第$i$个主成分可表示为：

$$P_i = a_{1i}H_1 + a_{2i}H_2 + \cdots + a_{pi}H_p$$

满足：① ${a_{1i}}^2 + {a_{2i}}^2 + \cdots + {a_{pi}}^2 = 1$；② P_i与P_j（$i \neq j; i,j = 1, 2,\cdots,p$）不相关；③ $Var(P_i) > Var(P_{i+1})$，$\forall_i = 1,2,\cdots,p-1$。

采用主成分分析法（PCA）计算的主成分指数（PCI）不仅是人类发展指数的一种有效替代，而且其优点在于可利用分项指数的动态权重分析世界人类福祉非均衡演变的要素影响，即各分项指数权重系数越大，表示该分项指数的影响越大，即反映健康、教育、收入指数对世界人类福祉的贡献。通过不同年度动态权重演变分析，可以揭示世界人类福祉不平衡演变的结构模式。

由于HDI三个分项指数之间不存在量纲差异，因而采用协方差法计算三个分项指数的主成分，得到表2-4。KMO值均在0.74以上，说明样本数据适合采用主成分分析方法，累积方差贡献率均达到87%以上，选取第一个主成分。以1990年为例，采用PCA方法计算的人类发展指数公式如下：

$$H_{1990} = 0.497H_1 + 0.613H_2 + 0.613H_3$$

1990年教育与收入指数的权重较高，健康指数的权重较低，表示健康与收入指数对人类福祉水平的影响较大，即1990年世界人类福祉差距更多的是由教育与收入指数决定的。

值得注意的是，根据协方差计算主成分的条件，即满足 $a_{1i}^2 + a_{2i}^2 + \cdots + a_{pi}^2 = 1$ 等式，HDI三个分项指数的系数在达到结构均衡时的值约为0.5774（见图2－14中均衡线）。因此，若系数小于0.5774，表明该分项指数对人类福祉的影响较小，反之亦然。

表2－4　HDI三个分项指数的主成分系数动态变化（1990—2014年）

年份	均值调整后的分项指数所对应的主成分系数*			累积方差贡献率	KMO检验
	健康指数（H_1）	教育指数（H_2）	收入指数（H_3）		
1990	0.497	0.613	0.613	0.884	0.755
1995	0.492	0.608	0.622	0.879	0.757
2000	0.476	0.614	0.625	0.871	0.751
2001	0.482	0.611	0.625	0.871	0.748
2002	0.478	0.618	0.629	0.871	0.744
2003	0.475	0.618	0.629	0.871	0.745
2004	0.474	0.608	0.636	0.871	0.745
2005	0.467	0.615	0.640	0.872	0.744
2006	0.463	0.608	0.648	0.876	0.746
2007	0.455	0.609	0.652	0.879	0.747
2008	0.450	0.605	0.652	0.882	0.748
2009	0.448	0.610	0.654	0.883	0.752
2010	0.441	0.610	0.653	0.887	0.754
2011	0.440	0.607	0.655	0.890	0.759
2012	0.432	0.611	0.660	0.893	0.757
2013	0.431	0.616	0.661	0.890	0.753
2014	0.424	0.629	0.657	0.891	0.759

* 均值调整为观察值减去样本均值。

（二）基于PCA的世界人类福祉演变的均衡系数动态变化分析

1. 1990—2014年，收入指数对世界人类福祉的影响最大。

1990—2014年，收入指数的系数不断提高。1990—2006年，收入指数的系数持续缓慢增长，从1990年的0.613提高到2006年的

0.648，收入因素对人类福祉的影响逐渐扩大，2006 年以后，收入指数的系数保持在 0.653 左右，收入因素对人类福祉的影响比健康与教育指数更大。

2. 1990—2014 年，教育指数对世界人类福祉的影响变得越来越重要。

1990—2014 年，教育指数的系数在波动演变中有所提高。2011 年后，教育指数的权重系数有了明显上升，表明教育指数对人类福祉的影响变得越来越重要。1990—2014 年，健康指数的系数整体上持续下降且降幅较大，从 1990 年的 0.497 下降到 2014 年的 0.424。

3. 1990—2014 年，健康因素对世界人类福祉的影响最小。

健康、教育与收入因素对人类福祉的影响存在差异，世界各国的人类福祉差距越来越多地体现为收入与教育维度的差距。收入与教育因素不仅是影响人类福祉的主要因素，也是世界人类福祉空间差异演变的影响因素（见表 2－4 和图 2－14）。

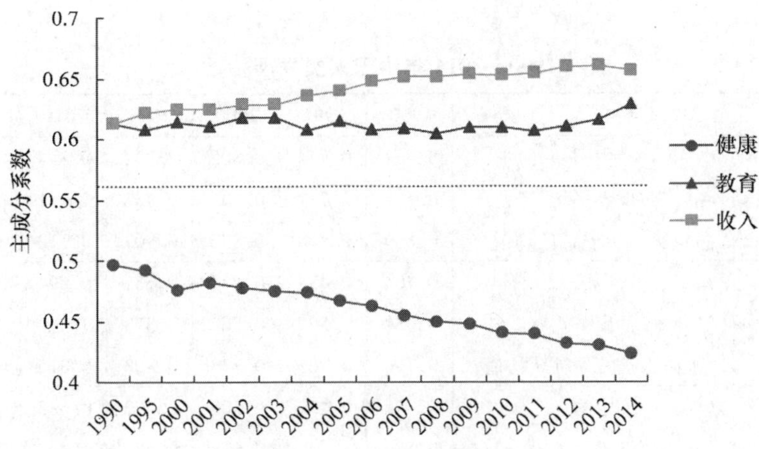

图 2－14　世界 HDI 分项指数权重结构动态演变（1990—2014 年）

第四节　中国人类福祉演进的全球透视

近二十多年来，世界各国在提升人类福祉方面取得了可喜进步，世界人类发展水平不断提高。人类发展指数及健康、教育、收入三个分项指标均由高速增长转向低速稳定增长，世界人类福祉整体水平趋于结构相对“均衡”的稳态。1990 年以来，中国人类发展取得了巨大成就，已从 1990 年的低人类发展梯队跃升为 2014 年的高人类发展梯队，是唯一一个从低人类发展梯队跻身高人类发展梯队的国家。

1990 年，中国人类福祉水平整体较低，尽管健康指数已达中人类发展梯队国家平均水平，但收入指数偏低，使中国在健康、教育与收入三个人类福祉维度存在结构不均衡。2014 年，中国的健康和收入指数均达到高人类发展梯队国家平均水平，但教育指数相对较低，与高人类发展梯队国家仍存在一定差距。1990—2014 年，中国在健康维度的福祉增长较为缓慢，特别是 2005 年以后，中国健康指数排名并无明显变化，而收入维度的福祉增长十分明显。中国九年义务教育成功推行，使教育指数的增势明显。但随着 2011 年九年义务教育的全面普及，教育指数的增长态势有所放缓。与经济快速发展相比，中国的教育发展相对较慢，与高人类发展梯队一些国家的教育水平存在一些差距（见表 2－5）。

表 2－5　　**1990—2014 年中国人类发展指数**

年份		1990	1995	2000	2005	2010	2014
健康指数	中国	0.761	0.774	0.802	0.832	0.844	0.858
	世界平均	0.706	0.717	0.733	0.738	0.741	0.745
	极高人类发展梯队均值*	0.869	0.878	0.892	0.907	0.912	0.92
教育指数	中国	0.404	0.434	0.476	0.531	0.594	0.614
	世界平均	0.487	0.521	0.562	0.573	0.58	0.589
	极高人类发展梯队均值	0.796	0.765	0.774	0.803	0.815	0.826
收入指数	中国	0.345	0.439	0.508	0.592	0.683	0.737
	世界平均	0.572	0.59	0.618	0.624	0.63	0.636
	极高人类发展梯队均值	0.795	0.835	0.866	0.885	0.884	0.897
HDI	中国	0.503	0.549	0.595	0.651	0.707	0.737
	世界平均	0.588	0.61	0.638	0.645	0.65	0.657
	极高人类发展梯队均值	0.82	0.826	0.844	0.865	0.871	0.881

* 所列的世界平均值与极高人类发展梯队均值为作者根据所选 136 个国家数据计算得出。

在健康福祉方面，中国自1990年以来一直保持在世界中等偏上水平，虽然健康指数对世界人类福祉非均衡的影响较小，但作为人类发展指数的重要组份，健康因素和教育因素共同决定着一个国家（或地区）的人力资本水平和潜力，其重要性不言而喻。在中国当前面临严峻的人口老龄化压力、推进“健康中国”战略和全面建设小康社会建设背景下，提升全民健康水平至关重要。

1990—2014年，人类福祉较为落后的一些国家大大地缩小了与高人类福祉国家间的差距，世界人类福祉趋向空间均衡。世界人类福祉空间差异不断缩小，主要在于七大区域之间人类福祉差异的缩小。世界七大区域之间的人类福祉呈趋同态势，但区域内部国家之间的人类福祉差异有所增大，世界人类福祉空间差异逐渐由区域间差异转换为区域内差异。健康维度的福祉差异主要是区域内差异；教育维度的福祉差异由区域间差异为主转向区域间与区域内差异共同决定，收入维度的福祉差异在2009年之前主要为区域间差异，2009年之后区域内差异逐渐占据主导地位。俄罗斯及东欧地区国家间人类福祉差异最小，非洲与大洋洲地区国家间人类福祉差异较大。世界大多数区域的国家间在教育维度上的福祉差异较大，健康维度上的福祉差异最小。

本章侧重于从全球视野，从国家间、区域间比较的角度，分析世界人类福祉非均衡格局演变的过程与特征，进而透视中国人类福祉在世界范围内的地位和发展态势。这有助于我们了解世界人类福祉由非均衡向均衡的动态演进规律。但不无遗憾的是，本章关于国家内部人类福祉空间的非均衡性难以具体分析，国家内部人类福祉非均衡对世界人类福祉空间不平衡态势仍有影响。因而，后续研究需对典型国家内部的人类福祉空间差异状况进行分析，以期更为全面地分析世界人类福祉演变图景和规律。

以下章节将系统分析中国区域福祉不平衡的演变特征、规律和图景，深入揭示中国区域福祉非均衡的影响因素以及均衡机制和相关对策建议。

第三章　中国区域福祉不平衡的多维测评与比较分析

改革开放以来，中国经济实现了连续快速增长，各地区人民生活水平有了普遍提高，人类发展取得了伟大成就，中国人类福祉水平有了巨大提高，人类发展指数从 1980 年的 0.423 提升为 2013 年的 0.719。已完成了从第四世界到第三世界，并向第二世界迈进的重大转变。随着区域人类福祉的时空演变，中国总体人类福祉水平在显著提升的同时，也出现了生活水平和人类福祉的区域不平衡问题，还存在着区域福祉的不平衡问题，成为影响中国区域协调发展以及全面建设小康社会的不利因素。

同时，随着发展观的不断演变，区域发展质量评判的着眼点逐渐从经济增长转向民生福祉，福祉水平的区域差距问题日益受到重视。福祉是一个反映人的良好生活状态的多维度概念，在区域研究中对其测度通常采用由健康指数、教育指数和收入指数综合而成的人类发展指数。自 1990 年联合国开发计划署（UNDP）首次发布《人类发展报告》以来，HDI 被广泛应用于测度和比较各国人类福祉状况，并已取代人均 GDP 等经济指标成为反映人类福祉的替代指标。①

目前，已有一些应用 HDI 透视中国区域福祉不平衡的研究成果，主要集中在中国人类发展或人类福祉的区域非均衡性测度研究上。国外学者 Lai（2003）对 1990 年和 1997 年中国省区人类福祉不平衡状

---

① 福祉反映的是人的良好生活状态，尽管生活水平可以界定为一个人通过消费而获取的效用，但这种基于个人特性的效用界定，很难进行不同时期或不同地区之间的比较，因此，在区域研究中，常应用联合国开发计划署提出的人类发展指数，这是使用最广、最简明的人类福祉水平衡量指标。

况进行了比较分析。A. J. Marchante, et al.（2006）对1980—2001年西班牙的福祉演化过程进行了分析；Koen Decancq, et al.（2009）基于1976—2000年每5年一次的HDI及分项指数数据对世界人类福祉的不均衡发展进行了研究，发现世界人类福祉的不平衡性逐渐降低，收入因素对人类福祉非均衡的影响呈凹形趋势。McGillivray, et al.（2010）对1992—2004年世界各国人类福祉不平等进行了研究。Böhnke, et al.（2010）运用主客观结合的方法，对欧洲各国人类福祉及其不平等的影响因素进行研究。Vanesa Jordá and José María Sarabia（2015）对1980—2012年世界人类福祉的空间收敛进行了分析。Goff, et al.（2016）基于生活满意度数据（SWL）对人类福祉的不平等进行度量并探索了人类福祉不平等的主要影响因素。宋洪远、马永良（2004）使用人类发展指数对中国城乡差距进行了测算；覃成林、罗庆（2004）应用人类发展指数分析了中国省区人类发展的城乡差异；赵志强、叶蜀君（2005）对中国区域人类发展进行了实证分析。胡鞍钢、张宁（2006）基于人类发展指数分析了中国人类发展地区差距及其演变；杨永恒、胡鞍钢、张宁（2006）分析了中国人类福祉的非均衡格局；吴映梅、普荣、白海霞（2008）分析了中国省级人类发展指数的空间差异；封志明、吴映梅、杨艳昭（2009）从不同尺度分析了中国人类发展的空间格局；周恭伟（2011）对中国各地区人类发展水平进行了比较分析；牛媛媛、任志远（2011）对关中—天水经济区人类发展水平的空间差异进行了分析；任媛、谢学仁（2011）对山西省各地市人类发展水平进行了分析；李晶（2013）分析了中国人类发展的区域差异；胡鞍钢（2013）对改革开放以来中国人类发展的地区差距演变进行了分析。已有一些研究对中国区域经济差距或区域发展不平衡进行了空间分解研究或要素分解分析。范剑勇等（2002）通过对基尼系数进行要素与结构分解，分析了中国地区差距的变化特征；胡志远等（2007）采用泰尔指数分解方法对1978—2004年江苏省发展不平衡趋势进行了研究；覃成林（2011）采用人口加权变异系数及其分解方法，对中国区域发展不平衡进行了定量研究，但在区域福祉非均衡方面的研究成果较为少见。

需要指出的是，上述研究主要有以下五点不足：

不足之一：已有研究多侧重于人类福祉的经济社会维度，对人类福祉的生态环境维度鲜有考虑。随着发展观不断演进，区域发展越来越重视人的发展，发展目标逐步从经济主导转向追求民生福祉，并且从经济福祉转到包含经济、社会和环境等多维福祉。因此，有必要在HDI基础上纳入环境因素以建立新的人类福祉指数，一些学者在这方面做了有益的尝试。M. C. Lasso和A. M. Urrutia（2001）在HDI指数中嵌入人均CO_2指标，对1993—1998年165个国家的人类发展状况进行测算；李晶（2007）采用人均CO_2指标对HDI指数进行了扩展，并应用《2005年人类发展报告》数据计算和比较了177个国家的人类发展状况；田辉、孙剑平、朱英明（2007）纳入三废排放量和用电量指标拓展了HDI，对1995—2003年中国省区可持续发展状况进行了评估。需要说明的是，当前中国正处在工业化、城镇化发展的重要阶段以及全面建成小康社会的攻坚时期，经济发展面临着较大的碳排放压力，继续增进人类福祉尚需一定的碳排放空间。尽管考虑更多的环境指标看似综合全面，但却有失人类福祉指数的简明性。因此，通过应用人均碳排放量指标惩罚性调整人类福祉的收入指数，建立纳入碳排放因素的人类福祉指数，是修正HDI的一个可行途径。

不足之二：已有研究关于中国区域人类发展或人类福祉非均衡性测度的研究成果相对较多，但主要基于《中国人类发展报告》发布的间断时间截面人类发展数据来分析中国人类福祉格局演变与地区差距，因而有必要重新估算连续年份中国历年省区HDI的数据。

不足之三：已有研究在进行人类福祉非均衡测度研究时，多采用的是人类发展指数或人类福祉指数，尽管对阿马蒂亚·森的可行能力理论较为重视，但从福祉的功能空间与能力空间双重视域来构建福祉测评框架的研究较为鲜见，有必要基于福祉的功能空间与能力空间评价和分析中国及其区域福祉的水平与质量，进而揭示中国及其区域福祉不平衡态势与演变。

不足之四：已有研究多停留于HDI的不平衡演变规律分析上，缺乏应用泰尔指数和基尼系数等空间差异分解方法，基于连续时间序列数据对中国人类福祉地区差距及其分解的深入研究。

不足之五：已有研究尚未揭示中国区域经济发展不平衡和区域福

祉不平衡演变规律的差异，尤其是应用经济指标和人类福祉指标对中国区域发展不平衡演变规律进行比较探究的研究成果尚不多见，有必要对其演变规律进行定量阐释和比较分析。

本章将针对上述五点不足展开分析，将分别基于纳入碳排放敏感性的HWI、重新估算的HDI以及“功能—能力”福祉框架进行多视角的中国区域福祉不平衡的定量测度以及演变特征和规律分析，并试图揭示中国区域经济不平衡与区域福祉不平衡的演进规律，试图为促进福祉均衡视角的中国区域协调发展提供一定的测评依据。

第一节 基于HWI的中国区域福祉不平衡测评与时空演变分析

通过在人类发展指数（HDI）中嵌入人均碳排放量指标，建立碳排放敏感性人类福祉指数（HWI），应用HWI指数对1990—2010年中国区域发展不平衡进行测评，以揭示纳入环境因素的中国区域福祉不平衡格局演变特征。

一 构建纳入碳排放敏感性的人类福祉指数

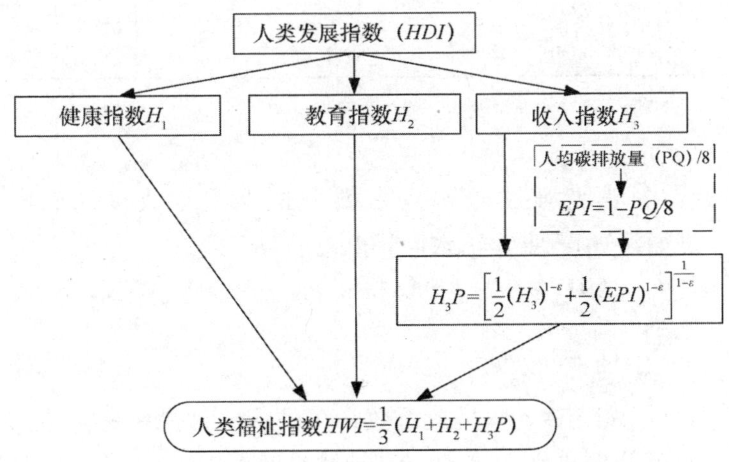

图3－1 碳排放敏感性人类福祉指数（HWI）计算框架

参考 de la Vega 等（2001）的研究方法，将在 HDI 中纳入人均碳排放量指标来调整人类福祉的收入指数，试图综合建立一个碳排放因素惩罚性修正框架下的人类福祉指数（HWI），计算思路见图 3－1。

（一）计算框架和过程

1. 计算人均碳排放量指标

由于人类发展指数（HDI）是人均指标，故碳排放指标采用人均碳排放量（PQ）。根据《中国能源统计年鉴》将最终能源消费种类划分为八类，包括原煤、焦炭、原油、汽油、柴油、燃料油、天然气和煤油，计算各种化石燃料的碳排放系数（见表 3－1）。

表 3－1　**各种燃料的碳排放系数**

燃料品类	低位发热量（kJ/kg）	含碳量（kgC/GJ）	氧化率	碳排放系数（tC/t）
原煤	20908	25.8	1	0.5394
焦炭	28435	29.2	1	0.8303
原油	41816	20.0	1	0.8363
汽油	43070	18.9	1	0.8140
柴油	42652	20.2	1	0.8616
燃料油	41816	21.1	1	0.8823
天然气	38931*	15.3	1	0.4478
煤油	43070	19.5	1	0.8399

说明：* 表示天然气的低位发热量单位为 kJ/m^3。

根据燃料消费量和碳排放系数来估算碳排放量（潘家华等，2011），进而计算得到人均碳排放量：

$$\delta_i = OE_i \cdot LHV_i \cdot CC_i$$

$$PQ = \sum_{i=1}^{8} Q_i \cdot \delta_i / pop$$

其中，δ_i 为第 i 种燃料排放系数，OE_i 为第 i 种燃料氧化率，LHV_i 为第 i 种燃料低位发热量，CC_i 为第 i 种燃料的含碳量，PQ 为人均碳排放量，Q_i 为第 i 种燃料的消费量，pop 为人口数，i 表示八种燃料。

2. 设定人均碳排放量（PQ）的上限值

采用人均碳排放量对收入指数进行调整，首先要合理假定人均碳排放量指标的上限值，据此将人均碳排放量原始数据转化为 0 到 1 之间。通过计算各省区各年人均碳排放量的最大值状况，再依据潘家华（2002）的研究结论①，确定中国人均碳排放量上限值为 8 吨碳/人，最小值标准为 0。

3. 构造环境行为指数（EPI）

人均碳排放量指标是环境污染指标，为负向指标。将其经上限值处理转化为正向指标，构造出环境行为指数（EPI），反映对碳排放造成污染的行为和态度。EPI 越接近 0，反映人均碳排放量越接近上限，EPI 越接近 1，反映人均碳排放量越接近 0。

$$EPI = 1 - PQ/8$$

4. 计算碳排放敏感性收入指数

然后根据 de la Vega 等（2001）的研究成果，应用阿特金森（Atkinson）测度不平等的方法，用 EPI 对收入指数（H_3）进行“惩罚性”修正，即在收入指数（H_3）中植入人均碳排放量指标，修正计算得出 H_3P 指数，以表示对那些以破坏环境为代价来获得收入增加的地区进行“惩罚”。将收入指标和人均碳排放指标“绑定”在一起加以考虑，若环境污染严重，则尽管收入水平较高，也会受到“惩罚”，而使得计算结果偏低。

$$H_3P = \left[\frac{1}{2}(H_3)^{1-\varepsilon} + \frac{1}{2}(EPI)^{1-\varepsilon}\right]^{\frac{1}{1-\varepsilon}}$$

ε 原是收入不平等的敏感性参数，这里用 ε 表示收入指数对碳排放因素的敏感性或碳排放因素对收入指数的“惩罚”性。若 $\varepsilon = 0$，表示收入指数对碳排放因素不敏感或碳排放因素对收入指数没有“惩罚”；若 ε 趋向无穷大，表示收入指数对碳排放因素十分敏感或碳排放因素对收入指数的“惩罚”十分厉害。根据 de la Vega 等（2001）、李晶（2007）等的研究成果，这里取 $\varepsilon = 2$，即取基于碳排放中性敏感，也即碳排放对收入指数有一定“惩罚”的假设。

---

① 2010 年，内蒙古人均碳排放量在全国各省区中最大，为 6.84 吨碳/人。

5. 计算纳入碳排放敏感性人类福祉指数（HWI）

H_1、H_2、H_3 分别表示健康指数、教育指数和修正前的收入指数。用健康指数（H_1）、教育指数（H_2）和修正的收入指数（H_3P），采取等权求和法计算纳入碳排放敏感性的人类福祉指数（HWI）：

$$HWI = \frac{1}{3}(H_1 + H_2 + H_3P)$$

（二）数据处理和说明

中国国家层面的历年 HDI 和碳排放数据来源于联合国开发计划署（UNDP）网站。中国各省人类发展指数（HDI）数据主要来源于联合国开发计划署（UNDP）出版的历年《中国人类发展报告》。能源消费数据来源于历年《中国能源统计年鉴》，人口数据来源于历年《中国统计年鉴》《中国人口与就业统计年鉴》以及全国第六次人口普查资料。

需要说明的是，本节关于中国国家层面的数据自 1980 年始，中国各省区数据所选时间序列为 1990 年、1995 年、1999 年、2005 年、2010 年。其中，1990 年和 1995 年数据来源于《1997 年中国人类发展报告》，1999 年数据来源于《2002 年中国人类发展报告》，2005 年数据来源于《2007—2008 年中国人类发展报告》，2010 年数据来源于《2013 年中国人类发展报告》。报告中缺失 2005 年河北、吉林、湖南三省教育指数数据，故用 2003 年教育指数值近似代替。

由于 1997 年以前使用 Atkinson 计算收入指数，此后采用取对数方法调整人均 GDP，故对 1990 年、1995 年人均 GDP 指数（H_3）按取对数方法重新估算：

$$H_3 = \frac{\log(Y) - \log(Y_{min})}{\log(Y_{max}) - \log(Y_{min})}$$

式中：H_3 是按照购买力平价折算的美元值（PPP $），$Y_{min}$ 和 Y_{max} 分别设定为 100 和 40000。

《2010 年中国人类发展报告》计算 HDI 的方法变化很大，即用平均受教育年限以预期受教育年限指标取代成人识字率和综合毛入学率指标来测算教育指数，运用人均国民收入（US $）替代人均国内生产总值（PPT $）表征收入指数，使 HDI 偏低。尽管平均受教育年限指标可以测算，但历年各省区预期受教育指标却由于数据限制而难以计算。为了时序可比，对 2010 年教育和收入指数重新进行估算，仍采用识字率与综合毛入学率两个指标计算教育指数。识字率用 15 岁以上能读写人口占 15—64 岁总人口的百分比来估算，综合毛入学率用 6 岁以上受教育总人数占 6—24 岁学龄人口的百分比估算，收入指数采用购买力平价折算的 2010 年美元值（PPP $）取对数方法测算。

二　基于 HWI 的中国人类福祉时空格局演变

计算得到的人类福祉指数反映了中国历年各省区人类福祉的绝对水平，其排名情况可反映各省区人类福祉的相对变化状况（见表 3－2）。

表 3－2　　中国人类福祉指数省区格局及其排名变化（1990—2010 年）

HWI	1990	排序	1995	排序	1999	排序	2005	排序	2008	排序	2010	排序	增幅 90—10	名次变动
北京	0.775	3	0.832	1	0.840	1	0.866	1	0.875	1	0.918	1	0.143	2
天津	0.785	2	0.817	4	0.800	4	0.821	5	0.828	5	0.850	15	0.065	－13
河北	0.634	14	0.717	11	0.759	12	0.779	18	0.802	17	0.830	21	0.196	－7
山西	0.646	13	0.660	18	0.734	16	0.714	25	0.730	27	0.766	28	0.120	－15
内蒙古	0.609	17	0.626	24	0.716	25	0.728	24	0.690	30	0.686	30	0.077	－13
辽宁	0.726	5	0.760	8	0.781	7	0.781	15	0.791	20	0.812	22	0.086	－17
吉林	0.661	9	0.702	13	0.757	13	0.804	7	0.820	8	0.856	12	0.195	－3
黑龙江	0.671	8	0.715	12	0.764	9	0.796	10	0.816	10	0.853	13	0.182	－5
上海	0.816	1	0.821	3	0.817	2	0.840	2	0.854	2	0.878	3	0.062	－2
江苏	0.688	7	0.786	6	0.783	6	0.816	6	0.832	4	0.869	5	0.181	2
浙江	0.693	6	0.799	5	0.789	5	0.822	4	0.828	5	0.863	8	0.170	－2
安徽	0.575	25	0.652	19	0.723	22	0.759	22	0.783	22	0.833	20	0.258	5
福建	0.647	11	0.764	7	0.771	8	0.803	8	0.823	7	0.876	4	0.229	7
江西	0.574	26	0.638	21	0.723	22	0.771	19	0.798	18	0.856	11	0.282	15
山东	0.660	10	0.744	9	0.761	10	0.789	11	0.810	14	0.837	19	0.177	－9
河南	0.594	20	0.669	14	0.734	16	0.783	14	0.809	15	0.850	17	0.256	3
湖北	0.622	15	0.661	16	0.740	15	0.781	15	0.808	16	0.852	14	0.230	1

续表

HWI	1990	排序	1995	排序	1999	排序	2005	排序	2008	排序	2010	排序	增幅 90—10	名次变动
湖南	0.604	18	0.645	20	0.733	18	0.788	12	0.813	12	0.865	7	0.261	11
广东	0.732	4	0.822	2	0.803	3	0.828	3	0.854	2	0.889	2	0.157	2
广西	0.600	19	0.661	16	0.733	18	0.781	15	0.817	9	0.863	9	0.263	10
海南	0.647	11	0.730	10	0.760	11	0.801	9	0.812	13	0.860	10	0.213	1
重庆	—	—	—	—	0.732	20	0.787	13	0.814	11	0.866	6	0.290	17
四川	0.576	23	0.635	22	0.723	22	0.765	21	0.798	18	0.850	16	0.274	7
贵州	0.504	30	0.533	30	0.652	30	0.687	30	0.725	29	0.787	27	0.283	3
云南	0.539	29	0.577	27	0.683	27	0.706	29	0.745	24	0.802	25	0.263	4
陕西	0.593	21	0.618	25	0.730	21	0.768	20	0.789	21	0.838	18	0.245	3
甘肃	0.544	28	0.559	28	0.680	28	0.712	26	0.735	26	0.802	24	0.258	4
青海	0.545	27	0.553	29	0.671	29	0.712	26	0.740	25	0.794	26	0.249	1
宁夏	0.583	22	0.618	25	0.701	26	0.708	28	0.726	28	0.726	29	0.143	-7
新疆	0.622	15	0.664	15	0.741	14	0.752	23	0.776	23	0.808	23	0.186	-8

说明：表中“—”表示没有数据。增幅 90—10 表示 2010 年与 1990 年相比的 HWI 增幅，名次变动同理。

从表 3-2、图 3-2 可以看出，中国区域人类福祉不平衡空间格局及其演变态势：

1. 1990 年，中国高人类福祉省区只有上海，上中人类福祉省区仅有北京和天津。辽宁和广东处于下中人类福祉水平，而其余省区都处于低人类福祉水平。

2. 1995 年，北京、天津和广东升格进入高人类福祉层次，辽宁、江苏、浙江为上中人类福祉水平，吉林、黑龙江、山东、河北升为下中人类福祉水平，其余省区仍处于低人类福祉水平。

3. 1999 年，中国高人类福祉省区依然保持“京津沪粤”格局，吉林、黑龙江、河北、福建、海南进入上中人类福祉梯队，内蒙古、山西、安徽、江西、河南、湖北、湖南、广西、重庆、四川、陕西、新疆、宁夏为下中人类福祉水平，只有青海、甘肃、云南、贵州为低人类福祉水平。可以看出，1999 年，中国东部省份都已进入上中人类福祉和高人类福祉梯队，中西部除青海、甘肃、云南、贵州之外的其他省区都处于下中人类福祉梯队，中国区域人类福祉水平整体上有了较大提高。

4. 2005 年，中国东部地区除辽宁（0. 799）、山东（0. 795）略低于高人类福祉水平 0. 800 的标准，黑龙江滑出高人类福祉梯队略有降级之外，其他东部省区均进入高人类福祉梯队。中国东部地区人类福祉率先“隆起”，带动中部六省和西部的重庆、四川和陕西跨入上中人类福祉梯队。除贵州仍为低人类福祉之外，其余省份均处于下中人类福祉状态。

5. 2008 年，黑龙江再次进入高人类福祉梯队，东部地区除辽宁之外都处于高人类福祉状态。全国大致从北向南沿京广经济带，覆盖河北、山东、河南、湖北、湖南、广西以及重庆的区域范围进入高人类福祉梯队。江西（0. 798）进步很快，十分接近高人类福祉标准，和辽宁（0. 791）、安徽（0. 783）一样都处于上中人类福祉水平。

6. 2010 年，中国省区人类福祉整体上有了大幅提高。东部地区、东北地区全部省份都进入高人类福祉梯队，中部地区除山西处于上中人类福祉梯队外，其余中部五省均在高人类福祉梯队里，西部地区的青海、贵州处于上中人类福祉梯队，宁夏处于下中人类福祉梯队，内蒙古仍处于低人类福祉梯队。

从 2010 年各省区人类福祉指数来看，高人类福祉省份按得分由高到低的排序依次为北京、广东、上海、福建、江苏、重庆、湖南、浙江、广西、海南、江西、吉林、黑龙江、湖北、天津、四川、河南、陕西、山东、安徽、河北、辽宁、新疆、甘肃、云南 25 个。可以看出，高人类福祉已经覆盖中国大部分省份，已经在 2008 年主要分布在东部沿海地区、京广经济带和四个直辖市的格局基础上又有了很大提升，所覆盖人口占中国总人口的比重由 2008 年的 61. 5% 上升到 2010 年的 91. 9%，中国人类发展取得了显著成就。

中国人类福祉提升在空间上呈“渐进、梯度”推进特征。1990—2010 年，中国省区人类福祉提升经历了“‘增长极引领’→东部地区率先提升→沿海向内陆推进→东部地区整体‘隆起’及向东北和内陆推进→京广经济带人类福祉‘隆起带’和东部地区进一步扩展→高人

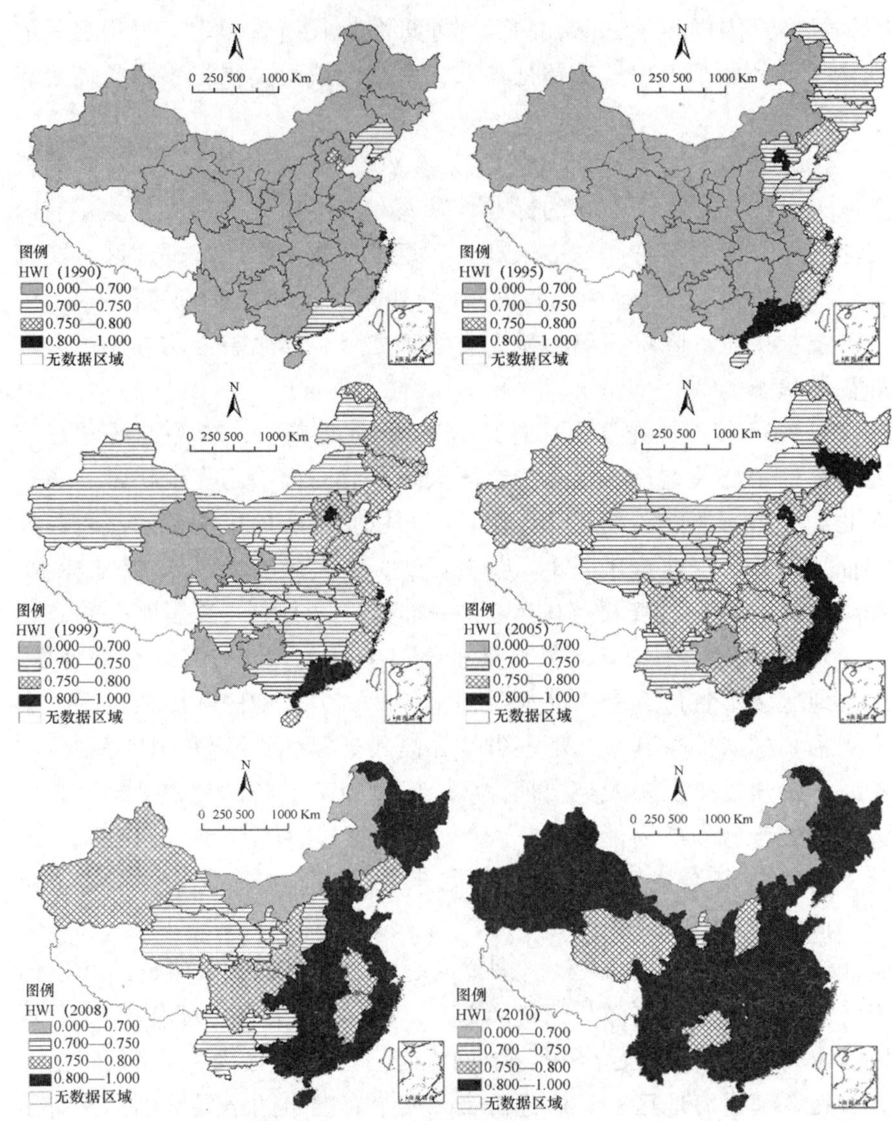

图 3－2 中国区域人类福祉空间格局演变（1990—2010 年）

类福祉区域趋同”的动态演进过程（见图 3－2）。可以发现，中国人类福祉的梯队推移过程大致和区域渐进式开发格局与次序相吻合（20 世纪 90 年代初期中国提出了东部率先发展战略，1999 年，中国提出了西部大开发战略，2003 年，提出了东北地区老工业基地振兴战略，

2006 年，提出了中部崛起战略）。

从纳入环境因素的人类福祉视角来看，中国已经初步形成较为合理的区域人类福祉区域趋同发展格局，表明中国区域协调发展战略取得了很大成效，这为中国全面建成小康社会奠定了重要基础。促进人类福祉区域均衡发展势必是今后一段时期里中国践行区域协调发展战略的新焦点。中国政府要将缩小区域之间人类福祉差距作为缩小区域发展差距的先导战略，以缩小人类福祉的区域差距为优先着力点，更加重视中西部地区人们的基本生活需求，着力提高中西部地区人们的生活质量，逐步缩小中国经济社会发展的区域差距，促进区域公平，推进中国区域协调发展。

三　中国人类福祉提升的生态环境代价

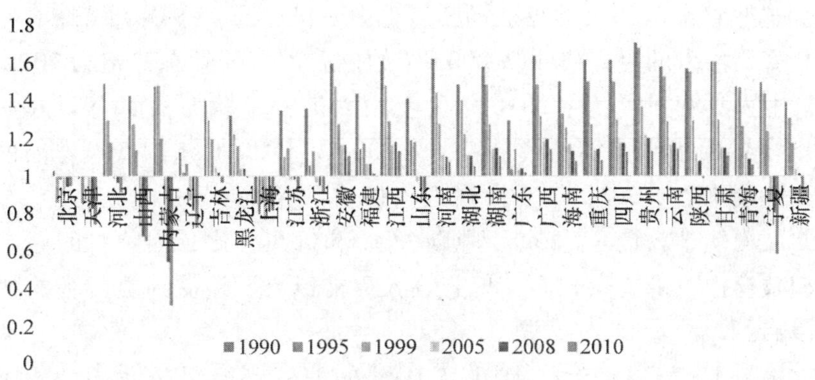

图 3－3　中国各省区历年 H_3P 指数和原收入指数的比率（1990—2010 年）

通过修正后的收入指数（H_3P）和未经修正的收入指数（H_3）的比率以及 HDI 与 HWI 的比较可以反映人均碳排放量指标对收入指标的惩罚性影响程度，据此可以考察人类福祉提高所付出的环境代价。若比率小于 1，表示收入指数明显受到人均碳排放量指标的惩罚性影响，比值越小，表示受到的惩罚性影响越大，说明人类福祉提高所付出的环境代价越大。可以看出，内蒙古、宁夏、山西、辽宁的收入指数受到人均碳排放量的惩罚性影响最为严重，然后是上海、天津、北

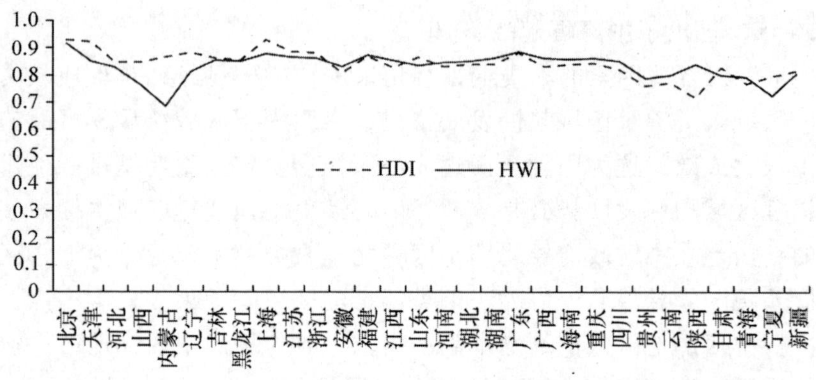

图 3－4　2010 年中国各省区 HDI 与 HWI 比较

京、河北、山东、浙江等省市，上述省市在提升人类福祉的同时，也带来更多的碳排放，导致其人类福祉增速放缓（见图 3－3、图 3－4）。这些省市区在人类福祉提升过程中所付出的生态环境代价不容忽视。需要指出的是，贵州从 2005 年的低人类福祉状态升格为 2008 年的下中人类福祉状态、2010 年的上中人类福祉状态，而内蒙古则从 2005 年的中下人类福祉状态降级为 2008 年和 2010 年的低人类福祉状态。比较来看，2010 年，贵州人均碳排放量为 1.89 吨碳/人，内蒙古的人均碳排放量高达 6.84 吨碳/人。和贵州相比，内蒙古的健康指数和教育指数都比贵州高，但其收入福祉指数显然受到更厉害的惩罚性影响。

从图 3－5 对比分析 HDI 与 HWI 的演变规律可以看出，1980—2013 年，中国人类发展指数（HDI）和人均碳排放量指标（PQ）均呈对数函数增长态势，而植入碳排放因素的人类福祉指数却呈倒 U 形二次函数曲线模式。特别是在 2005 年 HWI 达到最高值 0.627，此后逐步降低，表明 2005 年之后中国收入福祉指数的提高是以人均碳排放量的持续扩大为代价的。1980—2013 年，尽管中国人类发展指数从 0.423 提升到 0.719，但人均碳排放相应地从 1.5 吨/人提高到 7.2 吨/人，增长了 3.8 倍；而 HWI 则从 0.504 的提高到 0.545，提高了 0.041，表明中国收入福祉的提高是伴随着碳排放量的更快增加而实现的，说明中国提升人类福祉所付出的生态环境代价在 2005 年之后越来越大。

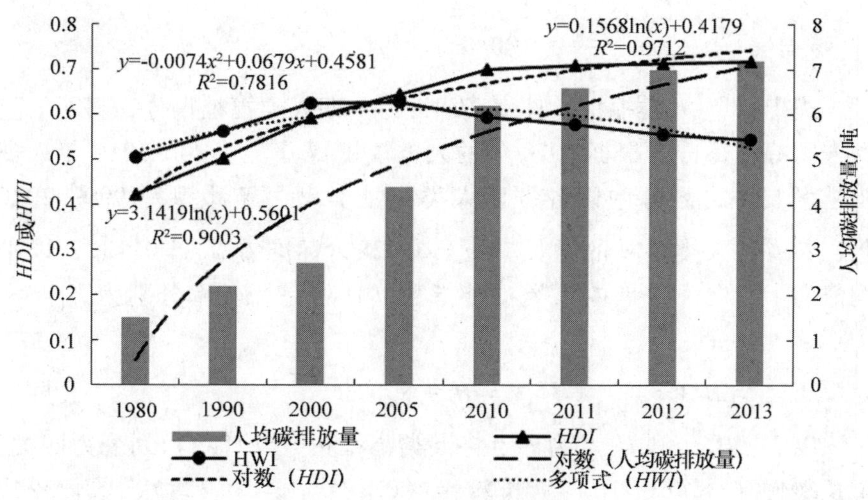

图 3－5　1980—2013 年中国人类福祉与碳排放指标

可见，以高碳排放为代价的人类福祉发展模式是不可持续的，如何在有限的碳排放空间约束下，不断培育和提高人的可行能力，创造公平的发展机会，推进兼顾“降低碳排放”与“增进人类福祉”双重目标的低碳福祉发展战略是中国践行科学发展观和全面实现小康社会必须重视的目标导向。收入福祉受人均碳排放指标的惩罚性影响是制约一些省区人类福祉提升的主要限制因素。在碳排放空间稀缺的情况下，要促进中国人类福祉的不断提升，务必要提高中国碳生产率，降低碳排放，提高碳福利，从而提升国民福祉质量。

四　基于 HWI 的中国人类福祉梯队动态类型

（一）梯队和动态类型划分依据

根据计算得到的 HWI 指数，由于中国人类福祉指数都大于 0.500，考虑到引入环境污染指标对计算结果的影响，根据世界人类发展指数分级标准，将中国人类福祉水平按 HWI 得分划分为四类：高人类福祉（HWI ≥ 0.800）、上中人类福祉（0.750 < HWI < 0.800）、下中人类福祉（0.700 < HWI ≤ 0.750）和低人类福祉

(0.500≤HWI≤0.700)。既考察静态的人类福祉水平，又从动态视角分析人类福祉增长率，对中国区域人类福祉进行类型划分。

$$v = \frac{(HWI_t - HWI_0)}{HWI_0} \times 100\%$$

式中：v 为人类福祉增长率，HWI_t 为末期人类福祉得分，HWI_0 为基期人类福祉得分。根据2010年的人类福祉得分及1990—2010年人类福祉增长率，划分中国各省区人类福祉类型。经计算，1990—2010年，各省区人类福祉的增长率 $\bar{H}=0.328$，标准差 $S_H=0.137$；以平均值向上、向下扩展的人类福祉指数（HWI）增长率分别为 $H_{(+)}$ 和 $H_{(-)}$：

$$H_{(+)} = \bar{H} + S_H \qquad H_{(-)} = \bar{H} - S_H$$

以 $\bar{H}$、$H_{(+)}$ 和 $H_{(-)}$ 为界点将人类福祉指数（HWI）划分为四类：增长缓慢（ν≤0.191）、增长较慢（0.191 < ν < 0.328）、增长较快（0.328≤ν<0.465）和增长快速（ν≥0.465）（见表3-3）。

（二）四级梯队和四种动态类型划分结果

表3-3　**中国省级区域人类福祉类型划分**

	增长快速	增长较快	增长较慢	增长缓慢
	ν≥0.465	0.328≤ν<0.465	0.191<ν<0.328	v ≤0.191
高人类福祉 HWI≥0.800	江西、重庆、四川、云南、甘肃	安徽、福建、河南、湖北、湖南、广西、海南、陕西	河北、吉林、黑龙江、江苏、浙江、山东、广东、新疆	北京、天津、上海、辽宁
上中人类福祉 0.750<HWI<0.800	贵州	青海		山西
下中人类福祉 0.700<HWI≤0.750			宁夏	
低人类福祉 0.500≤HWI≤0.700				内蒙古

从表3-3的人类福祉指数类型来看：

1. 在高人类福祉水平的类型中：北京、天津、上海、辽宁四个省市属于高人类福祉增长缓慢型。北京从1990年的第3名跃升到

2010 年的第 1 名，主要是由于北京作为中国首都，2008 年成功举办奥运会，在控制碳排放量方面相对产生显著成效，1990—2010 年，人均碳排放量指标是中国唯一一个趋于降低的省份，使其人类福祉指数（HWI）超过天津和上海，位居全国第一。天津和辽宁则由于在碳排放量方面受到惩罚性影响，尽管仍处于高人类福祉梯队，但人类福祉水平分别从 1990 年的第 2 位和第 5 位下降到 2010 年的第 15 位和第 22 位，人类福祉指数增长十分缓慢。尤其是辽宁作为东北老工业基地的重镇，面临着转型的困境。

河北、吉林、黑龙江、江苏、浙江、山东、广东、新疆属于高人类福祉增长较慢型。江苏和广东前进了两位，河北、吉林、黑龙江、浙江、山东、新疆名次均有降低，增速较慢。吉林、黑龙江在健康指标方面进步较快，但在教育、收入指标上的增速较低。新疆主要是由于健康指数有所降低。广东在人均碳排放量指标上比天津低很多，其人类福祉指数排名第二。

安徽、福建、河南、湖北、湖南、广西、海南、陕西属于高人类福祉增长较快型。中部地区的湖南、安徽、河南、湖北以及东部的福建、海南和西部的广西、陕西进步幅度较大，名次均有不同程度的前进，尤其是湖南和广西进步很大，1990—2010 年分别前进了 11 位和 10 位，属于高人类福祉增长较快型。

江西、重庆、四川、云南、甘肃属于高人类福祉增长快速型。尤其是重庆和江西进步很快，分别由 1990 年的第 23 位①和第 26 位提升至 2010 年的第 6 位和第 11 位，名次前进很多。重庆市主要是因为其发展基础比其他三个直辖市差，但其健康和收入指标提高很快。江西则主要由于在人均碳排放空间方面具有明显的生态优势，使其人类福祉指数受到碳排放因素的惩罚较轻。整体来看，高人类福祉但增长较慢、排名降低的一些省区主要是受到人均碳排放量较高的环境惩罚影响所致。

2. 上中人类福祉梯队中有山西、青海、贵州三个省区。山西人类福祉排名第 30 位，和 1990 年相比下降了 15 位，主要是因为在收

① 重庆市 1990 年与 1995 年的人类福祉指数与四川省相同。

入指标方面，尤其是人均碳排放指标方面的压力所致，属于上中人类福祉增长缓慢型。青海和贵州2010年人类福祉排名分别前进了1和4名，青海属于上中人类福祉增长较快型，贵州属于上中人类福祉增长快速型。

3. 下中人类福祉水平省区只有宁夏1个。宁夏2010年人类福祉排名第29位，和1990年相比下降了7位。宁夏人类福祉基础较差，又受到了碳排放因素的惩罚性影响，因此人类福祉水平处于下中层次。

4. 低人类福祉水平省区只有内蒙古。内蒙古2010年人类福祉指数排名第30位，和1990年相比，落后了13位。尽管其教育指数和健康指数排名相对较好，但由于它是2010年中国人均碳排放量最高的省份，因此大大拉低了其收入指数的得分，进而降低了其人类福祉的得分。

综上可知，中国各省区的人类福祉可以划分为“四级梯队”和四种动态类型。四级人类福祉梯队为高人类福祉梯队、上中人类福祉梯队、下中人类福祉梯队和低人类福祉梯队。其中，低人类福祉梯队省区只有内蒙古，主要是由于其人均碳排放量最高，导致的惩罚性影响最为强烈。处于下中人类福祉水平的省区有宁夏，处于上中人类福祉水平的有山西、青海、贵州3个省份。其余省区都处在高人类福祉梯队。此外，中国各省区的人类福祉可以划分为四个动态演进类型：增长快速型、增长较快型、增长较慢型和增长缓慢型。增长快速型包括江西、重庆、四川、云南、甘肃、贵州6省市；增长较快型包括安徽、福建、河南、湖北、湖南、广西、海南、陕西、青海9省；增长较慢型包括河北、吉林、黑龙江、江苏、浙江、山东、广东、新疆、宁夏9省区；增长缓慢型包括北京、天津、上海、辽宁、山西、内蒙古6省市区，主要是人类福祉基础较好的直辖市以及一些受碳排放因素惩罚性影响严重的省区。

五　基于HWI的中国人类福祉区域差距演变

（一）集中化指数和变异系数

1. 集中化指数和空间洛伦兹曲线

集中化指数是分析和衡量区域人类福祉空间集中或均衡程度的一

项数量指标，计算公式如下：

$$I = \frac{A - R}{M - R}$$

式中，A 为升序排列的各省区人类福祉指数累积占比之和；R 为均匀分布的各省区人类福祉指数累积占比之和；M 为集中分布的各省区人类福祉指数累积占比之和。集中化指数（I）介于0到1之间，数值越大，表示中国人类福祉的空间分布越集中，越不均衡。

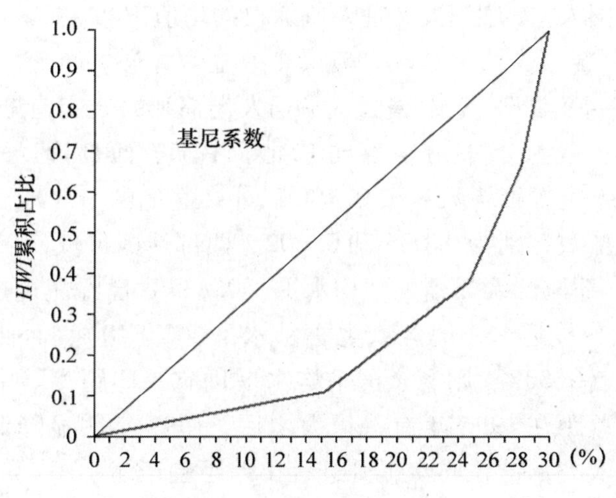

图 3－6　空间洛伦兹曲线

根据历年各省区人类福祉指数累积占比，可以绘制出中国历年HWI的洛伦兹曲线（见图3－6），距离45度均匀分布线越近，表示空间分布越均衡；距离45度均匀分布线越远，表示空间分布越不平衡（耿庆武，2005）。

2. 变异系数

采用变异系数分析中国人类福祉水平的相对空间差异程度，计算公式如下：

$$C_v = \frac{S}{\bar{x}}$$

其中，S 为某年份中国各省区人类福祉指数归一化数据的标准差；$\bar{x}$ 为某年份中国各省区人类福祉指数的平均值；C_v 为人类福祉指数的变异系数，C_v 越大，表示人类福祉指数空间差异越大。

3. 空间基尼系数

应用空间基尼系数（$Gini_{HDI}$）分析中国人类福祉的空间非均衡状态，计算公式为：

$$Gini_{HWI} = [\sum_{i=1}^{n}\sum_{j=1}^{n} |y_i - y_j| p_i p_j] / 2\mu$$

其中，$Gini_{HWI}$ 为 HWI 的空间基尼系数，y_i 是地区的 HWI，p_i 是 i 地区人口占全国人口的比重，μ 是人口加权的均值 HWI。

（二）中国人类福祉区域差距演变的整体趋势

从表 3－4、图 3－7 中国区域平均人类福祉的演变趋势可以看出，中国区域人类福祉水平由东部向东北、中部、西部递减，1990 年，除东部地区人类福祉指数突破 0.700 以外，其他的东北地区和中部地区人类福祉指数分别为 0.686 和 0.602，西部地区最低，仅为 0.572。但 2010 年中部地区人类福祉平均水平（0.837）已经超过全国平均水平（0.826），接近东北地区人类福祉水平（0.840），而西部地区人类福祉水平（0.802）则和全国平均水平仍有一些距离。中国人类福祉区域绝对差距在 1995 年有些扩大之后，1999 年明显降低，此后四大区域板块人类福祉在同步提升进程中差距趋于缩小。

再从中国人类福祉指数的洛伦兹曲线中也可以看出，2010 年的曲线比 1990 年更贴近均匀分布线，表明中国人类福祉的省区差距整体趋向缩小。

表 3－4　　**中国四大区域人类福祉指数（1990—2010 年）**

人类福祉指数（*HWI*）	1990	1995	1999	2005	2010
东部地区	0.708	0.783	0.788	0.816	0.867
东北地区	0.686	0.726	0.768	0.794	0.840
中部地区	0.602	0.654	0.731	0.766	0.837
西部地区	0.572	0.607	0.705	0.737	0.802

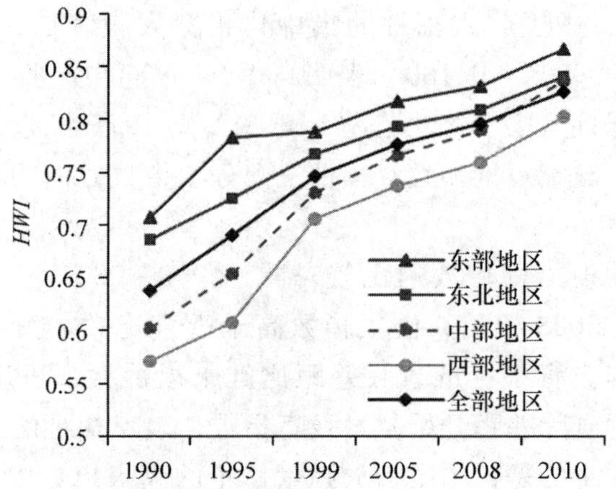

图 3－7　中国四大区域平均人类福祉水平（1990—2010 年）

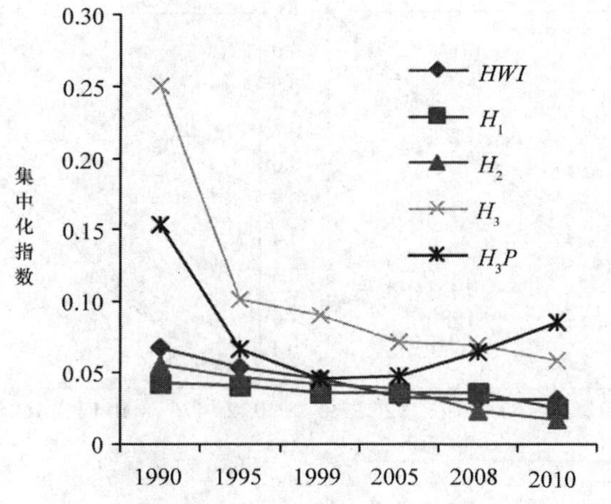

图 3－8　中国人类福祉的区域差距（1990—2010 年）

（三）中国人类福祉分项指数空间差异演变

从图 3－8 可以看出，除了 H_3P 指数外，1990—2010 年，中国人类福祉指数、收入指数（H_3）、教育指数（H_1）、健康指数（H_2）的省际差距整体上都趋于降低。比较而言，收入指数的集中化指数远高于健康和教育指数，说明收入福祉的省区差距是中国人类福祉省际差距中最主要的差距。从收入福祉指数集中化曲线演变轨迹可以看出，从1995年起，中国收入福祉的集中化指数大大降低，从1990年的0.250降为1999年的0.100，表明自1995年起中国收入福祉的省际差距大幅降低且呈逐步缩小态势，意味着自1995年起中国区域之间在收入福祉、健康福祉和教育福祉三个分项指数方面的相对均衡发展态势更为明显。

从三个分项福祉指数的比较来看，1990—2005年，教育指数高于健康指数，2008年后，健康指数高于教育指数。由此可知，2005年以前，中国教育福祉的省际差距比健康福祉大，2008年以后，中国健康指数的省际差距开始超过教育指数，教育福祉的省际差距相对最小。值得注意的是，用碳排放因素修正的收入指数（H_3P）的集中化指数在1999年落到最低，此后不断升高。H_3P的集中化曲线轨迹

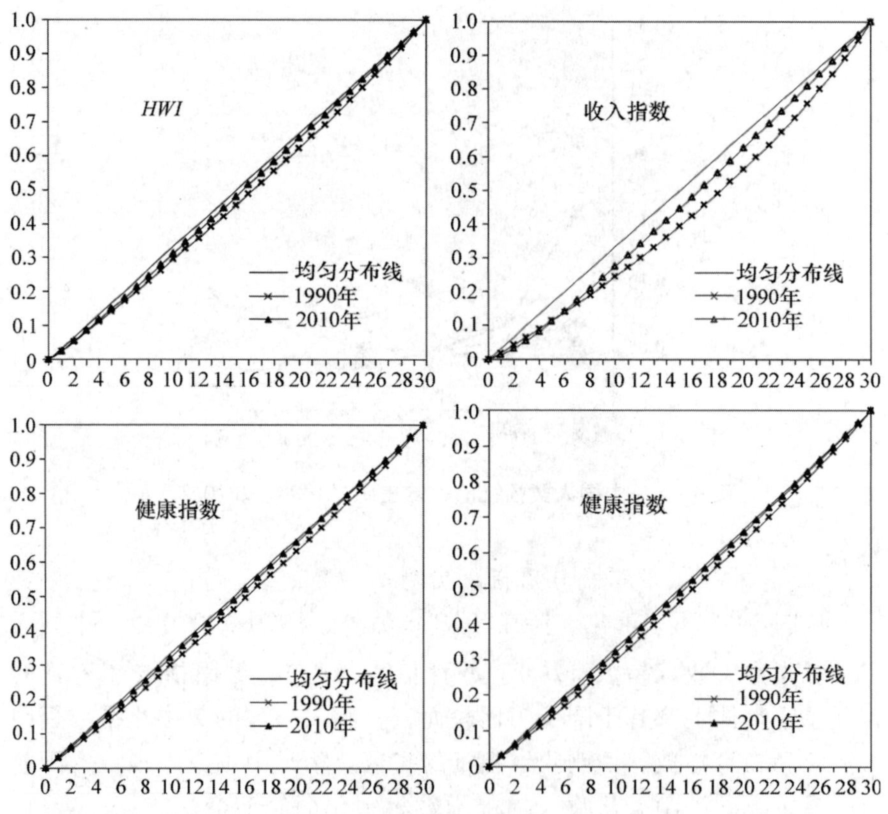

图3-9　中国人类福祉及分指数的洛伦兹曲线（1990年和2010年）

1990—2010 年整体呈 U 形趋势，表明中国提升人类福祉所付出的环境代价的省际差距从 1999 年起明显扩大，到 2010 年已经成为较为突出的区域不平衡因素。

再从中国收入指数、教育指数和健康指数的洛伦兹曲线中可以看出，不论是 1990 年还是 2010 年，在人类福祉的三个分项指数中，收入指数的空间差异均最大，其次是教育指数，健康指数的空间差异则最小。由此表明，在中国人类福祉的组份之中，收入福祉差距仍然是主要的差距，而健康福祉的空间差距最小，即各省区之间收入福祉的差距最大，而健康福祉的差距最小。再从 1990—2010 年洛伦兹曲线的变化来看，2010 年，*HWI* 的三个分项指数的洛伦兹曲线更靠近均匀分布线，表明 1990—2010 年中国 *HWI* 的三个分项指数的省际空间差距均趋向缩小，尤其是收入福祉的省际差距缩小幅度最大，从三个分项指数的洛伦兹曲线的分析中也反映出中国人类福祉均趋向空间均衡的演变态势（见图 3 -9）。

从 *HWI* 的洛伦兹曲线和基尼系数演变图可以看出，中国人类福祉的空间差异 1990—2010 年整体上趋向缩小（见图 3 -9 和图 3 -10）。

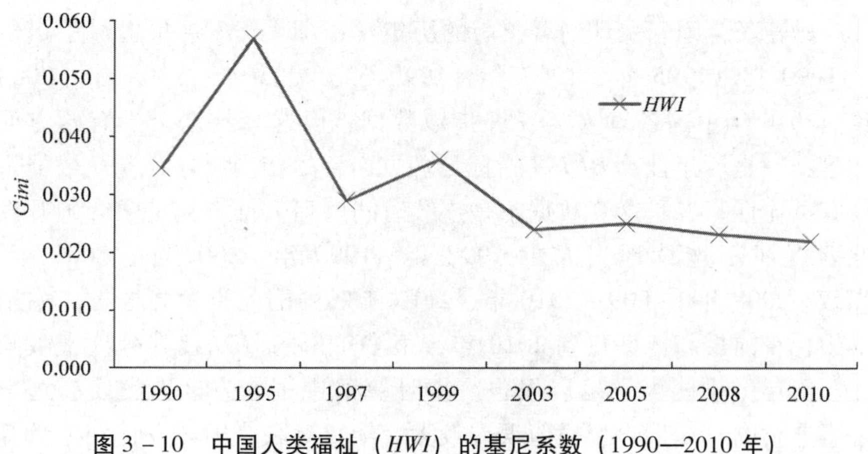

图 3 -10　中国人类福祉（*HWI*）的基尼系数（1990—2010 年）

综上可知，自 1990 以后的 20 年来，中国人类福祉的不平衡态势整体上趋向缓减，地区差距逐渐缩小。但也可以清晰地发现，1990—

2010年，中国人类福祉在四大区域板块之间仍然存在着差距，大致由东部向东北、中部、西部递减。但中国四大区域的平均人类福祉水平差距整体上趋向收敛，区域差距趋向缩小，各区域人类福祉在共同发展中福祉差距趋于缩小。其中，中国人类福祉区域差距主要为收入福祉差距，健康福祉和教育福祉的省际差距相对较小。因此，推进中国教育和健康维度的福祉趋同，应置于比促进收入福祉趋同更优先的时序和位置上。

第二节 基于HDI的中国区域福祉不平衡测评与空间分解

本节重新估算中国1995—2013年各省区人类发展指数，应用基尼系数、加权变异系数、泰尔指数及其空间分解方法，对1995—2013年中国区域福祉不平衡进行空间分解和分析。

一 区域福祉不平衡测度和空间分解方法

（一）人类发展指数重新估算

尽管联合国开发计划署出版的历年《中国人类发展报告》中提供了1990年、1995年、1997年、1999年、2003年、2005年、2008年、2010年中国各省人类发展指数数据，但这套数据至少有两方面不足：一是历年计算*HDI*在指标处理方面不尽相同，导致*HDI*数据不具有可比性；二是这套数据不是连续时间序列数据，只是联合国开发计划署在不连续地发布的1997年、1999年、2002年、2005年、2007—2008年、2009—2010年、2013年《中国人类发展报告》中推出的，目前最新数据只到2010年，很多年份的*HDI*及其分项指数缺失。历年《中国人类发展报告》所计算的中国各省区人类发展指数是不连续的，如果直接插值误差较大。经过对联合国开发计划署计算*HDI*的方法和指标进行分析，笔者认为完全可以重新计算和构建长时间序列的*HDI*数据库。为此，根据中国省级层面的数据分布情况和数据质量，重点对1995—2013年中国各省区人类发展指数进行了重新估算，建立了中国各省市区人类发展指数数据库。

联合国开发计划署在《联合国人类发展报告》中提出的人类发展指数方法，是依据阿马蒂亚·森的可行能力理论构建起来的衡量人类福祉的一个综合指数，由健康指数、教育指数（成人识字率和综合入学率的加权平均数，其中前者的权数为2/3，后者的权数为1/3）和收入指数综合而成（见图3－11）。

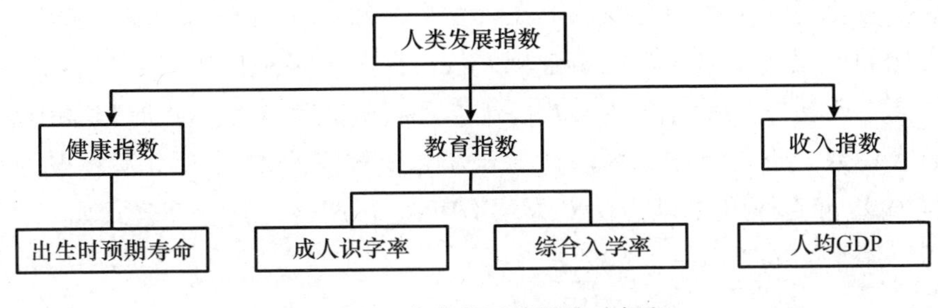

图3－11 人类发展指数构建框架

人类发展指数计算步骤如下：

首先，将人类发展指数的三个分项指数的权重都设定为1/3，即等权重。

其次，分别确定各分项指标的最大值和最小值（见表3－5），采取极差标准化方法：

$$\text{指数}=\frac{\text{第}\,x\,\text{项实际值}-\text{第}\,x\,\text{项最小值}}{\text{第}\,x\,\text{项最大值}-\text{第}\,x\,\text{项最小值}}$$

表3－5 **人类发展指数各指标的最小值和最大值**

	平均预期寿命（岁）	成人识字率（%）	综合入学率（%）	实际人均GDP（PPP $）
最小值	25	0	0	Log（100）
最大值	85	100	100	Log（40000）

最后，分别计算各个分项指数。健康指数使用《中国人类发展报告》中已有年份的健康指数：已有1995年、1997年、1999年、2003年、2005年、2008年、2010年各省区的健康指数，其中2005年和

2008 年健康指数数据相同。因为健康指数暂无更好的替代算法，所以 1995—1996 年、1997—1998 年、1999—2001 年、2002—2004 年、2005—2009 年、2010—2013 年分别采用 1995 年、1997 年、1999 年、2003 年、2005 年、2010 年的健康指数；教育指数使用成人识字率（占 2/3 权重）和综合毛入学率（占 1/3 权重）计算得出。其中，成人识字率用 15 岁以上能读写人口占 15—64 岁总人口的百分比来估算，综合毛入学率用 6 岁以上在校生总人数占比与 6—24 岁学龄人口占比的比值估算。其中在校生总人数占比等于各地区本科、专科、普通高中、初中、中等职业学校、小学和特殊教育学生总数除以各地区总人口数。收入指数采用联合国开发计划署发表的《人类发展报告》从 1999 年起使用的新方法对人均 GDP 进行调整，其计算公式如下：

$$H_3 = \frac{\log(Y) - \log(Y_{min})}{\log(Y_{max}) - \log(Y_{min})}$$

其中，Y 是按照购买力平价折算的美元值（PPP $），$Y_{min}$ 和 Y_{max} 分别被设定为 100 和 40000[①]（见表 3－5）。

采用空间基尼系数、人口加权变异系数和泰尔系数分解等方法，应用重新估算的人类发展指数（HDI）来测度和分析中国区域福祉的地区差距及其演变趋势。

（二）空间基尼系数

空间基尼系数是国际上用来综合考察居民收入分配差异状况的一个重要指标，考虑到不同地区的人口权重，中国 *HDI* 的空间基尼系数（$Gini_{HDI}$）计算公式为：

$$Gini_{HDI} = \left[\sum_{i=1}^{n} \sum_{j=1}^{n} |y_i - y_j| p_i p_j \right] / 2\mu$$

其中，$Gini_{HDI}$ 为 *HDI* 的空间基尼系数，y_i 是 i 地区的 *HDI*，p_i 是 i 地区人口占全国人口的比重，μ 是人口加权的均值 *HDI*。

（三）加权变异系数及其分解方法

测度区域发展不平衡程度也可以使用变异系数，在此引入人口加

① 联合国开发计划署：《中国人类发展报告 2005：追求公平的人类发展》，中国对外翻译出版公司 2005 年版。

权变异系数来测度区域福祉空间不平衡程度，中国人类福祉的人口加权变异系数（CV_{HDI}）：

$$CV_{HDI} = \sqrt{\sum_{i=1}^{n}(y_i - \mu)^2 p_i} \Big/ \mu$$

因为 HDI 是使用人均指标合成的复合指标，所以可以将 *HDI* 作为人均指标，从全国和省区角度，便可计算 *HDI* 总量，*HDI* 与 *HDI* 总量和人均 GDP 与 GDP 总量的关系相同。变异系数的平方具有可分解性，因此后文讨论的加权变异系数均指加权变异系数的平方。将区域发展差距分解为区域内差距和区域间差距之和：

$$CV(Y)^2 = \sum_{i=1}^{m}\left(\frac{N_i}{N}\right)\left(\frac{\bar{Y}_i}{\bar{Y}}\right)^2 CV(Y_i)^2 + CV(\bar{Y})^2 = CV_W + CV_B$$

其中，$\bar{Y}_{ij}$ 表示 i 区域 j 省的 *HDI*，N_{ij} 表示 i 区域 j 省的人口，N_i 表示 i 区域的总人口；Y_i 表示 i 区域的 HDI 总量，$\bar{Y}_i = \dfrac{Y_i}{N_i}$ 表示 i 区域的人均 *HDI*，$N_i = \sum_{i=1}^{m}\sum_{j=1}^{h_i} N_{ij}$，表示全国总人口，$Y = \sum_{i=1}^{m}\sum_{j=1}^{h_i} N_{ij}\bar{Y}_{ij}$，表示全国的 *HDI* 总量。

$CV(Y_i)^2 = \dfrac{1}{\bar{Y}_i^2}\sum_{j=1}^{h_i}\dfrac{N_{ij}}{N_i}(\bar{Y}_{ij} - \bar{Y}_i)^2$ 表示 i 区域的区域内差距；

$CV_W = \sum_{i=1}^{m}\left(\dfrac{N_i}{N}\right)\left(\dfrac{\bar{Y}_i}{\bar{Y}}\right)^2 CV(Y_i)^2$ 表示 m 个区域内差距之和；

$CV_B = CV(\bar{Y})^2 = \dfrac{1}{\bar{Y}_i^2}\sum_{i=1}^{m}\dfrac{N_i}{N}(\bar{Y}_i - \bar{Y})^2$ 表示 m 个区域之间的差距。

（四）泰尔系数及其分解方法

泰尔系数是 1967 年由泰尔（Theil）利用信息理论中的熵概念来计算收入不平等而提出的，通行的有 GDP 加权（泰尔 T 指标）和人口加权（泰尔 L 指标）两种加权方法，这里使用 GDP 加权的方法（GDP 用 HDI 替代）。

相较于其他两个指标，泰尔系数具有空间可分解性，总体区域差异可分解成不同空间尺度的内部差异和外部差异。据此人类福祉的区域差异可划分为东部、中部、西部、东北四大区域之间的差距和区域内部的差距。泰尔系数（$Theil_{HDI}$）及其分解的计算公式如下：

$$Theil_{HDI} = \sum_{i=1}^{n} p_i (y_i/\mu) lg[(y_i/\mu)]$$

$$Theil_{HDI} = T_{inter} + \sum (Y_i/Y) T_{i(intra)}$$

$$T_{(inter)} = \sum (Y_i/Y) lg[(Y_i/Y)/(X_i/X)]$$

$$T_{i(intra)} = \sum (y_j/Y_i) lg[(y_j/Y_i)/(x_j/X_i)]$$

同上，因为 *HDI* 是使用人均指标合成的复合指标，所以可以将 *HDI* 作为人均指标，从全国和省区角度，便可计算出 *HDI* 总量。在上述等式中，Y 表示全国 *HDI* 总量，X 表示全国人口总量。Y_i 和 X_i 分别代表第 i 个区域的 HDI 总量和人口总量，$Y = \sum Y_i$，$X = \sum X_i$，$Y_i = \sum y_j$，$X_i = \sum x_j$，$j \in i, i = 1,2,3,4$，j 表示属于第 i 个区域第 j 省（区）。$T_{(inter)}$ 是四大区域之间的差距，$T_{i(intra)}$ 是区域内部差距。

二　基于 HDI 的中国区域福祉不平衡的空间分解

（一）基于 HDI 的中国福祉不平衡演变的总体态势分析：1995—2013 年

从图 3－12 应用人口加权 CV、Gini 和 Theil 三种方法计算的中国 HDI 变化趋势可以看出，三种方法计算的 1995—2013 年中国人类福祉地区差距演变趋势大致相同，可分为四个阶段：

1. 1995—2000 年：中国人类福祉的空间差异不断降低，经历了两次明显的降低过程，福祉差异下降的速度较快。HDI 的人口加权变异系数从 1995 年的 0.0806 下降到 2000 年的 0.0622，降幅为 22.83%，平均每年下降 5.05%。HDI 的基尼系数从 0.0442 下降到 0.0343，降幅为 22.4%，平均每年下降 4.95%；HDI 的基尼系数与人口加权变异系数的变动一致。

2. 2001—2005 年：中国人类福祉空间差异呈 N 形波动，福祉差异有上升也有下降，总体基本平稳。

3. 2006—2010 年：中国人类福祉地区差距明显缩小。人口加权变异系数从 0.0627 下降到 0.0383，降幅为 38.88%，平均每年下降 9.38%。HDI 的基尼系数从 0.0347 下降到 0.0206，降幅为 40.63%，平均每年下降 9.9%。

4. 2011—2013 年：中国人类福祉变化幅度很小，出现趋同发展趋势。从整体上看，中国人类福祉的空间差距呈降低趋势。

1995—2013 年，中国人类福祉的地区差距整体上呈递减趋势，经历了“九五”时期的不断缩小，“十五”时期的波动变化，“十一五”时期的快速降低，进入“十二五”后开始趋同发展的演变过程。与经济指标相比，中国省区之间的人类福祉差距远小于经济差距，因此，实现人均福祉均衡比人均经济水平均衡对中国而言更容易。

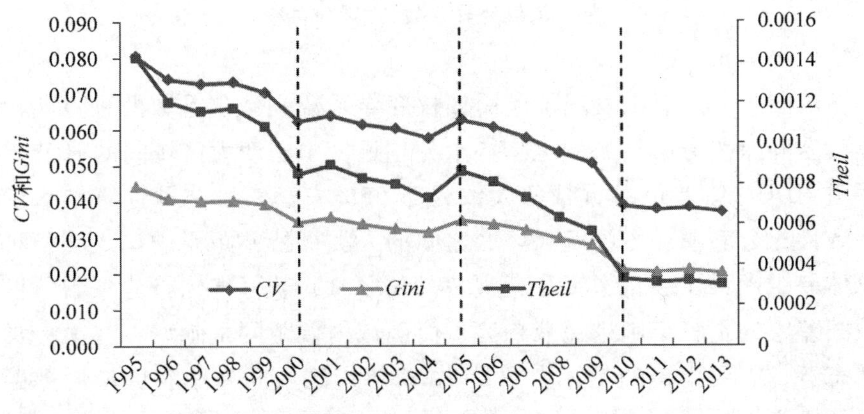

图 3－12　中国人类福祉空间差距演变（1995—2013 年）

（二）基于 HDI 的中国福祉不平衡演变的区域分解：基于加权变异系数和泰尔系数

1. 中国人类福祉不平衡的区域分解：区域内和区域间比较

分别采用加权变异系数和泰尔系数两种空间分解方法，将中国人类福祉的总体空间差距分解为区域内差距和区域间差距两部分，并计算对总体差距的贡献率（见图 3－13）。

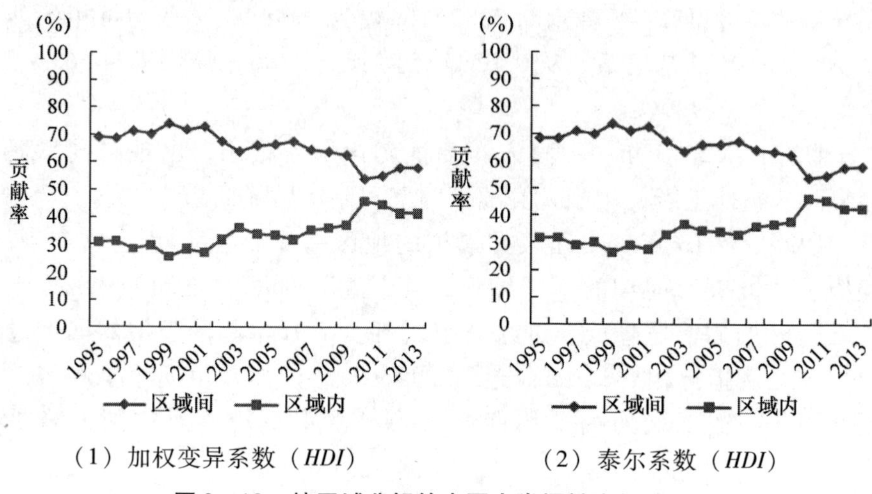

（1）加权变异系数（*HDI*）　　（2）泰尔系数（*HDI*）

图 3-13　按区域分解的中国人类福祉空间差距：基于加权变异系数和泰尔系数

从图 3-13 可以发现，应用加权变异系数和泰尔系数两种方法计算的空间差距分解结果变化趋势十分相近，中国四大区域间的 HDI 差距占 HDI 总体差距的贡献率大致处于 55%—75%，这种计算结果的一致性充分表明：中国四大区域之间的人类福祉差距是中国人类福祉总体差距中最主要的差距。但从 1995—2013 年的演变趋势来看，区域间差距的贡献率则呈递减趋势，而区域内差距的贡献率总体上呈递增态势。需要指出的是，大致在 2010 年，区域间差距和区域内差距的贡献率均接近 50%，趋近均衡，但从 2011 年起区域间差距的贡献率又缓缓趋向扩大。表明从“十二五”起，中国四大区域之间的人类福祉差距又有一些上升，而每个区域内部的人类福祉差距则有一些降低。

2. 中国人类福祉四大区域内部差距分析

应用加权变异系数和泰尔系数两种空间分解方法进一步分析中国人类福祉的区域内差距。从图 3-14 可以看出中国 1995—2013 年四大区域内部的人类福祉差距变化趋势。1995—2013 年，中国四大区域的人类福祉差距整体上均呈缩小态势。

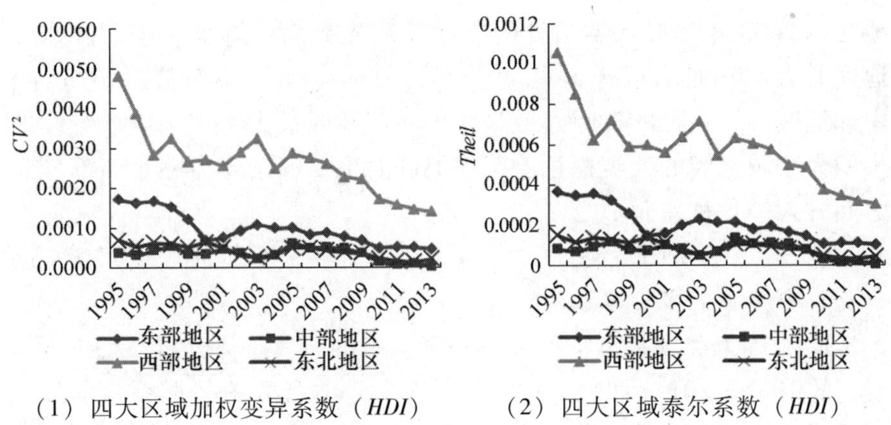

（1）四大区域加权变异系数（*HDI*）　（2）四大区域泰尔系数（*HDI*）

图 3－14　中国四大区域内部人类福祉差距变化：基于加权变异系数和泰尔系数

比较而言，西部地区的加权变异系数和泰尔系数远高出东部、东北和中部地区，可见，中国区域内人类福祉差距最大的是西部地区，然后是东部地区，东北地区和中部地区内部的人类福祉差距较小。

从 1995—2013 年的演变趋势来看，四大区域内部的人类福祉差距均趋向缩小，尤其是西部地区和东部地区的递减趋势较为明显，表明 1995—2013 年西部地区内部的人类福祉省际差距不断缩小，各省区有趋同趋势。东部地区内部的人类福祉差距经历了 1995—2000 年的较快下降后，以 2003 年为界人类福祉差距又经历了先缓缓扩大后趋于降低的演变过程，在 2010 年以后趋势更为平稳。中部地区和东北地区各省市之间的人类福祉差距相对较小，但总体上都呈缩小趋势。

2013 年，中部地区内部的人类福祉差距最小，东北次小，东部地区内部的人类福祉差距略大于中部和东北地区，西部地区的人类福祉差距仍明显高于中国其他三大区域。

总之，1995—2013 年，中国四大区域之间的人类福祉差距是中国人类福祉最主要的差距，但区域间差异的贡献率呈递减趋势，而四大区域内部人类福祉差距的贡献率总体上呈递增趋势。西部地区人类福祉的省际差距最大，降幅最大，省际人类福祉差距明显缩小。东部地区以 2003 年为界人类福祉的省际差距先扩大后降低，中部和东北地区的人类福祉省际差距相对较小，总体上呈缩小态势。2013 年，中部地区人类福祉的省际差距最小，西部地区最大。中国应该继续缩小四大区域之间的人类福祉差距，但同时也要继续着力缩小西部各省之间的人类福祉差距。

（三）基于 HDI 的中国人类福祉分项指数不平衡的区域分解：基于加权变异系数和泰尔系数

1. 中国人类福祉分项指数不平衡演变的总体态势分析

从 1995—2013 年中国人类福祉三个分项指数的基尼系数、加权变异系数、泰尔系数的分布格局来看，可得出十分相近的规律。收入指数的省际差距最大，明显高于健康和教育指数的省际差距。表明收入福祉的省际差距是中国人类福祉最主要的差距，教育指数的省际差距最小。换言之，省区之间的收入福祉差距最大，而教育福祉差距最小。再从 1995—2013 年的基尼系数、加权变异系数、泰尔系数演变趋势来看，收入福祉的省际差距下降很快，教育指数和健康指数也都有不同程度的下降，三个分项指数的省区差距呈均衡演进态势（见图 3 - 15、图 3 - 16 和图 3 - 17）。

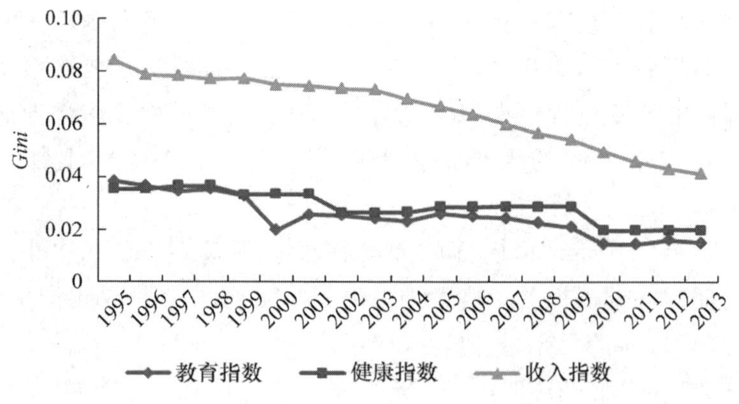

图 3 - 15　中国人类福祉三个分项指数的基尼系数演变

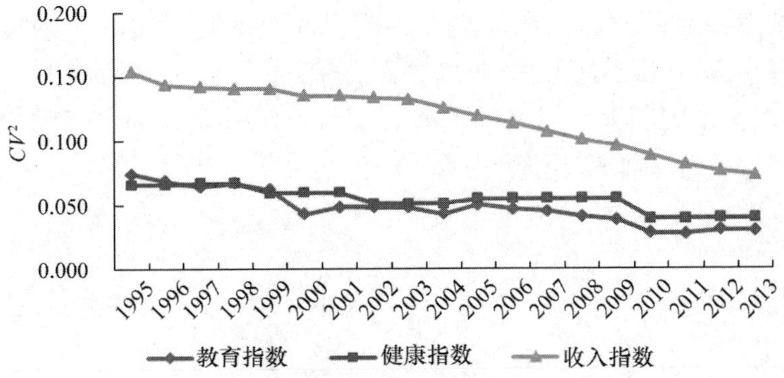

图 3－16 中国人类福祉三个分项指数的加权变异系数演变

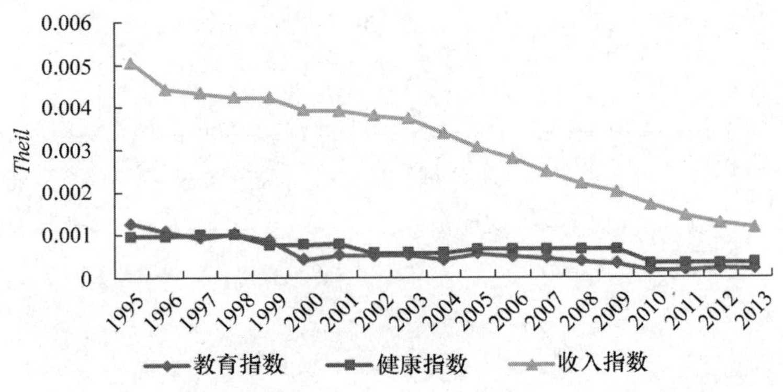

图 3－17　中国人类福祉三个分项指数的泰尔系数演变

2. 中国人类福祉分项指数不平衡的区域分解：区域内和区域间比较

应用加权变异系数和泰尔系数分解方法进一步对构成 HDI 的三个分项指数（教育指数、健康指数和收入指数）的不平衡发展进行区域间和区域内的空间分解。

从图 3－18 和图 3－19 中可以明显地看出，每个分项指数应用加权变异系数分解和泰尔分解计算得出的结果非常一致。

教育指数的区域内差距在总体差距中的贡献率在 1995 年就超过 60%，此后贡献率比重不断提高。1995—2011 年，教育指数的区域内差距大致在 60%—80% 之间波动，而在 2012—2013 年，教育指数的区域内差距的贡献率明显提高，值得注意的是，2013 年教育指数的区域内差距几乎可以解释总差距的 93%，而区域间的差距仅为 6%，表明中国四大区域之间的教育福祉比较均衡，但各区域内部省区之间的教育福祉呈不平衡分布。

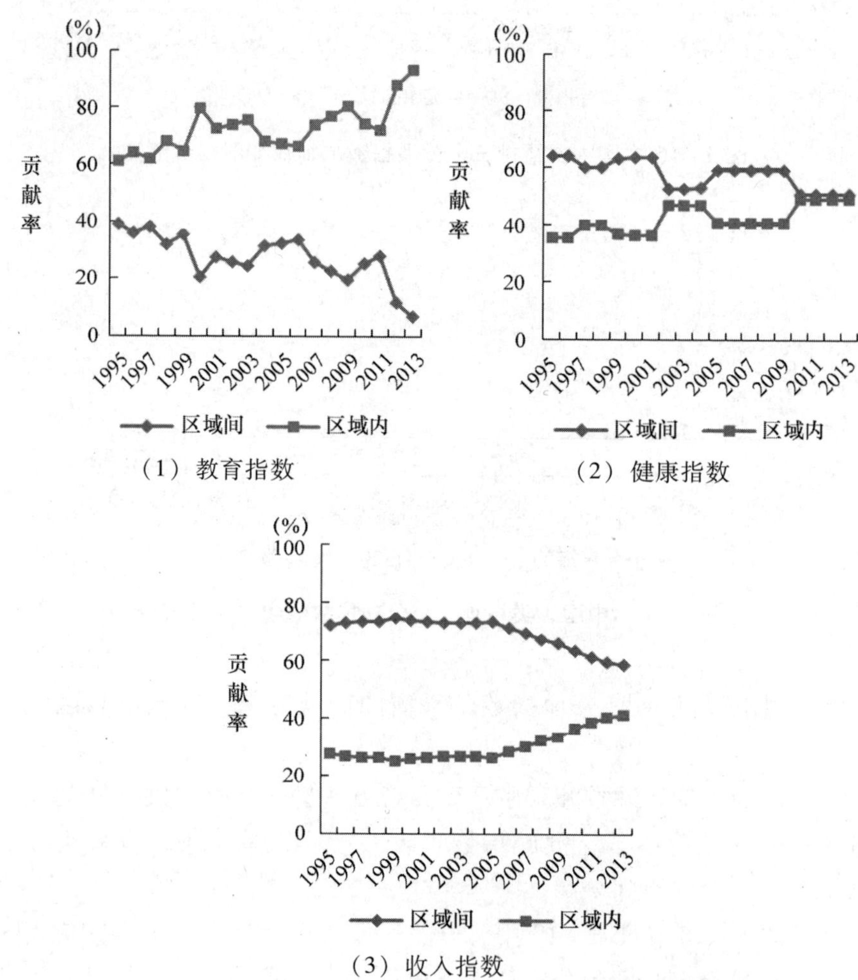

图 3－18　按区域间和区域内分解的三个分项指数的加权变异系数

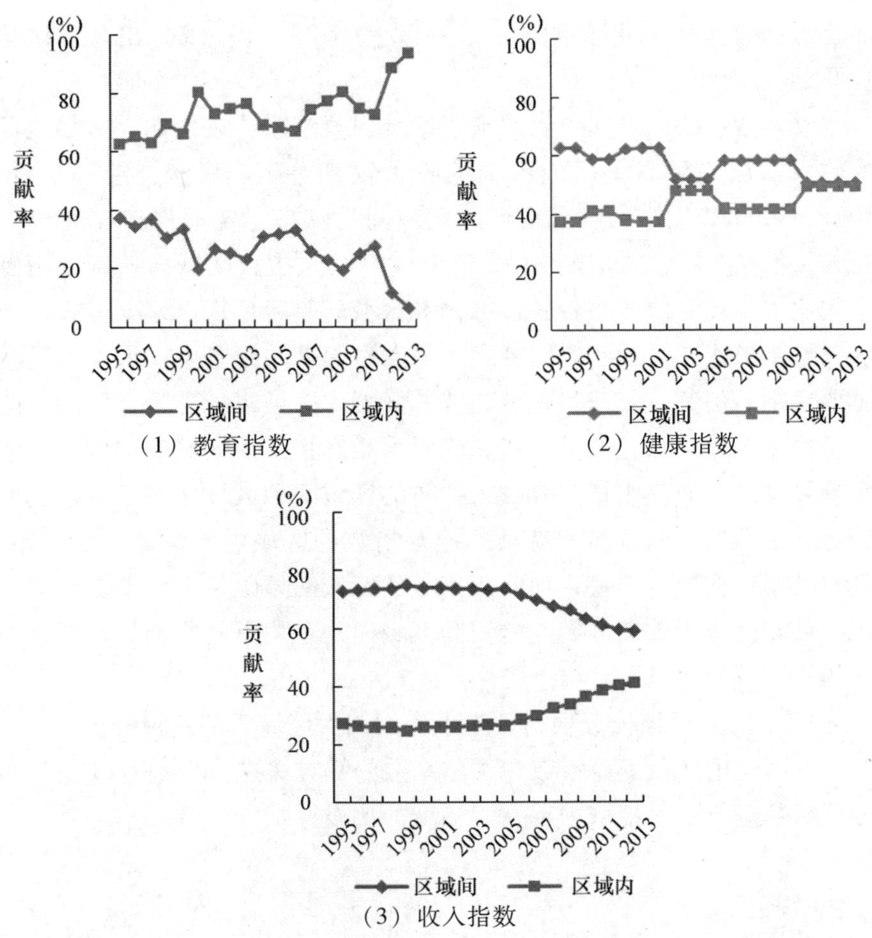

图 3-19　按区域间和区域内分解的三个分项指数的泰尔系数

从健康指数和收入指数来看，区域间与区域内差距的分解结果和演变趋势却与教育指数相反。具体来看，健康指数的区域间与区域内差距相对较小，且趋向均衡发展，尤其是2010—2013年，区域间和区域内差距的贡献率几乎相等，表明对于健康福祉而言，四大区域间的差距和区域内部省区之间的差距基本上是相似的。需要说明的是，健康指数呈现出明显的阶段性平稳演变特征，这是因为在计算健康指数时采用的是出生时预期寿命指标，而预期寿命指标数据中国只有每十年一次的人口普查统计，数据缺失的年份采用相邻年份数据替代，由此导致图 3 - 18（2）、图 3 - 19（2）出现了阶段性平稳演变趋势。

收入指数的区域间贡献率大于区域内贡献率，表明四大区域之间的收入福祉差距高于区域内部的收入福祉差距。从演变趋势来看，1995—2004 年，中国收入指数的区域间贡献率稳定地保持在 72%—75%，但从 2005 年起稳步下降到 58%。收入指数区域内差距的贡献率则逐年提高，收入指数的区域内和区域间差距呈现出缩小态势。

整体来看，中国四大区域之间的人类福祉差距是中国人类福祉的主要差距，但其贡献率呈递减趋势，区域内人类福祉省际差距的贡献率呈提高趋势。从三个分项指数来看，教育指数的区域间和区域内差距趋异发展，而健康指数和收入指数的区域间和区域内差距则有趋同趋势，呈现出不同的演变特征。教育指数的区域内差距是主要差距，且贡献率存在递增趋势；而收入指数的区域间差距是主要差距，但收入指数和健康指数的区域间差距和区域内差距均呈趋同趋势，健康指数的趋同更为明显。

3. 中国人类福祉分项指数不平衡的四大区域内部差距分析

下面应用加权变异系数和泰尔系数分解方法进一步对 HDI 的三个分项指数进行四大区域内部差距演变的比较分析。

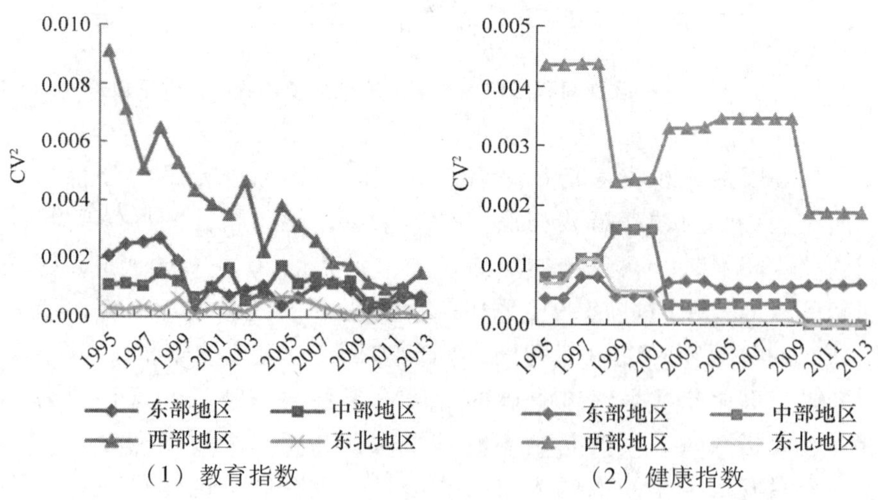

（1）教育指数　　（2）健康指数

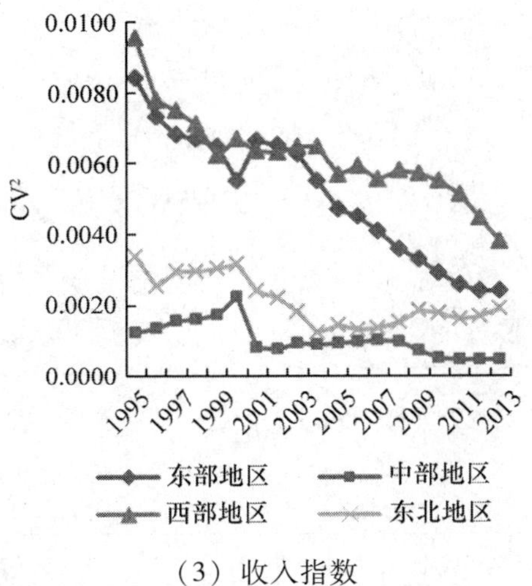

（3）收入指数

图 3-20　中国四大区域三个分项指数的差距变化：基于加权变异系数

从图 3-20 和图 3-21 中可以看出两种方法的计算结果基本一致。中国四大区域内部的三个分项指数的区域差距在 1995—2013 年呈现出缩小态势。在四大区域中，西部地区的三个分项指数的区域差距是最大的，也是差距降幅最为明显的。

具体来看，四大区域内部的教育指数差距与人类福祉差距的演变规律较为相似。四大区域内部的教育指数差距以 2011 年为转折点，1995—2011 年差距大致呈缩小趋势，而 2011 年后，四大区域的教育指数差距有逐渐扩大的趋势。而健康指数除东部地区呈差距扩大的趋势以外，中部、西部和东北地区均大体上呈现出区域内差距缩小的态势，2013 年中部和东北地区的区域内部差距已经降到很低。

从四大区域内部收入指数的省区差距变化情况来看，东部和西部地区在 2003 年以前的区域内收入指数的差距水平较为接近。但从 2003 年以后，东部地区的区域内部收入差距下降幅度较大，降幅约 63%，而西部地区降幅约为 43%。东北地区则以 2004 年为界，区域内收入指数的省区差距先快速下降，后缓慢上升，1995—2013 年，区域内的省区差距整体上趋向缩小。中部地区收入指数的省际差距先经历了一个逐步扩大的过程，2001 年突然降低，之后呈现出平缓的缩小趋势。

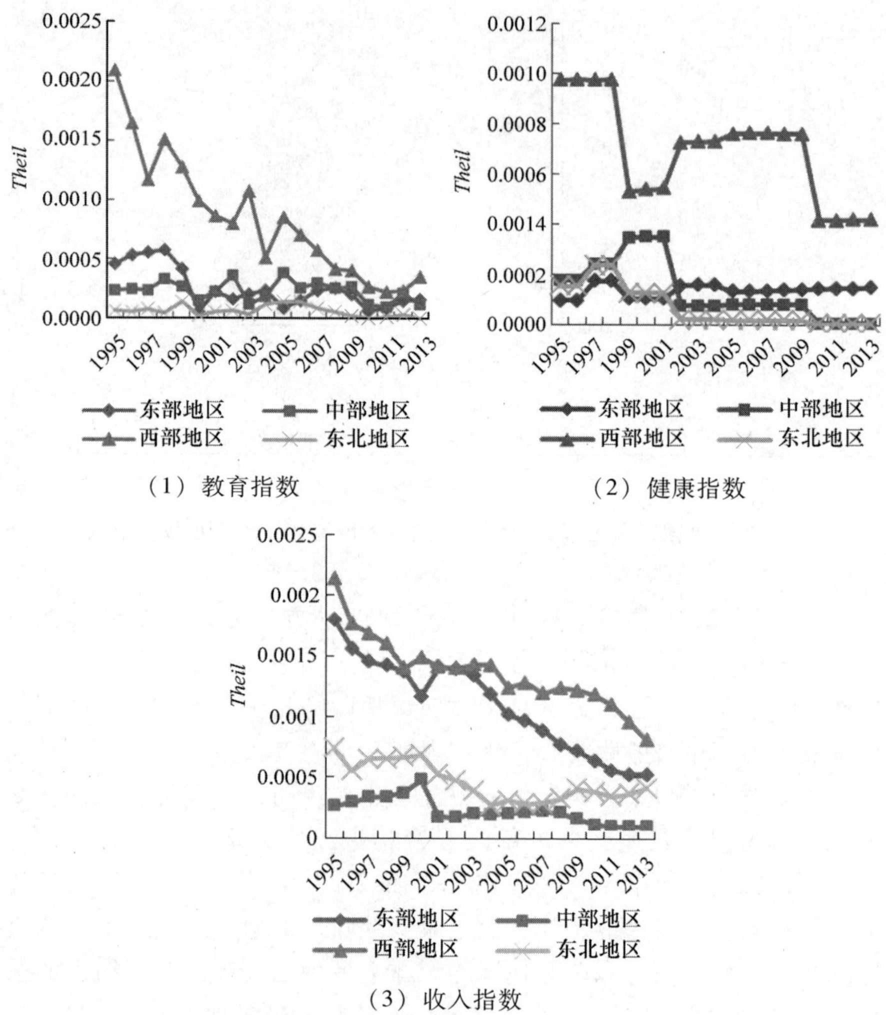

（1）教育指数

（2）健康指数

（3）收入指数

图 3－21　中国四大区域三个分项指数的差距变化：基于泰尔系数

需要指出的是，根据计算得出的关于 HDI、健康指数、教育指数、收入指数的三种空间测度方法的 spearman 相关系数可以看出，基尼系数、泰尔系数和变异系数之间的相关系数均很高，说明这三种空间差异测度方法所揭示的结论具有很好的一致性（见表 3－6、表 3－7、表 3－8 和表 3－9）。

表 3-6　　HDI 的 spearman 相关系数

	GINI	Theil	CV^2
GINI	1	0.991 **	0.999 **
Theil	0.991 **	1	0.993 **
CV^2	0.999 **	0.993 **	1

说明：** 表示在 5% 的显著性水平下显著。

表 3-7　　健康指数的 spearman 相关系数

	GINI	Theil	CV^2
GINI	1	0.988 **	0.994 **
Theil	0.988 **	1	0.996 **
CV^2	0.994 **	0.996 **	1

说明：** 表示在 5% 的显著性水平下显著。

表 3-8　　教育指数的 spearman 相关系数

	GINI	Theil	CV^2
GINI	1	0.979 **	0.993 **
Theil	0.979 **	1	0.989 **
CV^2	0.993 **	0.989 **	1

说明：** 表示在 5% 的显著性水平下显著。

表 3-9　　收入指数的 spearman 相关系数

	GINI	Theil	CV^2
GINI	1	0.994 **	1 **
Theil	0.994 **	1	0.996 **
CV^2	1 **	0.996 **	1

说明：** 表示在 5% 的显著性水平下显著。

第三节　基于“功能—能力”框架的中国区域福祉不平衡评价与区域比较

以阿马蒂亚·森的能力理论为基础，从功能—能力视角出发，构建中国区域福祉评价指标体系，并采用时序全局主成分方法对1995—2014年中国区域发展不平衡进行综合测评与分析，最后应用基尼系数、人口加权变异系数对中国福祉空间不平衡性进行测度与分析，构建均衡判别类型对中国区域福祉不平衡状况进行分析。

一　基于“功能—能力”框架的区域福祉测评体系与方法

（一）“功能—能力”视角下的福祉界定

“十三五”规划纲要围绕全面建成小康社会，制定了经济发展、创新驱动、民生福祉和资源环境四大类具体指标，民生福祉问题受到广泛重视。早期研究多以GDP来衡量福祉，但单一维度的经济指标显然不足以对福祉进行较好的概括。阿马蒂亚·森批驳了仅仅用经济增长指标衡量社会福祉发展的观点，认为提升人类福祉应聚焦于生活质量或实质性自由，而不仅仅是收入或财富，即他所提出的“可行能力”理论。该理论所回答的问题不是“某个人是不是满意”，也不是“某个人能够支配多少资源”，而是“某个人实际能够做什么或是处于什么状态”。

在阿马蒂亚·森看来，人类发展的过程实际上是扩展自身自由的过程，对福祉的判断不应仅仅根据其拥有财富的多寡，而应采用一个人选择有理由珍视的生活的实质自由来衡量（阿马蒂亚·森，2002）。例如，一个残疾人可能拥有较多的基本物品，但与一个身体健康而拥有较少基本物品的人相比，仍然拥有较少的机会追求其目标。

阿马蒂亚·森的可行能力理论提出从功能—能力的视角来衡量社会福祉水平。在阿马蒂亚·森提出的能力理论中，福祉分为功能与能力两个层面，功能是指现有的福祉状态，能力则是实现各种功能性组合的实质自由。功能是现实状态的反映，是对现有福祉状况的测度；

能力是实现功能的自由选择权，是对潜在或可行的福祉状况的度量（方福前，2009），在衡量福祉方面，功能与能力同等重要。

（二）基于“功能—能力”的福祉测评指标选取

根据阿马蒂亚·森的理论，功能与能力并非简单的一维变量，它是对多个维度的综合考量，因此对功能与能力进行评价就需构建包含一系列指标的多维度福祉综合评价指标体系（杨爱婷，2012；胡国槐，2010）。

从福祉观的演变过程可以看出，随着对发展观认识的不断深入和经济社会的逐渐发展，福祉的维度组成也在不断深化。早期研究多采用收入、消费指标来衡量福祉，经济增长、收入提高对改善人们的生活质量和福祉水平具有较大影响。1990 年，联合国开发计划署提出“人类发展指数”的概念，从健康、教育和收入三个方面对人类福祉进行测评，多维度福祉的综合评价已成为评价福祉水平的趋势。除了健康、教育和收入这三个福祉维度外，消费作为再生产的重要环节，对提高居民生活质量具有十分重要的作用。尤其是随着经济的发展，人们已不再只关注收入、教育、健康等福祉维度，更为在乎生活品质，对环境质量、休闲娱乐的重视使得环境福祉和休闲福祉逐渐成为福祉衡量的新焦点。此外，福祉水平也决定于社会保障体系的不断完善，这是维护社会稳定、促进社会和谐发展及提升整体居民福祉的关键。

依据阿马蒂亚·森提出的能力理论，从多维度福祉评估的视角，基于能力和功能两个层面，从收入、消费、健康、教育、社会保障、环境和休闲七个方面选取相关指标，对中国区域福祉进行综合测度和分析比较，具体指标选择如表 3 – 10 所示。

收入维度：（1）功能指标：采用人均收入指标作为功能层面的收入福祉衡量指标，用以反映收入福祉状况，且该指标对其福祉具有正向影响，即人均收入越高，表明当前收入维度的福祉现状越好。此处选取农村人均纯收入、城市人均可支配收入两个指标。（2）能力指标：采用收入增速占 GDP 增速的比重作为对收入福祉提升潜在能力的衡量，较高增速比意味着未来更好的收入潜力。

表 3－10 **功能与能力指标体系**

测评维度	功能指标	能力指标
收入	农村人均纯收入（+） 城市人均可支配收入（+）	农村人均收入增速/GDP 增速（+） 城市人均收入增速/GDP 增速（+）
消费	居民消费水平（+）	居民消费率（+）
健康	人均预期寿命（+）	人均卫生经费（+）
教育	平均受教育年限（+）	生均教育经费（+）
社会保障	最低生活保障覆盖率（+）	人均社保支出（+）
环境	人均 CO^2 排放量（－）	碳生产率（+）
休闲	文教娱乐用品及服务花费（+）	百万人拥有公园数（+）

说明：“+”表示正指标；“－”表示负指标。

消费维度：（1）功能指标：选取居民消费水平作为功能指标来表示当前居民的消费福祉状态，消费水平越高表示其功能状态越好；（2）能力指标：选取居民消费率作为消费能力的具体指标。消费是推动经济增长的主要原因，居民消费率越高表明人们的消费能力越强，居民消费率对消费能力具有正向作用。

健康维度：（1）功能指标：采用人均预期寿命作为健康维度的福祉功能衡量指标，用来反映居民的健康状态，该指标在衡量人类健康状况中得到了广泛应用，例如，在联合国开发计划署所公布的 HDI 中，健康指数就是根据人均预期寿命计算得出的；（2）能力指标：采用人均卫生经费作为健康维度的福祉能力衡量指标，反映居民潜在的维护或获取健康的能力。人均卫生经费指标对居民健康维度的福祉起到正向的积极作用。

教育维度：（1）功能指标：通常采用平均受教育年限作为衡量教育功能状况的指标，这一指标在反映教育功能状态时明显优于教育经费等投入指标。（2）能力指标：教育经费体现的是国家或地方政府对教育事业的支持与投入，更多的是代表未来教育发展的能力。而与教育经费投入相关的具体指标有人均教育经费、生均教育经费以及教育经费占 GDP 比重等，但作为教育能力的衡量指标，去除东部省份人口因素以及西部省份 GDP 相对较低等因素，选取生均教育经费更能准确反映省区之间的教育能力差异。

社会保障维度：(1) 功能指标：采用最低生活保障覆盖率衡量社会保障状态，数据分析发现，相对富裕省份的低保覆盖率反而更低。如北京、上海等富裕省份，其低保投资主要由地方财政出资，而绝大多数中西部省份则主要由中央财政补助。但不论是地方政府出资还是中央财政补助，较高的低保覆盖率仍表示其在社会保障方面发挥着社会福利"稳定器"的作用，低保覆盖率指标对功能层面的福祉具有正向影响作用。(2) 能力指标：社会保障维度的能力指标选取人均社保支出指标来衡量，越高的人均社保支出表示其拥有越强的社保投入能力。

环境维度：(1) 功能指标：采用人均二氧化碳排放量作为居民生态福祉状态的衡量指标，它对居民功能层面的福祉具有负向的影响；(2) 能力指标：采用碳生产率作为能力层面的福祉衡量指标，反映资源约束下各省区的经济效率，它对提升能力层面的福祉具有正向作用。

休闲方面：(1) 功能指标：采用文教娱乐用品及服务花费作为休闲维度在功能层面福祉的衡量指标，花费越大表明其现有的休闲福祉状态越好；(2) 能力指标：采用百万人拥有公园数作为对居民潜在休闲能力的衡量，其数值越大表明人们可自由选择休闲生活的能力或自由越强。

(三) 基于"功能—能力"的福祉评价方法

采用时序全局主成分分析方法对中国各省区能力与功能层面的福祉水平进行综合评价。主成分分析法是多元统计分析中常用的方法之一，通过降维方式将多个具有一定相关性的指标简化为少数几个综合指标，被广泛用于指标合成。

需要指出的是，传统的主成分分析只考虑一个时间截面下的指标与数据，未考虑到时序动态性，时序全局主成分则在传统主成分分析基础之上，综合连续的时间截面，建立时序全局数据表，将时序全局数据表进行变换计算，即可得到全部对象的时序动态特征。具体计算过程如下：

首先构建时序全局数据表：

$$X = (X^1, X^2, X^3, \cdots, X^T)'_{nT\times p} = (x_{ij}^t)_{nT\times p}$$

其中，n 为样本数量，$i = 1,2,3,\cdots,n$；p 为指标个数，$j = 1,2,3,\cdots,p$；T 为考察期。由于数据具有量纲差异且指标存在正向与逆向差异，需对数据进行标准化处理：

正向指标标准化方法：

$$Zx_{ip}^t = (x_{ip}^t - \min(x_p))/(\max(x_p) - \min(x_p))$$

负向指标标准化方法：

$$Zx_{ip}^t = (\max(x_p) - x_{ip}^t)/(\max(x_p) - \min(x_p))$$

时序全局主成分的综合得分为：

$$zF = \sum_{i=1}^{n}(FAC_i \times W_i), \qquad W_i = \lambda_i / \sum_{n=1}^{m}\lambda_n$$

式中，zF 为时序全局主成分综合得分，FAC_i 为第 i 个主成分得分，W_i 为第 i 个主成分权重，m 为所提取主成分个数，λ 为主成分特征根。

二　基于“功能—能力”框架的中国区域福祉不平衡测评分析

（一）全国层面

1. 基于“功能—能力”的中国福祉水平综合评价

为了分析中国 1995—2014 年全国福祉功能与能力的变化情况，对全国数据采用时序全局主成分分析方法分别计算功能与能力层面的福祉得分，KMO 值分别为 0.795 与 0.811，其特征值与累计贡献率见表 3－11 和表 3－12。

表 3－11　　**全国尺度的功能层次福祉得分累积贡献率**

成分	初始特征值			提取平方和载入		
	合计	方差的 %	累积 %	合计	方差的 %	累积 %
1	7.536	94.202	94.202	7.536	94.202	94.202
2	0.209	2.616	96.818			
3	0.150	1.876	98.694			
4	0.068	0.852	99.546			
5	0.031	0.388	99.934			

续表

成分	初始特征值			提取平方和载入		
	合计	方差的 %	累积 %	合计	方差的 %	累积 %
6	0.005	0.060	99.994			
7	0.000	0.004	99.998			
8	0.000	0.002	100.000			

表 1 - 12　　全国尺度的能力层次福祉得分累积贡献率

成分	初始特征值			提取平方和载入		
	合计	方差的 %	累积 %	合计	方差的 %	累积 %
1	6.024	75.297	75.297	6.024	75.297	75.297
2	1.088	13.604	88.901	1.088	13.604	88.901
3	0.666	8.326	97.227			
4	0.201	2.514	99.741			
5	0.010	0.124	99.865			
6	0.007	0.085	99.950			
7	0.003	0.041	99.991			
8	0.001	0.009	100.000			

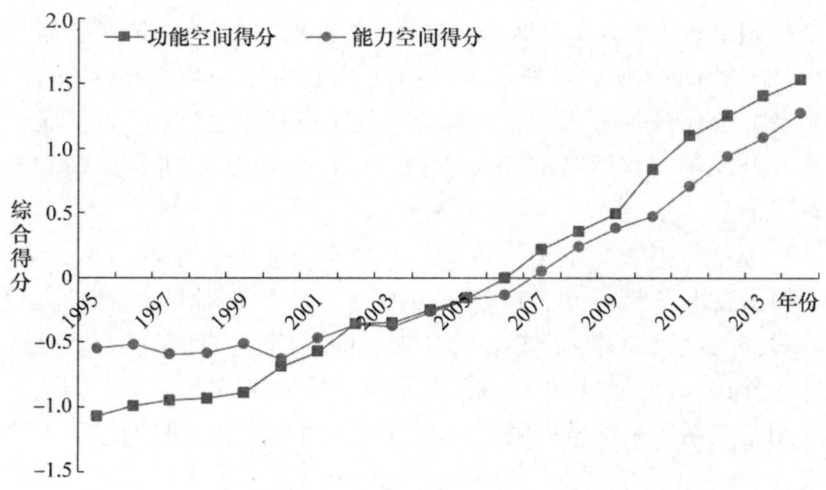

图 3 - 22　1995—2014 年全国功能与能力层面的福祉得分

通过计算可知，1995—2014 年，中国功能与能力层面的福祉得分均有明显提升。全国功能福祉得分由 1995 年的 -1.07 上升至 2014 年的 1.53，全国能力福祉得分由 1995 年的 -0.55 上升为 2014 年的 1.27。根据系统分析的性质可知，功能层面的福祉综合分值与能力综合分值在数值上是对等的，即功能得分的 1 与能力得分的 1 是相等的。因此可以看出，功能层面的福祉增速快于能力层面的福祉增速，即福祉状态的提升比福祉投入的提升更快。

从图 3-22 可以看出，2000—2005 年是中国福祉的功能空间和能力空间变化的分界点。2000 年以前，福祉的能力空间得分基本上保持不变，功能空间得分缓慢增长，且福祉的能力空间得分高于功能空间的得分。具体来看，2000 年以前，中国仅在福祉能力空间的消费维度上表现较好，在教育、卫生、环境等维度表现较弱；可见，能力空间与功能空间产出效率较低，但值得肯定的是，由于福祉的功能空间得分不断提高，因此其福祉能力转化为福祉功能空间的效率在逐年增长。2005 年之后，中国福祉的功能空间得分开始超过福祉能力得分，且差距不断扩大，说明中国福祉能力空间向福祉功能空间的转化效率持续增大，这说明中国福祉整体状态和潜在能力都得到了有效改善。从影响功能空间的七个维度来看，收入、消费和社会保障现状的改善是福祉的功能空间提升的首要原因，其次是教育与休闲维度的福祉；而环境维度对福祉的功能空间起到了制约作用；从福祉的能力空间来看，其提升主要由于在农村收入、教育、卫生及社会保障等方面的投入增加，表明随着经济的不断发展以及西部大开发等国家战略的逐步实行，中国福祉整体朝着良好的方向快速发展。

2. 基于“功能—能力”的中国福祉空间非均衡态势

根据以上分析可知，1995—2014 年，中国福祉的功能与能力空间均得到了很大提升，但福祉的功能空间与能力空间是否存在较大的地区差异，这也是了解中国福祉状况需要重点关注的问题。因此，本节采用基尼系数来衡量中国福祉的功能空间与能力空间的区域不平衡特征。

基尼系数是衡量地区差异的常用指标，以功能与能力两个层面计算的福祉基尼系数来测度中国区域福祉在功能与能力方面的非均衡状况。因为功能得分与能力得分存在负数，所以借鉴 Chen et al.（1982）与周源（2013）的方法，采用改进的基尼系数进行计算。

不同地区的功能（能力）得分为 Y_j，计算不同地区功能（能力）总得分占全国总得分的比例：$y_j = Y_j / \sum Y_j$，将 y_j 按照从小到大的顺序排列，改进后的基尼系数的计算公式如下：

$$G = \frac{1 + \frac{2}{n}\sum_{1}^{k} jy_j - \frac{1}{n}\sum_{k+1}^{n} y_j(1 + 2(n - j))}{1 + \frac{2}{n}\sum_{1}^{k} jy_j}$$

其中，k 由 $\sum_{1}^{k} y_j = 0$ 得出，若 k 不能由上式得出，且 $\sum_{1}^{k} y_j < 0$，$\sum_{1}^{k+1} y_j > 0$，则 $\frac{2}{n}\sum_{1}^{k} jy_j$ 由下式得出：

$$\frac{2}{n}\sum_{1}^{k} jy_j + \frac{1}{2n}\sum_{1}^{k} y_j\left\{\frac{\sum_{1}^{k} y_j}{y_{k+1}} - (1 + 2k)\right\}$$

通过图 3－23 可以看出：

（1）1995—2014 年，中国福祉的功能空间与能力空间的基尼系数曲线图呈倒 U 形，即中国福祉功能与能力空间的不平衡经历了先上升后下降的发展过程。2007 年以前，福祉功能空间的基尼系数高于福祉能力空间的基尼系数，说明在 2007 年之前，中国福祉的不平衡主要体现在功能性福祉上，即各省区间福祉差异较大。2007 年之后，福祉能力空间基尼系数整体上较高，说明各省区在财政投入、发展潜力等方面的差距已高于居民现有福祉水平的差距。随着经济社会的发展，人们生活水平的提高，各省区在健康、教育、社保等方面的投入或发展潜力差距成为其福祉差距的主要因素。

（2）中国福祉功能空间基尼系数在 1995—1998 年较为平稳，保持在 0.22 左右，自 1998 年开始，持续快速上升，在 2007 年达到最高值，此后又持续下降，2014 年，中国福祉功能空间基尼系数为 0.152。这是由于北京市与上海市功能福祉得分较高的地区从 1998 年起功能福祉有了明显提升，而云南、贵州等功能福祉较为落后地区的福祉状态提升发展较为缓慢，因而各省区之间福祉功能空间差距逐渐扩大。2007 年以后，中国福祉功能空间得分较低的省区在功能福祉上的得分有了明显提升，尤其是自 2009 年开始，除北京、上海之外的其他省区功能福祉得分大幅提升，省际得分更为接近，导致福祉功能空间基尼系数明显缩小。

（3）中国福祉能力空间基尼系数在 1995—2000 年较为平稳，该阶段各省区能力福祉发展较为同步，2000—2007 年，北京市与上海市的能力福祉得分率先大幅提升，导致中国福祉能力空间基尼系数明显上升；2007 年后，随着青海、内蒙古能力福祉得分的显著提升以及一些原本能力福祉较低地区的快速追赶，中国福祉能力空间基尼系数呈现出明显下降趋势。

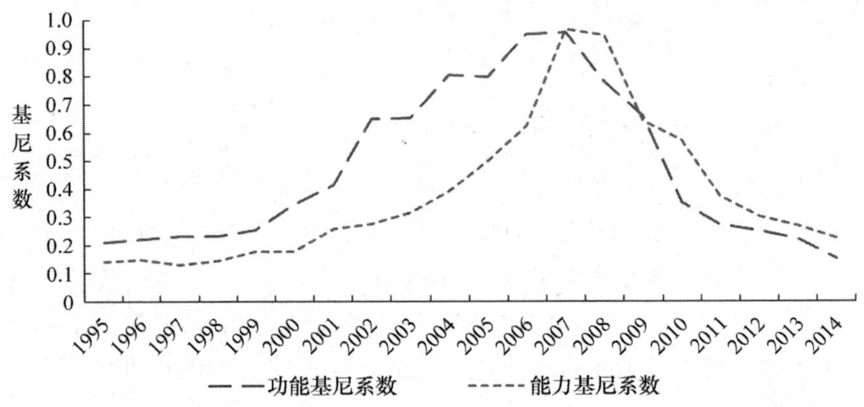

图 3－23　中国福祉功能空间与能力空间的基尼系数变化趋势比较（1995—2014 年）

随着经济社会的不断发展，一些省市区能力福祉向功能福祉的转化效率得到明显提升，各省区福祉功能空间的基尼系数率先开始逐渐扩大；又由于各省区资源禀赋、发展战略等方面的不同，较早进行合理规划、实施发展布局的省区能力福祉逐渐提升，打破了原本同步发展的局面，福祉能力空间基尼系数有所上升。随着福祉功能与能力空间基尼系数的不断扩大，福祉能力较低的省区开始注重自身福祉水平的提升，借力国家相关政策，其自身功能与能力福祉水平均得到快速提升，实现了对高福祉地区的追赶，因而福祉功能与能力空间的基尼系数开始下降。2007 年以前，能力福祉向功能福祉的转化效率是地区福祉水平提升的关键，2007 年以后，资源禀赋、良好的发展规划等要素，也即地区福祉的发展潜力成为影响区域福祉水平的关键。

3. 基于“功能—能力”的中国各维度福祉空间非均衡态势

从图 3－24 可以看出：

（1）从收入维度来看，收入福祉功能空间的基尼系数波动很大，表明在福祉功能空间方面的省际差距经历了无规则的波动变化。而收入福祉能力空间的基尼系数的变化幅度很小，保持了一定的稳定性，表明不论是城镇居民还是农村居民，其人均收入增速与 GDP 增速之比的省际差距并没有拉大，甚至有平缓的降低趋势。再从收入福祉指标的城乡比较来看，城市居民人均收入福祉能力空间的省际差距小于农村居民，表明省区之间在城市居民人均收入福祉能力空间方面的差距比农村居民要小。

（2）从消费维度来看，消费维度的福祉功能空间的省际差异明显大于能力空间，表明在消费方面，消费福祉能力的省际差距较小，而省区之间消费福祉状态差距相对较大。

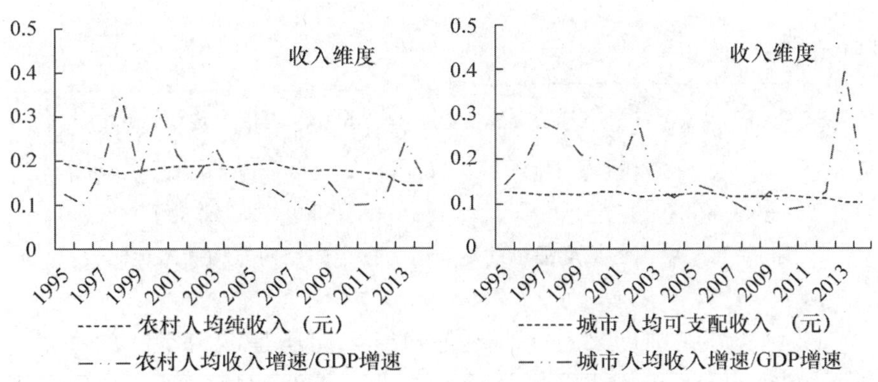

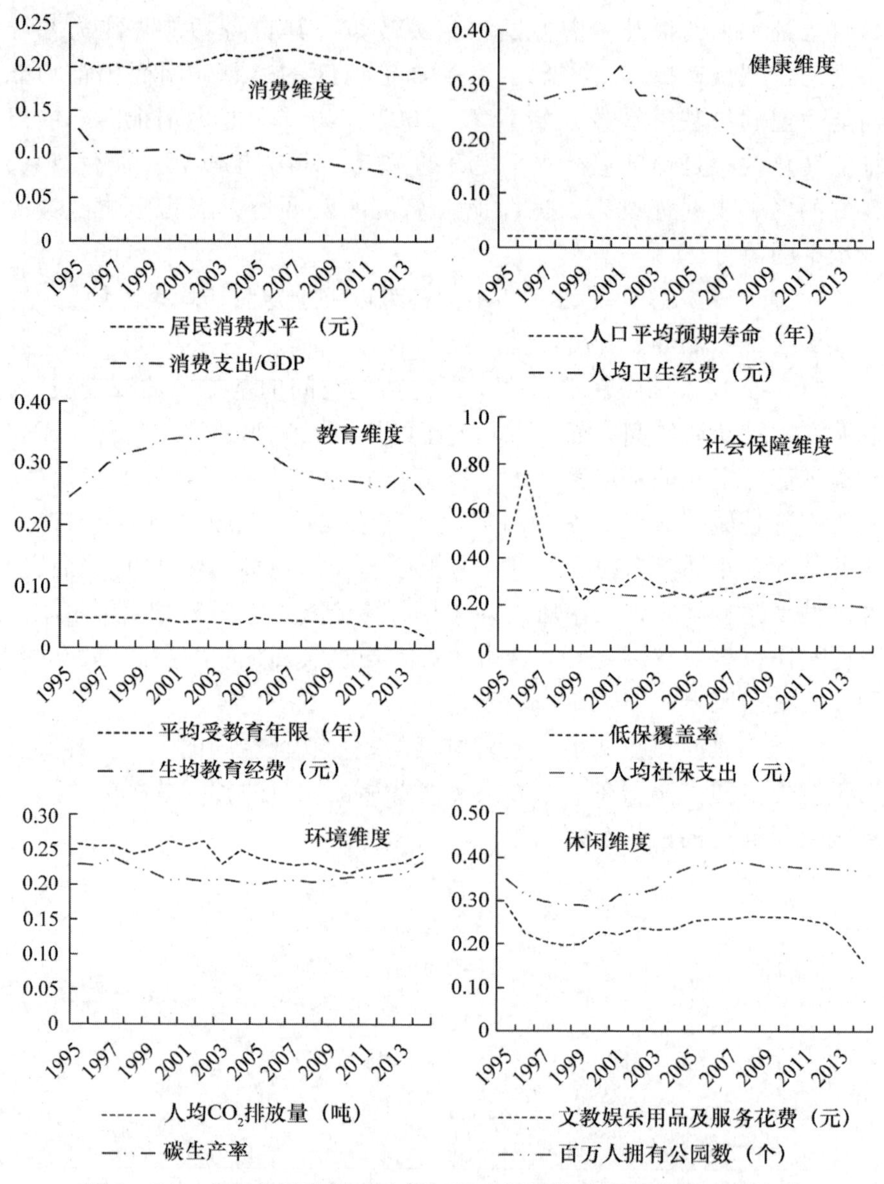

图 3－24　中国各维度福祉功能与能力指标的空间非均衡态势比较

（3）从健康维度来看，不论是功能空间还是能力空间的基尼系数，1995—2014 年整体趋势都趋于降低，表明健康福祉的省际差距不断缩小。但可以发现，平均预期寿命指标的省际差距一直很小，且不断缩小；而人均卫生经费指标的省际差异经历了先扩大后缩小的演变过程，2001 年是倒 U 形趋向的拐点。2001 年之后，大概从 2006 年起，健康福祉能力得分的基尼系数迅速降低，各省人均卫生经费投入之间的差距大大缩小，这主要归因于国家在这一阶段推进了和谐社会建设，加大了在国民健康和卫生保障方面的投入。

（4）从教育维度来看，功能空间和能力空间基尼系数的演变趋势和健康指标相似。1995—2014 年，教育维度的福祉省际差距整体上趋于降低，表明教育维度福祉的省际差距不断缩小。平均受教育年限指标的省际差距一直较小，且有不断降低趋势；而生均教育经费指标的省际差异也经历了先扩大后缩小的倒 U 形演变过程，与健康维度不同的是，教育维度的拐点出现在 2005 年，从 2005 年起，尤其是 2006 年以后，中国教育福祉能力得分的基尼系数快速降低，各省区生均教育经费投入之间的差距大大缩小，但和健康维度相比，教育福祉能力的基尼系数仍高出健康福祉能力的基尼系数很多，可见，中国实施的教育区域公平战略初见成效，这主要归因于国家在“十一五”时期加大了在教育方面的公共财政投入。

（5）从社会保障维度来看，低保覆盖率的基尼系数在 1996 年达到最大，超过了 0. 700，低保覆盖率的省际差距极大，1997 年降到了 0. 400，1999 年又降到了 0. 220，省际差距大大缩小。1999—2005 年又经历了先升高后降低的小幅起落，到 2005 年，低保覆盖率的基尼系数又达到 0. 238，此后到 2014 年基尼系数一直呈缓慢升高的趋势，趋近 0. 350。整体来看，低保覆盖率的省际差距是明显缩小的，在 2005 年之后，其差距又有抬升趋势。再从表征功能空间的人均社保支出的基尼系数来看，1995—2014 年一直呈平缓下降趋势，表明中国在社保支出方面，省区之间的人均经费投入趋向公平。

（6）从环境维度来看，人均 CO_2 排放量指标的基尼系数先降低，在 2010 年达到最低值，此后又逐步提高，2014 年趋近 0. 250。表明人均 CO_2 排放量的省际差距是先缩小，后扩大的。从碳生产率来看，其基尼系数整体上也经历了先缩小后扩大的演变过程，拐点出现在 2005 年，2005 年以后，碳生产率的省际差距趋向扩大，2014 年又回到了 1995 年的省际差距水平。但可以看出，环境维度的福祉功能空间和能力空间的省区差距相对较小。

（7）从休闲维度来看，文教娱乐用品及服务花费指标的基尼系数一直小于百万人拥有公园数的基尼系数，表明在休闲福祉方面，休闲消费的省区差距小于百万人拥有公园数的差距，也即省区之间在休闲方面的福祉状态差距小于潜在的休闲能力差距。从演变趋势来看，休闲福祉能力的省际差距整体上是扩大的，从 2006 年起一直趋近 0.380；而休闲福祉的功能空间差距整体上是趋向缩小的，尤其是 2014 年，其基尼系数降到了 0.150 左右，显示出省区之间在休闲福祉状态方面的差距已经很小。

总体而言，从功能空间来看，环境维度、社保维度、消费维度的福祉省际差距仍旧较大，而健康维度、教育维度的福祉状态省际差距较小。城市居民收入福祉差距也较小，而农村居民收入福祉差距相比城市居民要大。从能力空间来看，则是健康维度、教育维度、休闲维度的福祉省际差距较大。

（二）区域层面

1995—2014 年，中国四大区域福祉功能空间得分由高到低依次为东部地区、东北地区、中部地区和西部地区，四大区域之间福祉功能空间存在着一定的差距，自 2007 年起，西部地区与中部地区的福祉功能得分差距逐渐缩小，并在 2010 年后反超中部地区。东部地区的福祉功能得分始终保持领先，四大区域福祉功能得分在 2010 年后均有明显提升。

从中国福祉能力空间来看，尽管 2000 年以前四大区域的福祉能力空间无明显增长，但 1995—2014 年东部地区的福祉能力得分整体上仍领先于其他三大地区。2000 年以前，东北地区、中部地区及西部地区的福祉能力得分并无明显差距，东北地区的福祉能力甚至出现下降趋势，四大区域福祉能力得分较为接近，说明早期中国四大区域间的发展潜力（即各区域投入）差距并不突出。2000 年之后，随着西部大开发战略、东北老工业基地振兴等国家区域发展战略的实施，中国东北和西部地区的福祉能力有了较大提升，特别是 2010 年以后，中国的福祉能力空间逐步形成东部地区领先，东北及西部地区跟随，中部地区较弱的格局。

具体到各区域可以看出：

（1）1995—2014 年四大区域福祉功能与能力空间得分均由福祉能力得分高于福祉功能得分向福祉功能得分较高转变，2000 年后东部地区福祉功能得分超过福祉能力得分，东北地区紧随其后，2001 年后福祉功能得分超过福祉能力得分，西部地区略晚，约在 2009 年实现福祉功能得分超越福祉能力得分。

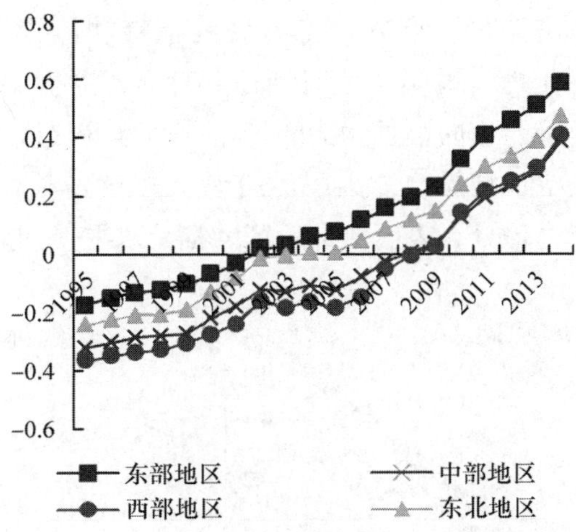

图 3－25　中国区域福祉功能空间综合得分

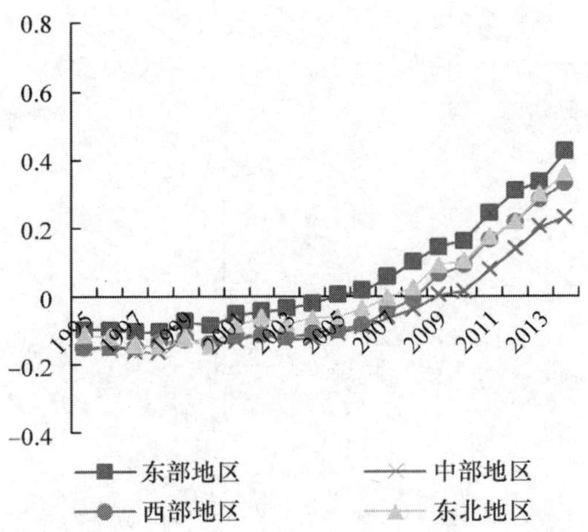

图 3－26　中国区域福祉能力空间综合得分

（2）中部地区在2002年之前的福祉功能得分高于福祉能力得分，2003—2006年福祉功能与能力齐头并进、交替领先，在2007年以后中部地区的福祉功能得分增速迅速提升，说明2007年以后中部地区福祉能力向福祉功能的转化效率明显提升。

（3）2007年之前，中国西部地区的福祉能力得分高于功能空间得分，说明1995—2000年西部地区的福祉能力并没有有效地转化为福祉功能，即其在收入、消费、医疗、教育等方面的投入并没有显著提升其福祉水平。2007—2009年，西部地区的福祉功能得分有明显提升，且二者增长幅度相近，说明该段时期西部地区的福祉现状在得到明显提升的同时，福祉能力向福祉功能的转化效率也得到改善。2010—2014年，西部地区的福祉功能与能力得分持续大幅度增长，且福祉功能得分略高于福祉能力得分，表明西部地区的福祉水平得到显著改善。

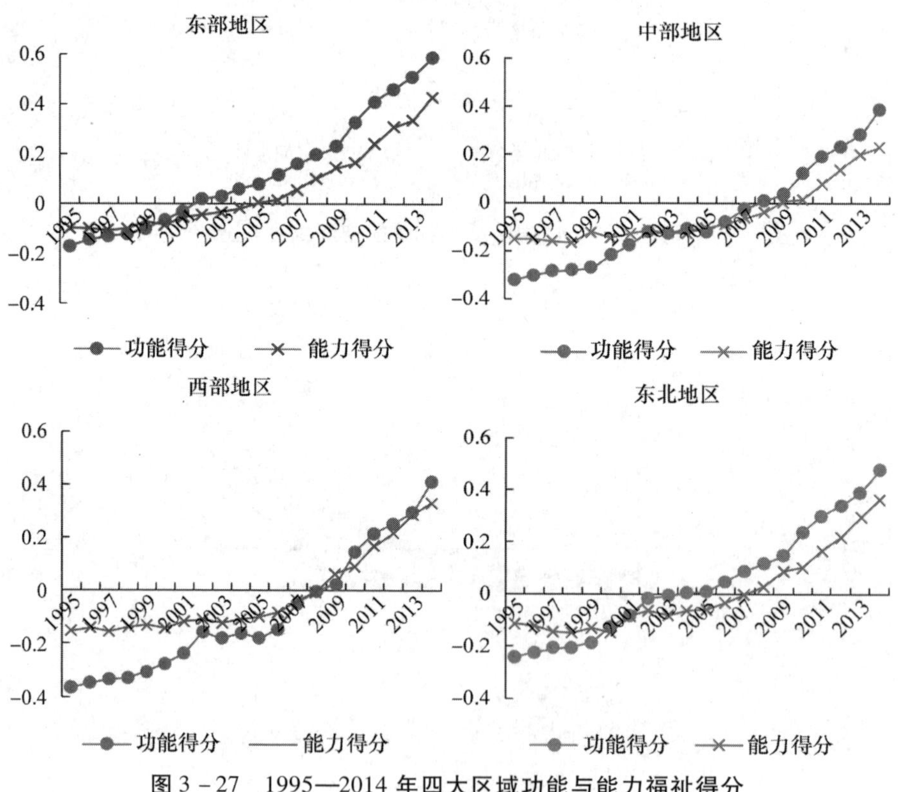

图3－27　1995—2014年四大区域功能与能力福祉得分

（三）省级层面

1. 基于功能层面的中国省级区域福祉状态不平衡演变

以标准化之后的功能时序全局数据表为基础，运用 SPSS 软件进行时序全局主成分分析，KMO 值为 0.819，特征值及贡献率如表 3－13，据此得到 1995—2014 年中国各省区功能层面的福祉综合得分。

表 3－13　**功能层面福祉的解释总方差**

成分	初始特征值			提取平方和载入		
	合计	方差的 %	累积 %	合计	方差的 %	累积 %
1	5.442	68.023	68.023	5.442	68.023	68.023
2	1.167	14.590	82.613	1.167	14.590	82.613
3	0.641	8.010	90.623			
4	0.430	5.375	95.997			
5	0.206	2.575	98.572			
6	0.076	0.955	99.528			
7	0.023	0.285	99.813			
8	0.015	0.187	100.000			

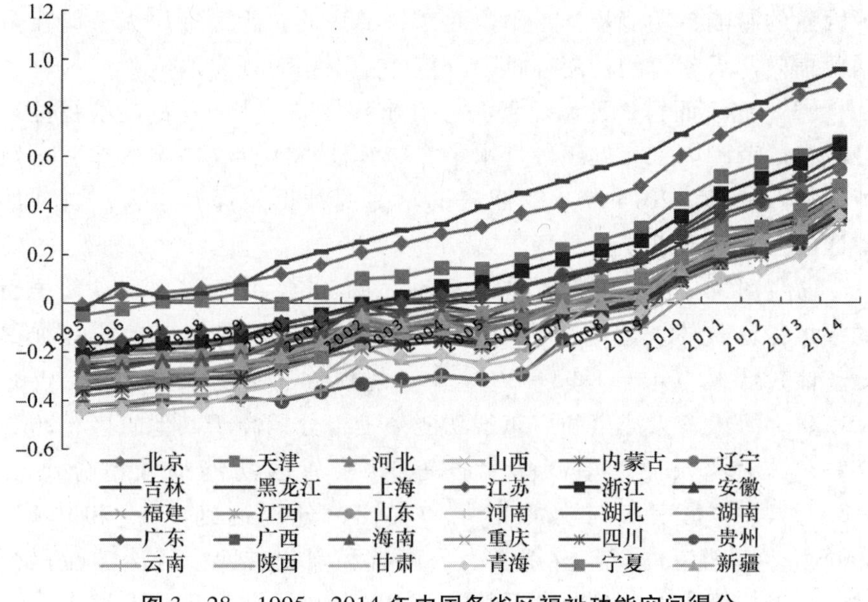

图 3－28　1995—2014 年中国各省区福祉功能空间得分

根据1995—2014年中国各省区功能层面的福祉得分绘制的图3-28可以得出：

（1）1995—2014年，中国省级区域功能层面的福祉得分整体上呈上升趋势，分为三个阶段。其中，第一阶段（1995—2004年），为功能福祉缓慢提升阶段，这一阶段各省区的功能得分上升较为缓慢；第二阶段（2005—2009年），为功能福祉稳定增长阶段，这一阶段的功能福祉得分整体上以高于前一阶段的增长速度稳定提高；第三阶段（2010—2014年），为功能福祉快速提升阶段，这一阶段各省区的功能福祉得分快速增长且持续势头较为明显。可以看出，中国各省区功能层面的福祉得分自2005年起有了较为明显的提升，特别是2010年之后，提升幅度尤为显著，表明中国区域福祉状态得到了明显提升。

（2）从全国范围来看，北京市与上海市的福祉功能得分明显高于其他省区。1999年以前，京沪两市功能层面的福祉得分难分伯仲，从2000年起，上海市的功能福祉得分明显超过北京市，位列全国首位，保持全国领先优势。2000年以前，天津市功能福祉得分曾有紧追北京、上海的态势，一度保持全国第三的功能福祉水平，但2000年以后，天津市主要受城市居民人均可支配收入与居民消费水平下降等因素的影响，功能福祉水平与北京、上海的差距逐渐拉大。但在全国范围内，天津市的功能福祉得分依然处于相对领先地位。

（3）比较而言，云南、青海、贵州和甘肃四个省份的功能福祉得分在全国范围内一直处于较低水平，与其他省区存在一定的差距，但值得注意的是，2014年，这四省的功能福祉得分提升较大，与其他省区的差距明显缩小。

通过图3-29也可以看出，1995—2014年，中国各省区功能层面的福祉得分整体上趋向稳步提升。1995年，中国各省区功能福祉得分整体较低，均处于1995—2014年功能得分的平均水平之下，仅北京市、上海市、天津市和广东省功能福祉得分稍高于其他省区；2000年，东部沿海及湖南省、湖北省等16个省区功能福祉得分高于-0.2，其中北京市与上海市尤为突出，分别达到0.11和0.17；2005年，仅有青海省、甘肃省、云南省和贵州省四个省份功能福祉得分在平均值之下，其余省区均高于0，其中，北京市、上海市、天

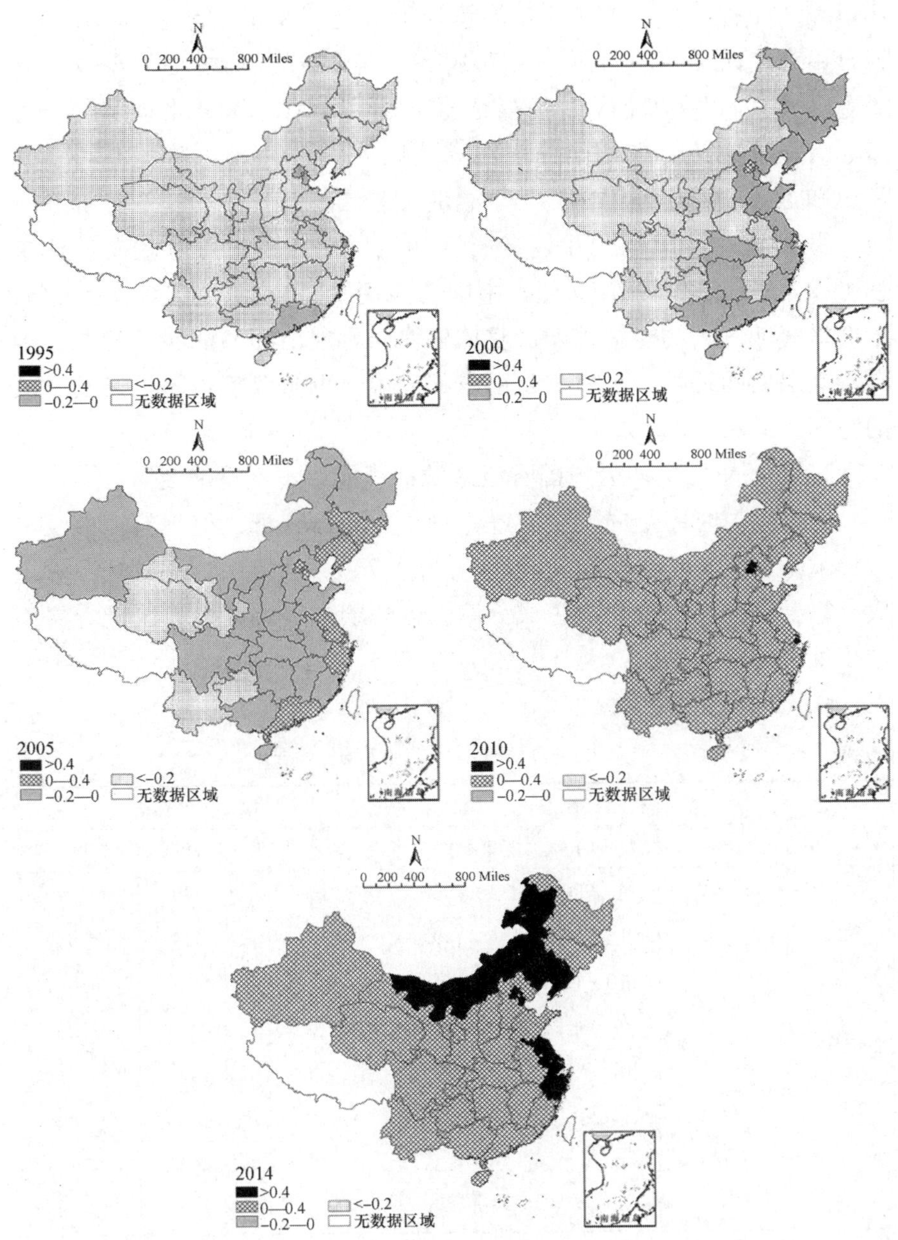

图 3－29　1995—2014 中国各省区功能层面的福祉时空演变

津市和浙江省等8个省区的功能福祉得分高于0.4，呈现出福祉功能得分由东向西递减的局面；到2010年，全国省区功能福祉得分显著提高，所有省区功能层面的福祉得分均高于0，其中北京市、上海市、天津市的功能福祉得分均在0.4以上；2014年，除北京市、天津市和上海市外，内蒙古、辽宁、浙江和江苏四省区功能福祉提升较快。纵观1995—2014年中国各省区功能层面的福祉得分动态演化过程可以发现，2005—2010年，中国功能福祉得分提升幅度尤为明显，东部沿海地区的功能福祉发展整体较快，表现出明显的领先优势，中国功能层面的福祉水平呈现出由东部向中部再向西部不断推进及递减的空间格局。

2. 基于能力层面的中国省级区域福祉能力不平衡演变

根据能力时序全局数据表进行时序主成分分析，得到特征值及累计贡献率如表3-14所示，KMO值为0.766，选取四个主成分计算主成分综合得分。根据能力主成分综合得分绘制出中国各省区能力层面的福祉得分趋势图。

表3-14　能力福祉解释的总方差

成分	初始特征值			提取平方和载入		
	合计	方差的 %	累积 %	合计	方差的 %	累积 %
1	3.919	48.990	48.990	3.919	48.990	48.990
2	1.245	15.558	64.549	1.245	15.558	64.549
3	0.833	10.412	74.961	0.833	10.412	74.961
4	0.721	9.008	83.969	0.721	9.008	83.969
5	0.703	8.792	92.761	0.703	8.792	92.761
6	0.341	4.263	97.024	0.341	4.263	97.024
7	0.168	2.098	99.123	0.168	2.098	99.123
8	0.070	0.877	100.000	0.070	0.877	100.000

通过图3-30中国省级区域能力层面的福祉综合得分可以看出：

（1）1995—2014年，中国省级区域能力层面的福祉综合得分整体上呈上升趋势，可分为三个阶段：第一阶段（1995—1999 年），是能力层面的福祉水平平稳保持阶段，中国绝大多数省区的能力福祉综合得分仅出现小幅度上下波动，几无明显上升趋势，各省区之间福祉能力差距较小，反映出国家或地方在各地区发展投入上的差距并不明显。第二阶段（2000—2009 年），是能力层面的福祉得分逐步提升阶段，各省区能力福祉综合得分较前一阶段有明显上升，北京市、上海市的能力福祉水平提升最快，逐渐与其他省区拉开差距。究其原因是北京与上海在教育、卫生等方面的投入显著加强，使其能力福祉水平明显提高，青海省在该阶段后期福祉能力明显提升。第三阶段（2010—2014 年），是能力层面的福祉水平快速提高阶段，各个省区的能力综合得分都有明显提高且增速较快，其中北京市、青海省、上海市的能力福祉综合得分居全国前三位。

（2）从 2000 年起，北京的福祉能力得分以较快增速始终保持全国首位，尤其是 2010—2014 年增势更快。通过数据分析亦可以看出，北京市在教育、医疗、社保、环境、休闲等方面的福祉能力均强于其他省区；从 2005 年开始，上海的福祉能力得分也得到明显提升。值得注意的是，青海省凭借在收入、教育、卫生以及社保方面的后发优势，使其福祉能力得以迅速提升，青海在 2009 年成为福祉能力得分仅次于北京、上海的省份；2010—2014 年，青海省在教育、卫生以及社保方面均加大了经费投入力度，人均民生福利等经费投入在全国处于前列，使其福祉能力得到很大提升，福祉得分跃居第二，仅次于北京市。分析可知，造成青海省福祉能力激升的原因主要有两方面：一是国家增大对青海等西部地区的经费投入，因而使得西部省区在卫生、教育、社会保障等方面的能力得到大幅提升；二是相比较西部地区其他省区而言，青海省人数相对较少，因此按人均水平计算的青海省福祉能力便有了明显提高。

通过图 3 - 31 可以看出：1995 年，全国各省区的福祉能力得分分布较为均衡，均在 - 0.2 和 0 之间；2000 年，全国整体而言的福祉能力得分并无明显增长，仅北京市表现出明显的提升，得分为 0.02，是第一个也是唯一一个能力福祉得分大于 0 的地区；2005 年，绝大多数省区的能力福祉得分仍在 - 0.2 和 0 之间，北京市、天津市、上海市、浙江省的福祉能力得分较高，均超过平均水平；2010 年，除河南省与贵州省的福祉能力得分仍为负数外，其余省区均在 0 之上，其中北京市、青海省的能力福祉得分高于 0.4，青海省在提升其能力福祉方面表现突出；2014 年，全国各省区的福祉能力得分均高于 0，北京市、上海市、青海省等五个省区的福祉能力得分均高于 0.4。值得注意的是，青海省在福祉能力方面表现得较为突出，青海省从 2009 年开始在教育、卫生以及社保方面的投入大大增加，并始终保持在一个较高水平，因而有效地推动了其福祉能力的快速发展。

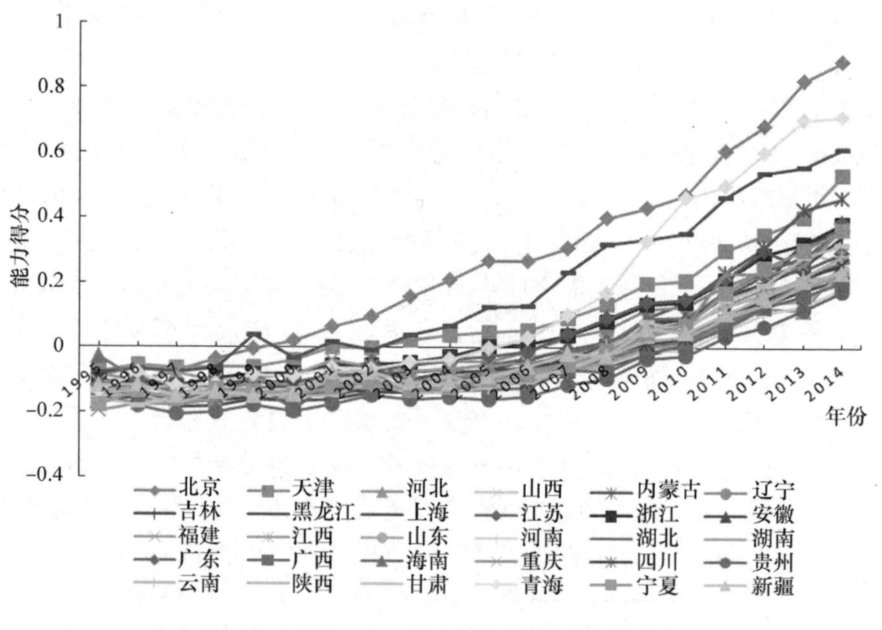

图 3-30　1995—2014 年中国各省区福祉能力得分

通过对比分析中国功能与能力层面的福祉演变格局可以看出，与功能层面的福祉提升由东向西空间推进不同，在福祉能力方面并没有显现出明显的“东部优势”，各省区的福祉能力相对均衡，中国福祉能力的省际差距较小。同时也可看出，青海省在能力层面的福祉表现明显优于功能层面，在某种程度上意味着青海省在从福祉能力向福祉

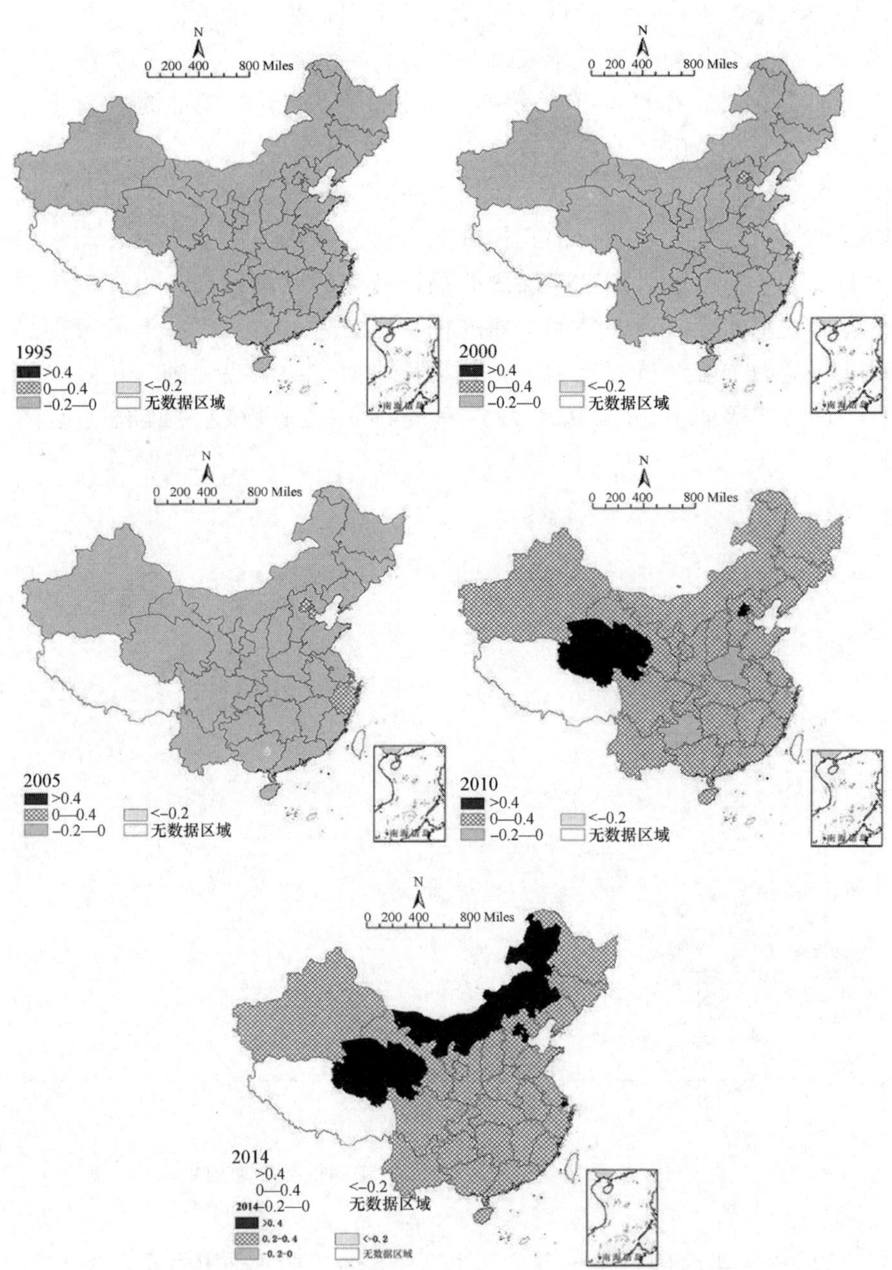

图 3－31　1995—2014 中国各省区能力层面的福祉时空演变

功能的转化过程中效率较低，即投入较多但福祉功能的产出较少，使其福祉状况提升和改善效率较低。因此，青海省应特别注意提高福祉能力向功能层面福祉的转化效率，促进其功能层面福祉的进一步提升。与青海相似的还有内蒙古。

与之相反，从全国来看，浙江省功能层面的福祉得分与能力层面的福祉得分排名均靠前，但其福祉能力排名较福祉功能排名稍弱，说明浙江省从福祉能力向功能层面的福祉转化的效率较高，也即单位福祉能力可以实现较多的功能层面的福祉。此外，北京市、上海市则是功能与能力福祉协调并进的市，其福祉能力向功能福祉的转化效率较高；而贵州等省在功能和能力方面的福祉水平均较为低弱（见图3－31）。

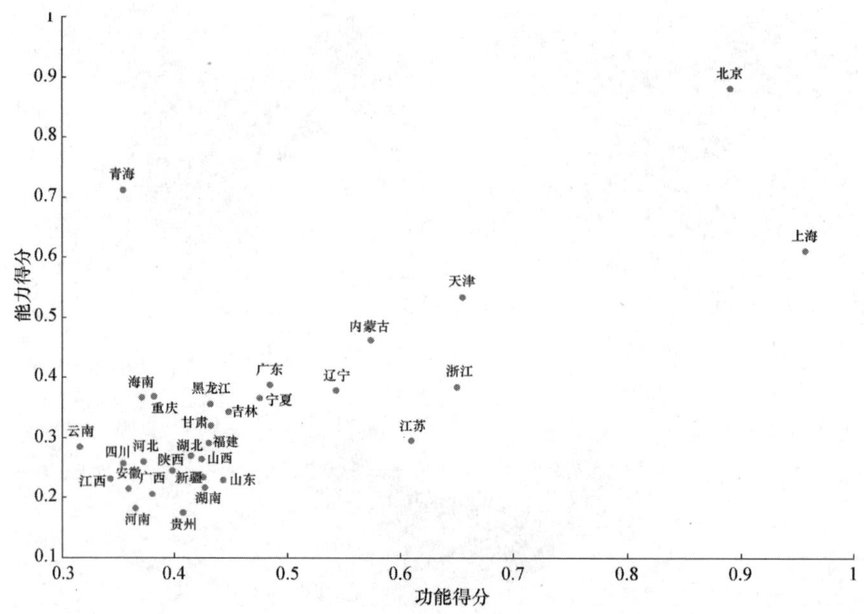

图3－32　2014年中国各省区功能福祉与能力福祉

以2014年为例，中国各省区福祉的功能空间与能力空间的对应状况如下：

（1）2014年，北京市与上海市的福祉能力与功能得分均十分领先，北京市与上海市的福祉水平远高于其他省区，属于第一梯队。其中北京市的福祉能力得分最为突出，上海市的福祉功能得分表现十分优异。

（2）天津、浙江与江苏省处于第二梯队，它们在福祉功能空间方面领先于其他省区，而在福祉能力空间方面并无明显优势，且这三个省区在福祉能力空间方面存在较大差异。

（3）其余省区均处于第三梯队，其福祉功能与能力得分分布较为集中。但青海比较特别，青海的福祉功能得分较低，但福祉能力得分位居全国前列，原因可能有以下两点：第一，自 2010 年开始，青海、内蒙古、甘肃等省区在教育、卫生以及社会保障等方面投入力度明显增大，为其福祉能力的提升奠定了良好的基础；第二，青海省人口较少，日益增加的福祉能力投入与较少的人口使得青海省的人均福祉能力得到了较大的改善。但由于其福祉功能基础较差，福祉能力向福祉功能的转化效率较低，因而导致其出现福祉能力高而福祉功能低的不协调分布状况。

第四节　中国区域功能福祉与能力福祉的均衡类型

一　基于“功能—能力”框架的区域福祉均衡类型判别准则

经济合作与发展组织（OECD）使用“脱钩”来衡量环境压力与经济增长之间的相互关系，即讨论环境压力的增长速度与经济增长速度之间的比值。借鉴脱钩理论，采用 Tapio 提出的弹性分析方法，对中国人类福祉功能与能力两个维度之间的增长状况进行深入探讨。公式如下：

$$E = \frac{\%\Delta F}{\%\Delta C}$$

$\%\Delta C$ 表示能力得分的变化率，$\%\Delta F$ 表示功能得分的变化率，根据 E 、$\%\Delta C$ 和 $\%\Delta F$ 的值，可以将人类福祉功能与能力两个维度的发展状态划分为六个类型，具体划分标准见表 3－15。

表 3 - 15　　功能与能力维度的福祉均衡类型

%ΔF	%ΔC	E	类型	%ΔF	%ΔC	E	类型
>0	<0	<0	能力培育型	<0	>0	<0	低效投入型
>0	>0	>1	协调共进型	<0	<0	>1	不协调型
>0	>0	≤1	优化提升型	<0	<0	≤1	扭曲型

能力培育型指福祉功能提升但福祉能力有所下降，该类型的特点是福祉功能呈现出良好的发展趋势，但福祉能力较弱，表现为后续发展动力不足。

协调共进型指福祉功能与福祉能力均增长，且福祉功能的增长速度大于福祉能力。就国家或地区而言，福祉能力是国家或地区投入的反映，因此，该类型也反映出国家或地区的投入较为高效地转化为居民的福祉状态，因而被视为协调发展类型。

优化提升型指福祉功能与福祉能力均增长，但福祉功能的增长速度小于福祉能力。福祉功能与福祉能力空间的共同提升反映了居民生活状态的改善，但该类型福祉能力的转化效率较低，因此，处于该类型的地区拥有较大的发展潜力与发展空间，但需提高福祉能力向福祉功能的转化率，即将其潜在的发展能力充分转化为居民福祉状态的提升。

低效投入型指尽管福祉能力表现出增长态势，但福祉功能却有所下降。处于该类型的地区拥有较好的发展潜力（即较高的投入），但并不能转化为居民的福祉状态。

不协调型指福祉功能与福祉能力均下降，且福祉功能的下降速度快于福祉能力。该类型的福祉状态较差，且由于福祉功能的下降速度快于福祉能力，也表现出功能与能力之间的不协调关系。

扭曲型指福祉功能与福祉能力均下降，且福祉能力的下降速度快于福祉功能。该类型的福祉状况最为严重，不仅现有福祉状况逐渐恶化，后续发展动力严重不足，表现出发展极度不协调状态。

二　基于“功能—能力”框架的中国区域福祉均衡类型演变

通过对中国各省区均衡发展类型的计算与划分结果可以看出（见图 3 - 33）：

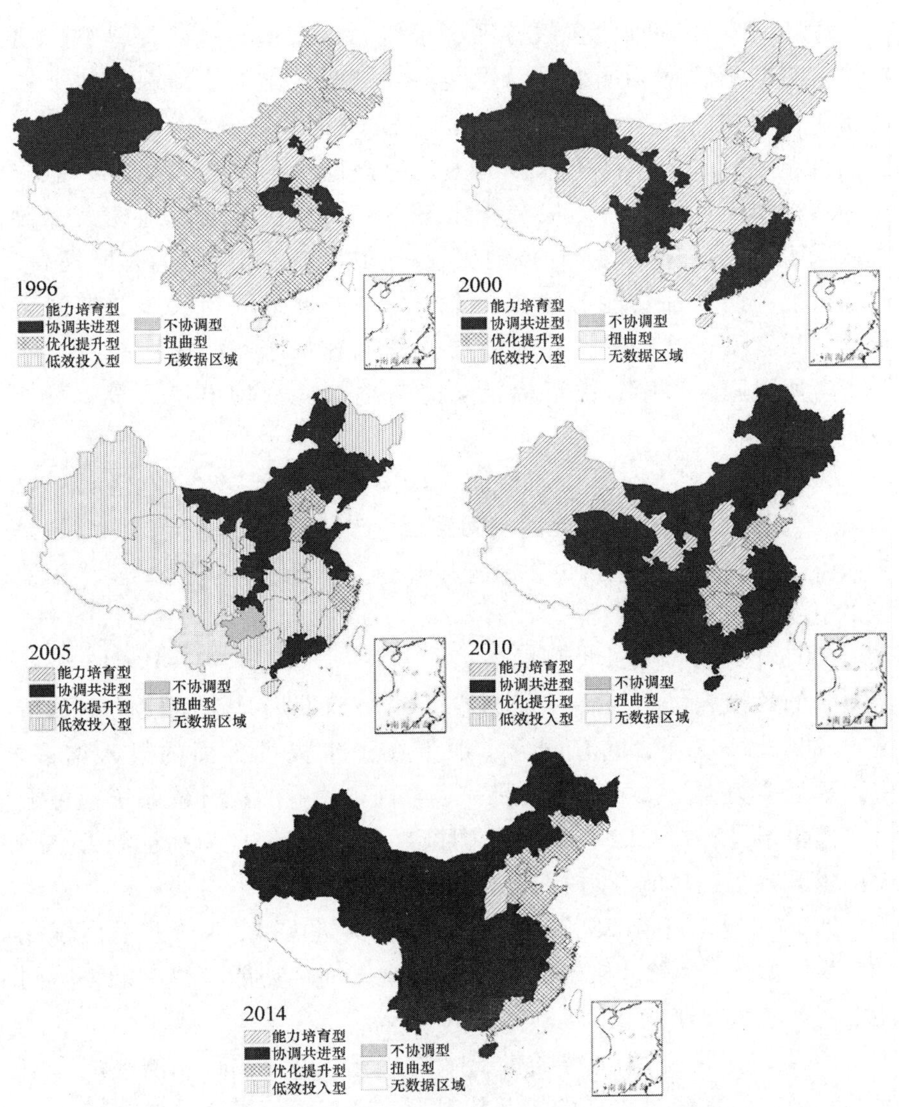

图 3－33　1996—2014 年中国各省区福祉功能与能力福祉的均衡类型

1996—2014 年，中国各省区福祉功能空间与福祉能力空间的发展大致经历了“低水平均衡—福祉功能主导—福祉能力主导—高水平均衡”的螺旋上升过程。东部地区功能与能力空间均衡发展进程整体上稍快于西部地区。

1996 年，中国绝大多数省区属于能力培育型与优化提升型，福祉功能与能力整体均衡发展状况良好。北京、上海、新疆等 6 个省区属于协调共进类型，其福祉功能与福祉能力均表现为增长趋势，且福祉功能的增长率高于福祉能力，即该地区福祉投入能较好地转化为福祉产出进而提升居民福祉水平。东部地区与西部地区大多数省区属于优化提升类型，即该地区福祉功能与福祉能力均有所提高，但福祉能力向福祉功能的转化效率较低。中部地区绝大多数省区属于能力培育型，这些省区的福祉功能呈上升状态，但福祉能力较前一年有所下降。海南省由于福祉功能与福祉能力均出现下滑，属于扭曲型。

2000 年，中国有 18 个省区属于能力培育类型，8 个省区属于协调共进类型，全国在福祉能力空间发展上较为缓慢。其主要特征是大多数省区的福祉功能空间的发展速度超过福祉能力空间的发展，福祉能力空间投入不足。

2005 年，协调共进类型的省区数目进一步上升为 9 个，15 个省区属于低效投入类型，福祉能力空间的快速发展是该阶段的主要特征。2000—2005 年，随着国家、地方在民生福祉方面的投入增多，中国福祉能力空间得到快速发展，尽管福祉功能的提升依赖于福祉能力，但由于其存在一定的滞后性等原因，该时期表现为福祉能力空间大幅提升，福祉功能空间发展较为缓慢。

到 2010 年，中国 23 个省区属于协调共进类型，4 个省区属于能力培育类型，3 个省区属于优化提升类型，福祉功能与福祉能力空间的发展状态进一步优化。

2014 年，共有 18 个省区属于协调共进类型，福祉功能与能力空间的发展保持在较高水平的协调状态下。东部沿海地区多数省市由于其能力空间的快速发展，属于优化提升类型，已步入下一个循环提升过程。

从 1996—2014 年中国各省区福祉功能与福祉能力的均衡发展状况可以发现，尽管个别省区存在不均衡发展现象，但福祉功能与福祉能力空间的关系仍遵循相互促进、螺旋上升的发展规律。

第五节　基于经济与福祉指标的中国区域发展不平衡趋势比较

从经济指标与人类福祉指标比较视域对中国区域发展不平衡的演变规律进行分析，以揭示中国地区经济差距与人类福祉差距各自的演变规律和特征。

一　基于演变趋势的拟合与比较分析

下面基于时间序列数据，对 1995—2013 年中国人均 GDP 的基尼系数和 HDI 的基尼系数演变曲线进行拟合，通过对比分析的方法，揭示人类福祉和经济指标的演变规律和差异。一方面，应用人均 GDP 指标，分析中国是不是随着经济的不断发展，经济发展的地区差距出现先扩大后缩小的倒 U 形趋势，对威廉姆森的倒 U 形非均衡发展理论进行实证检验；另一方面，应用根据中国各省区历年 HDI 得分计算得出的连续时间序列的 HDI 基尼系数数据，对其演变趋势进行拟合，进而分析其不平衡演变规律，试图揭示出中国 HDI 的空间基尼系数所呈现的演变规律：是不是会出现《2009 年世界发展报告：重塑世界经济地理》中所指出的，发展中国家随着发展的不断深入，福祉指标的地区差距会出现先扩大后缩小的趋势。

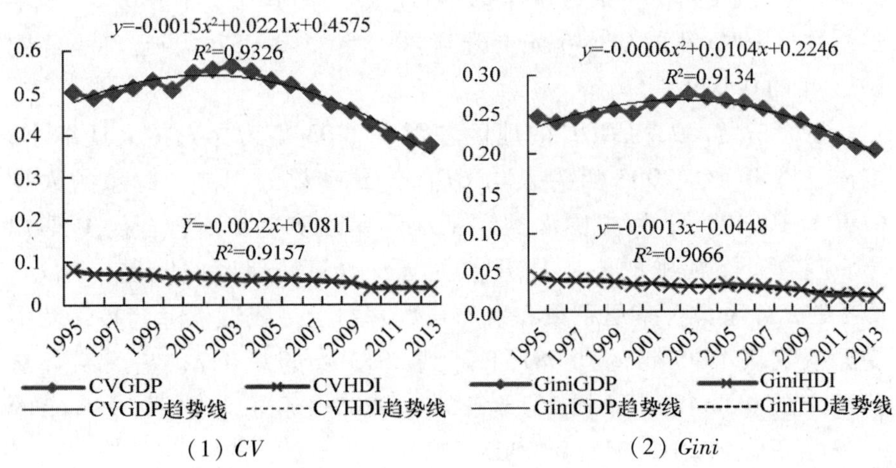

（1）*CV*　　（2）*Gini*

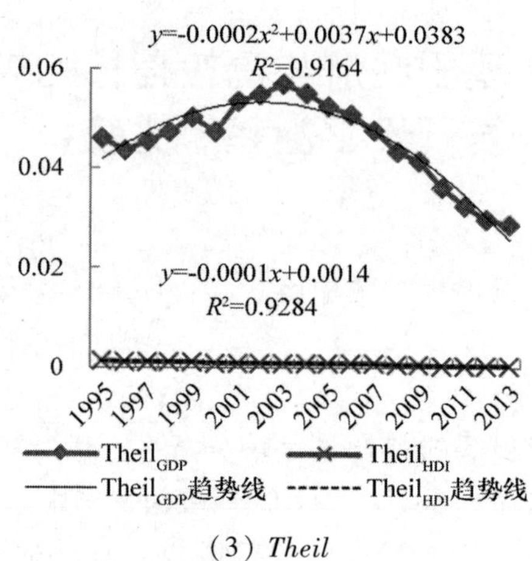

（3）*Theil*

图 3－34　中国人均 *GDP* 与 *HDI* 基尼系数、泰尔系数和加权变异系数演变与趋势拟合比较

从图 3－34 可见，中国地区经济差距随着经济发展水平的不断提高呈现出先扩大、后缩小的倒 U 形规律，2003 年是中国经济发展地区差距由扩大转向缩小的拐点。从演变趋势来看，1995—2013 年，中国人均 *GDP* 和人类福祉的空间差异整体上都在降低。人均 *GDP* 的变异系数从 1995 年的 0.501 先上升到 2003 年的 0.563，再逐渐下降到 2013 年的 0.375；基尼系数也具有相同的趋势，从 1995 年的 0.248 先上升到 2003 年的 0.276，再逐渐下降到 2013 年的 0.204；泰尔系数从 1995 年的 0.046 先上升到 2003 年的 0.057，再逐渐下降到 2013 年的 0.029。

显而易见，人均 *GDP* 的地区差距以 2003 年为界先扩大后缩小，整体呈倒 U 形。2003 年为人均 *GDP* 分异系数的拐点，此年的人均 *GDP* 为 10542 元；而中国人类福祉地区差距演变却不符合倒 U 形规律，随着人类福祉的不断提升，中国人类福祉地区差距稳步缩小。*HDI* 的变异系数、基尼系数和泰尔系数基本上呈线性下降趋势，其中变异系数从 1995 年的 0.081 下降到 2013 年的 0.037；基尼系数从 1995 年的 0.0442 下降到 2013 年的 0.0203；泰尔系数从 1995 年的 0.0014 下降到 2013 年的 0.0003。

此外，中国人类福祉的地区差距远小于地区之间的经济发展差距。人均 *GDP* 的加权变异系数、基尼系数、泰尔系数得分均对应地高于 *HDI* 的三项指数值，说明中国省区之间的经济差异较大，而人类福祉差距则较小。

二　基于水平值与基尼系数的拟合与比较分析

基于人均 *GDP* 与其基尼系数以及 *HDI* 与其基尼系数的拟合分析，进一步对中国经济发展与其地区差距以及人类福祉与其地区差距的演变规律进行分析，以定量阐释和进一步验证中国区域发展不平衡的演变规律。假定随着经济增长，地区之间的经济差距曲线将呈倒 U 形，即一个开口向下的二次函数曲线。将人均 *GDP* 的基尼系数与人均 *GDP* 的自然对数进行拟合（王小鲁，2005），得到如下函数关系[①]：

$$Gini_{GDP} = -0.044\ln(GDP_{pc})^2 + 0.824\ln(GDP_{pc}) - 3.597$$
$$(-12.65^{***}) \qquad (12.37^{***}) \qquad (-11.30^{***})$$

$R^2 = 0.943$

自变量的二次项系数为负，模型中的一次项系数、二次项系数和截距均达到 1% 的显著性水平，验证了库兹涅茨假说。

《2009 年世界发展报告：重塑世界经济地理》指出，发展中国家随着发展的不断深入，福祉指标的地区差距会出现先扩大后缩小的趋势。假设随着中国人类福祉水平的提高，人类福祉的地区差距也将呈倒 U 形。同理，将 *HDI* 的基尼系数与 *HDI* 进行拟合，却发现 *HDI* 指数与其基尼系数之间并不存在二次函数规律，而是呈线性关系（下式 *** 表示在 1% 的显著性水平下显著），得到如下函数关系和拟合图形：

$$Gini_{HDI} = -0.122HDI + 0.123 \qquad R^2 = 0.892$$
$$(-11.84^{***}) \quad (-16.00^{***})$$

---

① 据作者测算结果的比较可知，人均 GDP 的准对数比直接采用人均 GDP 的二次项拟合效果要好。

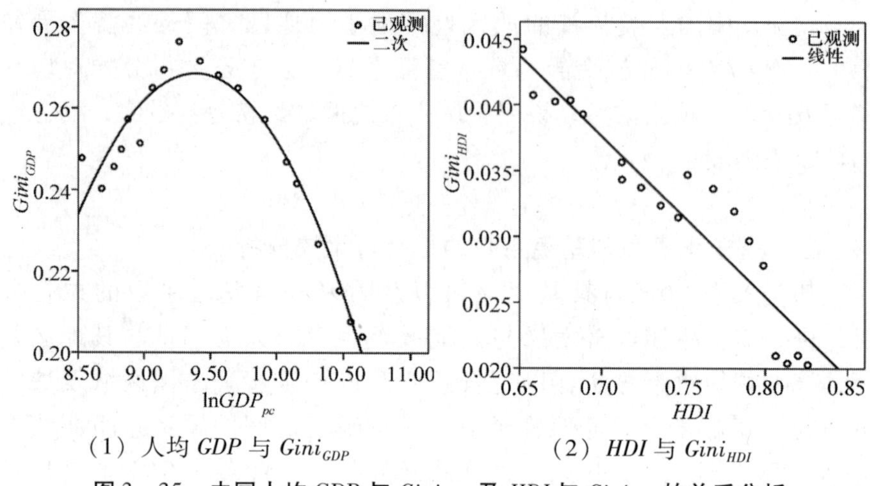

（1）人均 *GDP* 与 $Gini_{GDP}$　　（2）*HDI* 与 $Gini_{HDI}$

图 3－35　中国人均 GDP 与 $Gini_{GDP}$ 及 *HDI* 与 $Gini_{HDI}$ 的关系分析

从图 3－35（1）基尼系数拟合曲线可以看出，拟合曲线的拐点也出现在 2003 年。2003 年的人均 *GDP* 实际值为 10542 元。根据预测模型推算，在人均 *GDP* 为 11657 元时，中国人均 *GDP* 的基尼系数达到最大值，之后随着人均 *GDP* 的增加，基尼系数呈下降态势，表明中国经济发展的地区差距以 2003 年为拐点经历了先扩大、后缩小的倒 U 形演变过程，符合经济发展与其地区差距变化关系的倒 U 形曲线假说。但是从图 3－35（2）中国 *HDI* 与 $Gini_{HDI}$ 的拟合曲线来看，未发现 *HDI* 地区不平衡呈倒 U 形演变，随着 *HDI* 的不断提升，其基尼系数呈现出递减趋势，由此可知，随着中国人类福祉的不断提高，人类福祉的地区差距整体上趋于缩小，各省区之间的人类福祉呈趋同态势。

同理，应用泰尔系数和加权变异系数，也做了上述类似于基尼系数的拟合分析。关于人均 *GDP* 的泰尔系数与人均 *GDP* 的拟合曲线和回归方程如下（下式 *** 表示在 1% 的显著性水平下显著）：

$Theil_{GDP} = -1.330\ln(GDP_{pc})^2 + 0.296\ln(GDP_{pc}) - 0.016 \quad R^2 = 0.936$

$(10.636^{***}) \qquad (-10.938^{***})\ (-9.988^{***})$

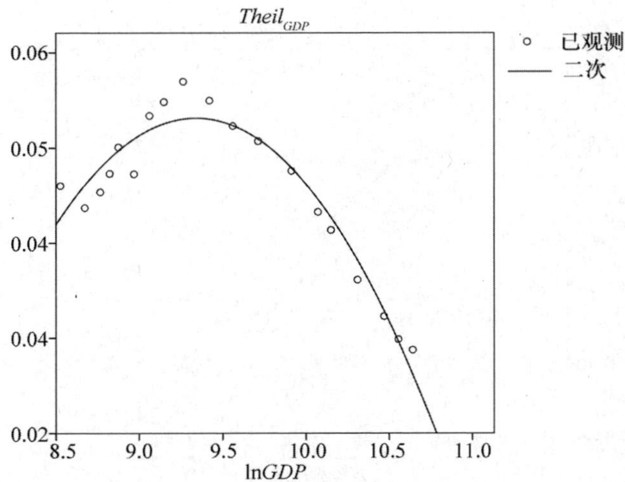

图 3-36　人均 GDP 的泰尔系数与人均 GDP 的拟合曲线

$$Theil_{HDI} = -0.006HDI + 0.006 \qquad R^2 = 0.961$$
$$(14.396^{***})\ (-17.117^{***})$$

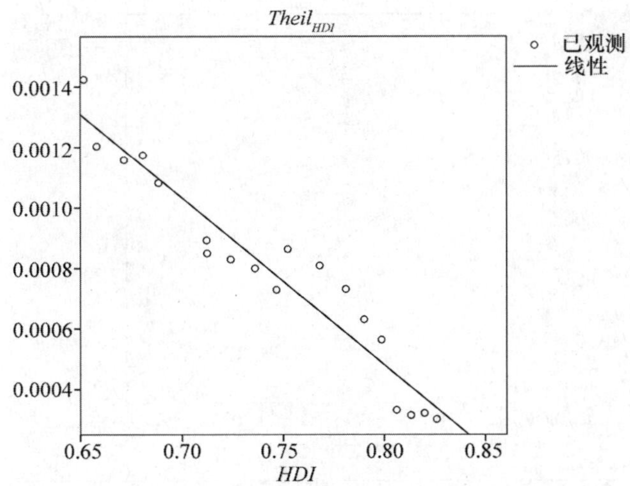

图 3-37　中国 HDI 的泰尔系数与 HDI 的拟合曲线

关于人均 GDP 的加权变异系数与人均 GDP 的拟合曲线和回归方程如下（下式 *** 表示在 1% 的显著性水平下显著）：

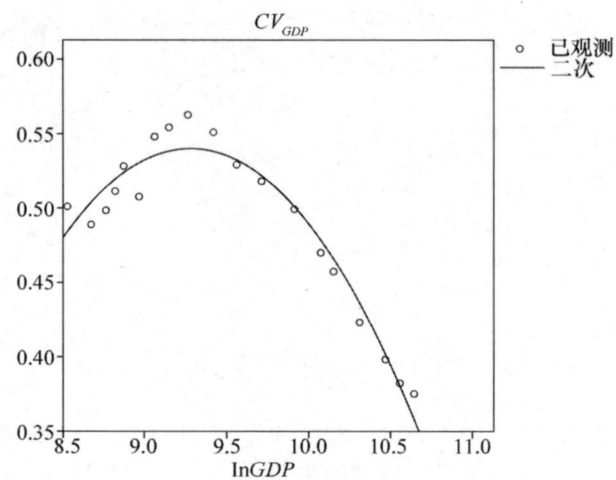

图3-38　中国 *GDP* 的加权变异系数与人均 *GDP* 的拟合曲线

$$CV_{GDP} = -0.098\ln(GDP_{pc})^2 + 1.822\ln(GDP_{pc}) - 7.914 \quad R^2 = 0.74$$
$$(10.601^{***}) \qquad (-10.970^{***}) \quad (-9.631^{***})$$

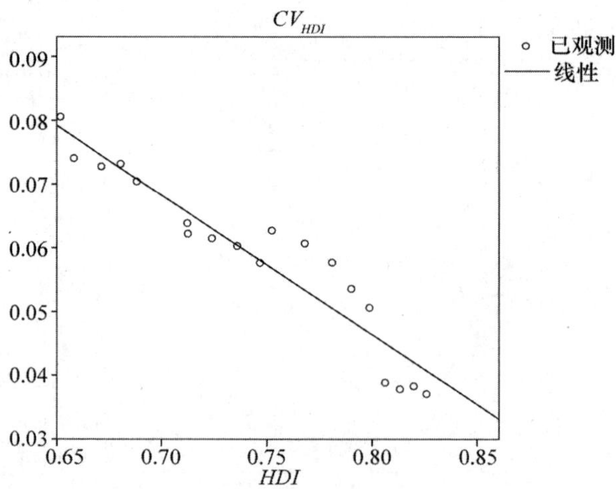

图3-39　中国 *HDI* 的加权变异系数与 HDI 的拟合曲线

$$CV_{HDI} = -0.219HDI + 0.221 \qquad R^2 = 0.961$$
$$(12.405^{***}) \ (-16.826^{***})$$

图3-36到图3-39基于泰尔系数和加权变异系数拟合曲线及其回归方程均可以看出与基尼系数相近的演变规律。

中国人均*GDP*的地区差距以2003年为拐点，先扩大后缩小，符合库兹涅茨曲线的倒U形假说。但中国人类福祉的地区差距整体上呈递减趋势，并不支持区域非均衡理论的倒U形假说。需要指出的是，此处研究结论不支持《2009年世界发展报告：重塑世界经济地理》中“发展中国家的人均福祉和生活水平的地区不平衡随着发展的深入先上升后下降”的观点。中国作为发展中大国，尽管经济发展存在着明显的地区差距，但由于中国在教育和健康卫生方面进步很快，脱贫取得重大成效，社会发展进程稳步推进，又处于全面建成小康社会进程之中，人类发展水平整体提高很快，因而中国人类福祉的地区差距逐步缩小。

第四章　中国城乡福祉不平衡演变及影响因素

改革开放以来，中国经济社会发展取得了巨大成就，人民生活水平得到很大提升，但也伴随着城乡居民福祉水平差距的扩大。当前，中国正处于全面小康社会建成的关键时期，但整体城乡区域居民的福祉水平差距突出，尤其是城乡差距和区域差距叠加，城乡福祉水平发展不平衡问题成为影响中国全面建成小康社会的不和谐因素，使其成为全面小康建设的最大难题，因此受到各界的广泛关注。

促进城乡福祉均衡是统筹城乡协调发展的最终目标和宗旨，全面建设小康社会需以人民福祉为根本出发点和落脚点，着眼于民生福祉公平，使之惠及全国各城乡区域。显然，促进城乡统筹不是单纯缩小城乡 GDP 指标的差距，也不是经济指标的均等化，而是使生活在不同地区的城乡居民享有大体均等的生活水平。[①] 主流经济学通常认为，收入和消费能较好地反映个人效用，因而以收入和消费为基础的福祉评估是福利主义进行福祉测评的主流范式。[②]

尤其是对于欠发达国家或地区而言，收入是居民获取福祉最有效的手段，收入无疑是居民福祉的重要组份。居民福祉也与消费水平有关，促进和提高消费是提升居民福祉水平的有效手段。[③] 福祉是一个反映人的良好生活状态的多维度概念，除包括收入和消费外，还包括

---

① 洪银兴：《城乡差距和城乡统筹发展的优先次序》，《当代经济研究》2008 年第 1 期。

② 阿马蒂亚·森：《以自由看待发展》，中国人民大学出版社 2002 年版。

③ 迈克尔·谢若登：《资产与穷人——一项新的美国福利政策》，商务印书馆 2007 年版。

居住条件等与居民生活状态有关的重要组份。就中国目前的城乡差距来看，除了收入差距外，最为突出的是消费差距及居住条件等差距。

促进城乡区域均衡发展是中国“十三五”时期的重要目标，努力缩小城乡区域福祉差距，实现民生福祉均衡发展，是全面建成小康社会的重要任务。中国不同地区的发展基础、发展战略、发展政策以及体制机制等方面均存在着较大差异，各地区城乡居民福祉差距的特征和态势也有所不同。因此，正确衡量中国城乡居民福祉差距及其区域差异和影响因素，不仅有助于从福祉视角分析中国的城乡差距态势，而且可以揭示出中国城乡福祉差距的区域差异状况。这是协调中国城乡关系、缩小城乡居民福祉差距的基础，也是各地区选择城乡协调发展模式和制定城乡协调发展对策的前提。

关于城乡差异方面的研究文献很多，大量研究集中在城乡收入差距测度方面（郭兴方，2004；田新民、王少国、杨永恒，2009；张文、李昌文、徐小琴，2015）。此外，一些研究集中在城乡公共服务或生活水平差异上（罗敏、祝小宁，2010；马晓冬、沈正平、宋潇君，2014；张伟进、方振瑞、黄敬翔，2015）、城乡贫困或幸福感差异（王朝明、姚毅，2010；高艳云，2012；罗楚亮，2006；吕洁华、刘飞、夏彩云等，2015）、城乡一体化或城乡互动水平（段娟、文余源、鲁奇，2006；陈国生、向泽映、陈春泉，2009；周江燕、白永秀，2014）；还有一些研究关注城乡收入差距的影响因素（王小鲁、樊纲，2005；王雪霁，2013）。

综上可知，中国在城乡福祉差距方面的测度研究较少，尤其是探究其区域差异演变与影响因素的研究更不多见；相关研究多采用已有的微观调查数据，较少进行宏观视角的区域比较分析，而且城乡差距指标选取较少采取城乡比值指标；已有的城乡差距影响因素分析着眼于对城乡收入差距的分析，缺少对城乡福祉差距的分析。为此，本章首先应用城乡比值指标构建中国城乡福祉差距测评指标体系，实证分析2000—2013年中国城乡福祉差距的演变态势和空间格局；再应用基尼系数、加权变异系数和泰尔系数分解等方法分析中国城乡福祉差距的空间不平衡状况；最后应用因子分析法分析影响中国城乡福祉差距的主要因素。

第一节　中国城乡福祉不平衡测评方法

一　中国城乡福祉差距测度指标体系构建

基于城乡收入差距、消费差距和住房差距，选取城乡居民收入比、城乡居民家庭恩格尔系数比、城乡居民家庭人均消费水平比、城乡居民交通通信支出比、城乡居民家庭设备及用品支出比、城乡居民文教娱乐支出比、城乡居民医疗保健支出比、农村厕所普及率八项指标构建中国城乡居民福祉差距指数。

其中，城乡居民收入比反映收入维度的福祉差距；选取城乡居民家庭恩格尔系数比、城乡居民家庭人均消费水平比、城乡居民交通通信支出比、城乡居民家庭设备及用品支出比、城乡居民文教娱乐支出比、城乡居民医疗保健支出比等指标反映消费维度的福祉差距；考虑到农村人均居住面积指标并不能反映农村居民的真实居住福祉水平，因此选用农村厕所普及率指标，该指标越大，反映居住维度的城乡福祉差距越小。

二　中国城乡福祉不平衡测评模型

（一）AHP-Entropy 组合赋权法和城乡居民福祉差距测评模型构建

用层次分析法（AHP）确定权重是一种主观权重确定方法。在专家咨询基础上构造判断矩阵，应用层次分析法计算得到指标 j 的主观权重 w_a 。熵值法（Entropy）是一种依据各项指标信息量的大小来确定指标权重的方法，是一种客观权重判定方法，计算过程如下：

首先对原始数据进行标准化处理。设有 n 个待评价的省区，m 个评价指标，x_{ij} 为第 i 个省区第 j 项评价指标的观测值，z_{ij} 为标准化后的指标值。数据标准化方法如下：

$$z_{ij} = \frac{x_{ij} - \min(x_{ij})}{\max(x_{ij}) - \min(x_{ij})}\text{（正向指标）}$$

$$z_{ij} = \frac{\max(x_{ij}) - x_{ij}}{\max(x_{ij}) - \min(x_{ij})}\text{（负向指标）}$$

再计算第 j 项指标标准化数据的历年均值，T 为末期，t_0 为初期：

$$Z_{jt} = \frac{\sum_{t=t_0}^{T} z_{ij}}{T - t_0}$$

然后计算指标的熵值：

$$e_j = -k\sum_{i=1}^{n} Z_{ij}\ln Z_{ij}$$

$$k = \frac{1}{\ln(n)}$$

接着计算第 j 项指标的差异系数：

$$g_j = 1 - e_j$$

归一化得到指标 j 的熵权（马艳梅等，2015）：

$$w_e = g_j \Big/ \sum_{j=1}^{m} g_j$$

考虑到主、客观赋权法的优缺点，组合应用 AHP 和 Entropy 确定指标权重。根据参考文献，计算指标 j 的组合权重（表 4－1）：

$$w = \frac{1}{2}(w_a + w_e)$$

最后计算城乡福祉差距指数：

$$y_i = \sum_{j=1}^{m} w\, z_i$$

表 4－1　　城乡福祉差距衡量指标的权重

	主观权重（AHP）	客观权重（Entropy）	组合权重
城乡居民收入之比	0.1872	0.1444	0.1658
城乡居民家庭恩格尔系数比	0.0998	0.0321	0.0660
城乡居民家庭人均消费水平比	0.2087	0.1149	0.1618
城乡居民交通通信支出比	0.0893	0.1843	0.1368
城乡居民家庭设备及用品支出比	0.0505	0.0655	0.0580
城乡居民文教娱乐支出比	0.0856	0.2893	0.1875
城乡居民医疗保健支出比	0.1853	0.0856	0.1355
农村厕所普及率	0.0936	0.0838	0.0887

（二）空间基尼系数、人口加权变异系数和泰尔系数空间分解方法

采用基尼平均差方法计算空间基尼系数，考虑不同地区人口权重，空间基尼系数计算公式为：

$$Gini = [\sum_{i=1}^{n}\sum_{j=1}^{n}|c_i - c_j|p_i p_j]/2\mu$$

人口加权变异系数（CV）：

$$CV = \sqrt{\sum_{i=1}^{n}(c_i - \mu)^2 p_i/\mu}$$

泰尔系数（$Theil$）：

$$Theil = \sum_{i=1}^{n} p_i(c_i/\mu)lg[(c_i/\mu)]$$

其中，$Gini$ 是城乡福祉差距指数的空间基尼系数，CV 是城乡福祉差距指数的人口加权变异系数，$Theil$ 是城乡福祉差距指数的泰尔系数。c_i 是 i 地区的城乡福祉差距指数，p_i 是 i 地区人口占全国人口的比重，μ 是人口加权的平均城乡福祉差距指数。

泰尔系数具有空间可分解性，总体区域差异可分解成不同空间尺度的内部差异和外部差异。据此，中国城乡福祉差距的区域差异可划分为东部、中部、西部、东北四大区域之间的差距和区域内部的差距。泰尔系数分解计算公式如下：

$$Theil = T_{inter} + \sum(C_i/C)\, T_{i(intra)}$$

$$T_{(inter)} = \sum(C_i/C)\lg[(C_i/C)/(X_i/X)]$$

$$T_{i(intra)} = \sum(c_j/C_i)\lg[(c_j/C_i)/(x_j/X_i)]$$

其中，C 表示全国城乡福祉差距总量，X 表示全国人口总量。C_i 表示第 i 个区域的城乡福祉差距总量，X_i 表示第 i 个区域的人口总量，$C_i = \sum c_j$，$X_i = \sum x_j$，$j \in i, i = 1,2,3,4$，j 表示属于第 i 个区域第 j 省区。其中，全国城乡福祉差距总量等于各省区城乡居民福祉差距指数乘以各省区人口总量的加总，区域的算法同理。$T_{(inter)}$ 表示四大区域之间的差异，$T_{i(intra)}$ 表示区域内部差距。

第二节　中国城乡福祉差距的空间格局演变

一　中国城乡福祉差距的省区格局演变

表4－2　中国各省区城乡福祉差距指数及其排名变化（2000—2013年）

	2000	排名	2005	排名	2010	排名	2013	排名	2000—2013年增长率（%）
北京	0.149	28	0.133	29	0.098	30	0.070	30	－53.02
天津	0.228	13	0.191	19	0.161	22	0.092	27	－59.65
上海	0.100	31	0.074	31	0.094	31	0.070	30	－30.00
河北	0.239	12	0.214	13	0.181	18	0.150	19	－37.24
江苏	0.156	27	0.149	28	0.121	28	0.091	28	－41.67
浙江	0.134	30	0.108	30	0.102	29	0.088	29	－34.33
福建	0.169	22	0.175	21	0.158	23	0.127	22	－24.85
山东	0.165	24	0.163	25	0.144	26	0.118	24	－28.48
广东	0.183	19	0.198	17	0.202	12	0.142	21	－22.40
海南	0.202	16	0.193	18	0.216	10	0.172	14	－14.85
辽宁	0.165	24	0.167	24	0.177	19	0.144	20	－12.73
吉林	0.165	24	0.171	23	0.152	25	0.109	25	－33.94
黑龙江	0.168	23	0.163	25	0.142	27	0.106	26	－36.90
山西	0.246	11	0.240	10	0.197	16	0.174	13	－29.27
安徽	0.222	15	0.210	14	0.200	15	0.185	10	－16.67
江西	0.143	29	0.158	27	0.155	24	0.123	23	－13.99
河南	0.186	18	0.209	15	0.187	17	0.155	17	－16.67
湖北	0.172	21	0.174	22	0.167	21	0.153	18	－11.05
湖南	0.200	17	0.183	20	0.177	19	0.160	16	－20.00
内蒙古	0.175	20	0.205	16	0.235	8	0.190	8	8.57
广西	0.226	14	0.219	11	0.257	6	0.214	6	－5.31
重庆	0.313	4	0.299	4	0.251	7	0.194	7	－38.02
四川	0.258	9	0.215	12	0.202	12	0.161	15	－37.60

续表

	2000	排名	2005	排名	2010	排名	2013	排名	2000—2013 年增长率（%）
贵州	0.406	2	0.355	2	0.311	2	0.249	3	-38.67
云南	0.370	3	0.334	3	0.263	4	0.259	2	-30.00
西藏	0.722	1	0.491	1	0.316	1	0.353	1	-51.11
陕西	0.298	7	0.294	5	0.270	3	0.244	4	-18.12
甘肃	0.307	6	0.283	6	0.260	5	0.224	5	-27.04
青海	0.269	8	0.250	8	0.221	9	0.190	8	-29.37
宁夏	0.248	10	0.242	9	0.213	11	0.175	12	-29.44
新疆	0.311	5	0.251	7	0.201	14	0.179	11	-42.44

从表 4-2 可以看出：2000—2013 年，中国城乡福祉差距增速排前二位的省区有内蒙古、广西，其中唯有内蒙古的增速达到 8.57%，是正增长，从 2000 年的第 20 名上升到 2013 年的第 8 名，表明内蒙古的城乡居民福祉差距扩大最为明显。广西的城乡居民福祉差距指数从 2000 年的 0.226 降低到 2013 年的 0.214，其排名从第 14 名上升到 2013 年的第 6 名，城乡福祉差距略有缩小，但缩小很慢。

中国城乡福祉差距降幅较大的有天津、北京、西藏、新疆、江苏、贵州、重庆等省区，其中天津的城乡福祉差距从 2000 年的 0.228 缩小到 2013 年的 0.092，降幅最大，为 59.65%，城乡福祉差距指数排名从 2000 年的第 13 名下降到 2013 年的第 27 名，城乡福祉均衡方面取得明显成效。北京从 2000 年 0.149 的降为 2013 年的 0.070，城乡福祉差距全国最小，且降幅为 53.02%，仅低于天津，由此可知，北京的城乡福祉最为均衡；西藏尽管在 2000—2013 年城乡福祉差距指数分值一直最高，但西藏的城乡福祉差距指数已从 2000 年的 0.722 降低到 2013 年的 0.353，降幅达 51.11%，城乡统筹取得可喜成绩。新疆从 2000 年的 0.311 降低为 2013 年的 0.179，城乡福祉差距的降幅达到 42.44%，略低于西藏。此外，江苏、贵州、重庆的城乡福祉差距尽管依然较大，降幅明显，分析表明西藏、新疆、贵州、重庆等省区城乡一体化发展富有成效。

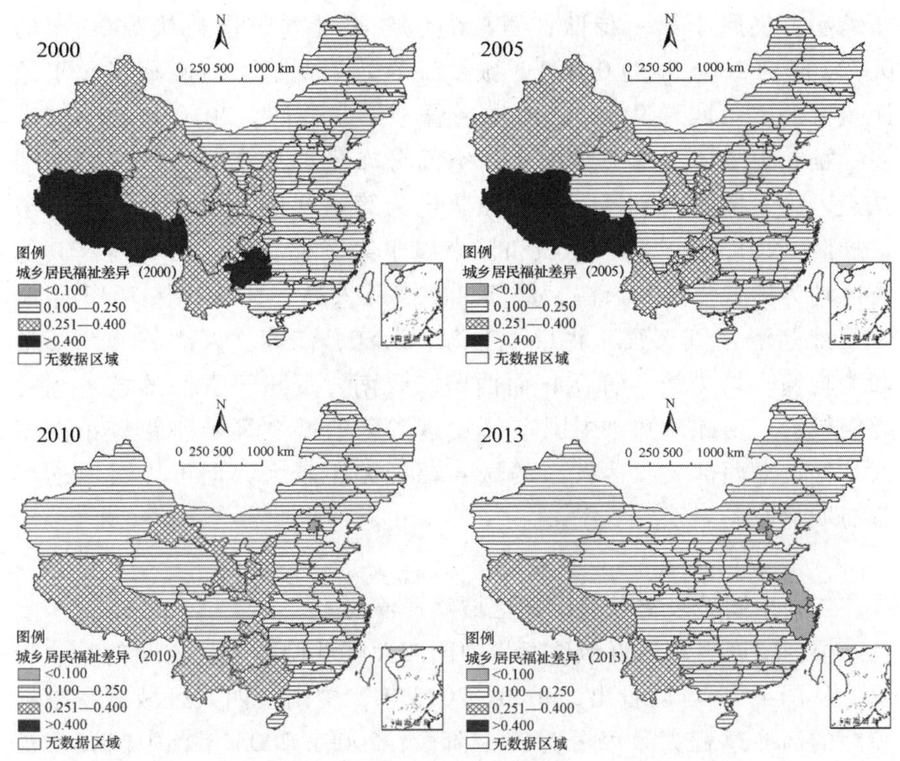

图4－1　中国城乡福祉差距时空格局演变（2000—2013年）

从图4－1可以看出，以城乡福祉差距指数得分0.100、0.250、0.400为界，可将2000—2013年中国城乡福祉差距分为较为均衡、差距较小、差距较大、差距很大四级梯队。其中，2000年和2005年中国城乡福祉差距共有四级梯队类型。具体来看，2000年，西藏和贵州的城乡福祉差距很大，得分在0.400以上，处于“第四梯队”；西部的新疆、青海、甘肃、陕西、四川、重庆、云南城乡福祉差距较大，得分介于0.251与0.400之间，属于“第三梯队”；上海的城乡福祉较为均衡，得分低于0.100，属于“第一梯队”；其余省区城乡福祉差距较小，均介于0.100—0.250，属于“第二梯队”。2005年，贵州的城乡福祉差距指数由2000年的0.406降为2005年的0.355，从第四梯队进入第三梯队；青海、四川从第三梯队进入第二梯队，上述三省城乡福祉差距明显缩小。上海的城乡福祉差距进一步缩小，仍属于第一梯队；西藏的城乡福祉差距指数从2000年的0.722降到2005年的0.491，城乡统筹效果明显，但西藏仍属于差距很大的“第四梯队”；其他省区属于第二梯队。2010年，中国城乡福祉差距整体上进一步缩小，空间分布更趋均衡。西藏由第四梯队进入第三梯队，新疆由第三梯队成为第二梯队，北京开始进入第一梯队。2013年，除了西藏和云南属于第三梯队外，西部地区其他省区均为第二梯队；天津、江苏、浙江跃入第一梯队。从2013年城乡福祉差距分值来看，北京、上海、浙江、江苏、天津的城乡福祉较为均衡，均为第一梯队；而西藏、云南、贵州等省区的城乡福祉差距较大。由此可知，中国东部发达省区的城乡福祉差距较小或相对均衡，而西部欠发达省区的城乡福祉差距较大，但可以看出逐年都有明显改善。

二　中国城乡福祉差距的区域格局演变

根据省区平均值近似地衡量中国四大区域城乡福祉差距的整体状况，从图4－2可以看出，2000—2013年，中国及四大区域城乡福祉差距的演变过程大致可分为三个阶段：2000—2003年，中国城乡福祉差距不断扩大；2004—2008年，中国城乡福祉差距在波动中平缓缩小；2009—2013年，中国城乡福祉差距明显缩小。

整体来看，中国及四大区域城乡福祉差距呈递减态势，民生领域的城乡一体化取得了明显成效。中国城乡福祉差距指数从2000年0.218的降低为2013年的0.174；东部地区中国城乡福祉差距指数从2000年0.174的降低为2013年的0.117；东北地区从2000年的0.166降低为2013年的0.122；中部地区从2000年的0.193降低为2013年的0.158；西部地区从2000年的0.295降低为2013年的0.210。此外，西部地区的城乡福祉差距最大，中部地区次之；东部地区城乡福祉差距最小，东北地区次之。从图4－2可知，2013年，西部地区城乡的福祉差距接近中国2000年城乡福祉差距水平，2013年，中部地区城乡福祉差距略小于2000年的东部和东北地区。由此表明，中国中西部地区，尤其是西部地区城乡福祉差距仍旧较大，尽管中国城乡福祉差距整体上逐步缩小，但中国城乡福祉差距的区域不平衡问题仍旧突出。

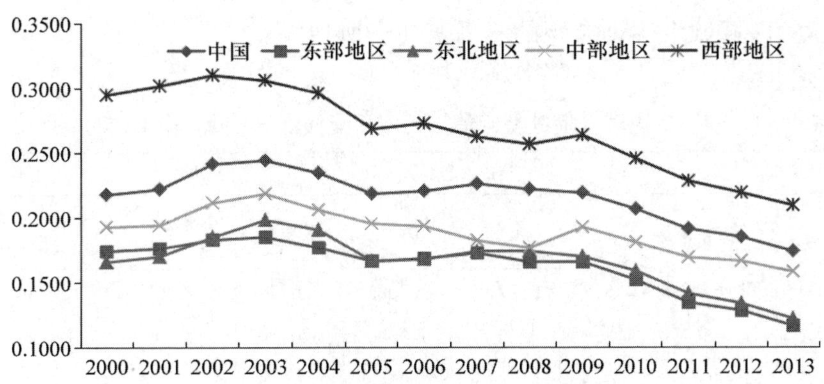

图4－2　中国及四大区域城乡福祉差距演变（2000—2013年）

第三节　中国城乡福祉差距的区域不平衡演进态势

从表4－3来看，2000—2013年基尼系数、加权变异系数和*Theil*系数整体上都经历了一个先不断下降后又逐渐升高的过程，大致在2009年、2010年处于最低点，表明中国城乡福祉差距的省际差异呈现出先下降、后上升的U形规律。除基尼系数在2013年稍高于2000年之外，加权变异系数和*Theil*系数分析则显示出中国城乡福祉差距的省际差异在2000—2013年整体上趋向缩小。需要注意的是，2009年、2010—2013年，中国城乡福祉差距的省际差异明显趋向扩大，基尼系数、加权变异系数和泰尔系数都存在着明显扩大的态势，表明省际城乡福祉差距自2009年起有明显扩大的趋势。

再从*Theil*系数分解结果来看，中国城乡福祉差距的空间不平衡主要为四大区域之间的差异，区域间差距的贡献率从2000年的59.34%提高到2013年的64.93%，*Theil*系数从2000年的0.0124增加为2013年的0.0131，区域间的城乡福祉差距的空间不平衡不断加剧；区域内差距的贡献率则从2000年的40.66%降低到2013年的35.07%，*Theil*系数从2000年的0.0085降为2013年的0.0071，区域内城乡福祉差距的空间不平衡态势有所减弱。需要指出的是，2009年之后，除东部地区城乡福祉差距的省际差异趋于明显缩小之外，其他三大区域城乡福祉差距的不平衡性有所加大。

表 4 - 3　　中国城乡福祉差距的空间不平衡演进（2000—2013 年）

	Gini	*CV*	*Theil*	*Theil*			
	全国	全国	全国	区域内	区域间	区域内贡献率（%）	区域间贡献率（%）
2000	0.1674	1.4662	0.0208	0.0085	0.0124	40.66	59.34
2001	0.1660	1.4794	0.0200	0.0070	0.0130	35.09	64.91
2002	0.1585	1.3216	0.0183	0.0068	0.0115	37.17	62.83
2003	0.1480	1.2011	0.0164	0.0067	0.0097	40.95	59.05
2004	0.1498	1.1875	0.0168	0.0064	0.0104	38.30	61.70
2005	0.1489	1.2063	0.0168	0.0076	0.0092	45.43	54.57
2006	0.1529	1.2080	0.0171	0.0076	0.0095	44.39	55.61
2007	0.1484	1.2084	0.0156	0.0066	0.0089	42.58	57.42
2008	0.1474	1.1889	0.0155	0.0061	0.0094	39.37	60.63
2009	0.1464	1.1717	0.0155	0.0070	0.0085	44.88	55.12
2010	0.1468	1.1676	0.0152	0.0062	0.0090	40.92	59.08
2011	0.1561	1.2388	0.0173	0.0066	0.0107	38.22	61.78
2012	0.1593	1.2814	0.0178	0.0068	0.0110	38.21	61.79
2013	0.1693	1.3612	0.0201	0.0071	0.0131	35.07	64.93

从图 4 - 3 中国及四大区域城乡福祉差距的 Theil 系数变化来看，2013 年，东部地区城乡福祉差距的省际差异最大，中部最小，西部和东北地区居中。从演变趋势来看，中部和西部地区城乡福祉差距的省际差异整体上趋于缩小，东部和东北地区则整体上趋向扩大。需要指出的是，2009 年之后，东部地区城乡福祉差距的省际差异趋于明显缩小，中部和西部地区城乡福祉差距的不平衡性有所加大，而东北地区城乡福祉差距的省际差异在 2013 年趋向缩小。

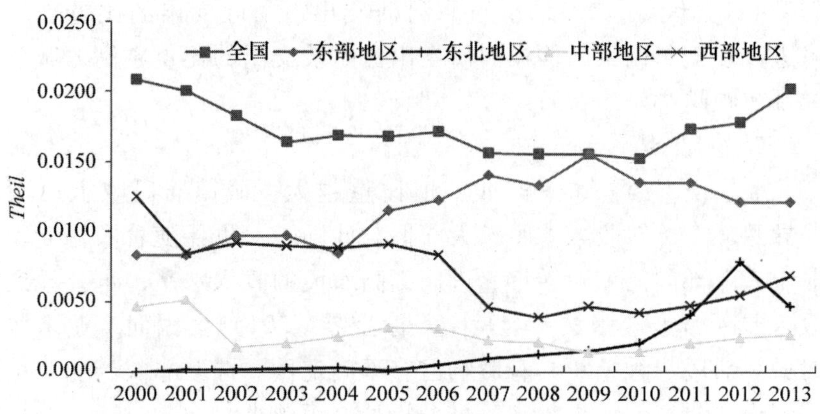

图 4－3 中国及四大区域城乡福祉差距的不平衡演进态势

第四节 中国城乡福祉差距的影响因素

一 中国城乡福祉差距的影响指标选取

根据已有研究成果，选取的中国城乡福祉差距的影响因素大致分为六方面。

（一）经济增长因素

多数研究认为，经济增长对增加城乡居民收入、促进就业以及减少贫困具有十分重要的作用（王小鲁、樊纲，2005）。选择人均 GDP 指标反映经济增长因素，假设人均 GDP 指数越高，城乡居民福祉差距越小。

（二）城镇化因素

城镇化率衡量一个地区人口由农村向城镇转移的程度。人口的城乡流动导致城乡就业结构和收入结构发生变化，进而影响城乡居民福祉差距（程开明、李金昌，2007）。一般而言，城镇化水平越高，农村地区的居民人数减少，其人均福祉水平提高，城乡居民的福祉差距缩小。选用城镇化率指标，假设城镇化率越高，城乡居民福祉差距越小。

（三）技术进步和创新因素

一些研究认为，技术进步和创新因素对城乡收入差距具有影响

（贺建风、黄钦炼，2011）。选取科研支出占财政支出的比重来反映技术进步和创新因素，假设科研支出占财政支出的比重越高，城乡居民福祉差距越小。

（四）产业结构因素

一般来说，第二、三产业产值比重越大，城镇居民收入份额越大，导致城乡绝对收入差距扩大。但与此同时，也伴随着农村劳动力向非农产业部门的就业转移，进而提高农民的收入水平，也会导致城乡收入差距缩小（张文、李昌文、徐小琴，2015）。因而产业结构因素对城乡居民福祉差距具有影响但有不确定性。选取非农产业比重指标，假设非农产业比重越高，城乡福祉差距越小。

（五）社会保障因素

社会保障投入影响贫困人群的福祉水平。一般而言，社会保障投入越多，对农村居民的社会福祉改善越大，因而能缩小城乡居民福祉差距（方匡南、章紫芝，2013）。选择人均社会保障支出指标，假设人均社会保障支出越高，城乡福祉差距越小。

（六）公共服务提供因素

一些研究认为，公共教育对于缩小城乡差距具有积极影响，增加公共教育投资能提高低收入农村居民的人力资本存量，增强其就业和收入能力。也有不少研究认为，加大公共卫生服务投入能明显改善农村的医疗卫生条件，提升农村居民的健康水平，缩小城乡居民健康差距（孙文杰，2008；陈工、何鹏飞，2016）。选取教育经费支出占财政支出比重、卫生经费支出占财政支出比重两项指标，假设财政支出中教育经费占比或卫生经费占比越高，城乡福祉差距越小。

为此，共选取人均 GDP（X_1）、城镇化率（X_2）、科研支出占财政支出的比重（X_3）、非农产业产值比重（X_4）、人均社会保障支出（X_5）、教育经费支出占财政支出比重（X_6）、卫生经费支出占财政支出比重（X_7）七个影响中国城乡福祉差异的因素指标。

二　中国城乡福祉差距的影响因素分析

对 2000 年、2013 年中国城乡居民福祉差距的影响因素进行因子分析，采取主成分提取方法和正交旋转法，均选取两个主因子，累积贡献率分别达 61.194% 和 86.474% 以上，可反映原始变量的绝大多数信息。

从表 4 - 4 旋转后的载荷矩阵来看，2000 年，第一主因子在人均 GDP、城镇化率、科研支出占财政支出的比重、非农产业产值比重四个指标上有较大载荷，载荷值分别为 0.810、0.788、0.647、0.587，表明经济增长、城镇化、科技投入、产业结构对中国城乡福祉差距具有影响，其中经济增长和城镇化的影响较大；第二主因子在人均社会保障支出、财政支出中教育经费占比、财政支出中卫生经费占比等指标上载荷较高，尤其是人均社会保障支出和财政支出中教育经费占比指标的载荷均超过 0.800，表明社会保障和公共教育经费投入对中国城乡福祉差距具有较大影响。

2013 年，第一主因子仍是在人均 GDP、城镇化率、科学支出占财政支出的比重、非农产业产值比重四个指标上有较大载荷，载荷值分别为 0.950、0.940、0.932、0.847，与 2000 年相比，这四个指标的载荷均有明显提高，表明 2013 年经济增长、城镇化、科技投入、产业结构对中国城乡福祉差距的影响比 2000 年要大。第二主因子仍在人均社会保障支出、财政支出中教育经费占比、财政支出中卫生经费占比等指标上的载荷较高，但比 2000 年载荷值提高很多，表明社会保障、公共教育经费投入、公共卫生经费投入对中国城乡居民福祉差距的影响明显增强，尤其是公共卫生经费投入的影响明显加大，它在第二主因子上的载荷值由 2000 年的 0.462 提高到 2013 年的 0.853。人均社会保障支出指标 2000 年在第一主因子上的载荷为 0.820，2013 年则为 -0.940，表明 2000 年人均社会保障支出有助于缩小中国城乡福祉差距，而 2013 年却明显扩大了中国城乡福祉差距。

综合考量表 4 - 4 和图 4 - 4，可将第一主因子概括为经济发展和城镇化因子，第二主因子概括为公共投入与社会保障因子，影响中国城乡福祉差距的主要因素即为经济发展和城镇化因子、公共投入与社会保障因子。

表 4－4　旋转后载荷矩阵：2000 年和 2013 年比较

	2000 年		2013 年	
	第一主因子	第二主因子	第一主因子	第二主因子
人均 GDP（X_1）	0.810	0.291	0.950	-0.146
城镇化率（X_2）	0.788	-0.023	0.940	-0.077
科研支出占财政支出比重（X_3）	0.647	-0.576	0.932	0.127
非农产业产值比重（X_4）	0.587	-0.016	0.847	-0.153
人均社会保障支出（X_5）	0.079	0.820	0.122	-0.940
教育经费支出占财政支出比重（X_6）	0.412	0.818	0.192	0.937
卫生经费支出占财政支出比重（X_7）	-0.309	0.462	-0.272	0.853

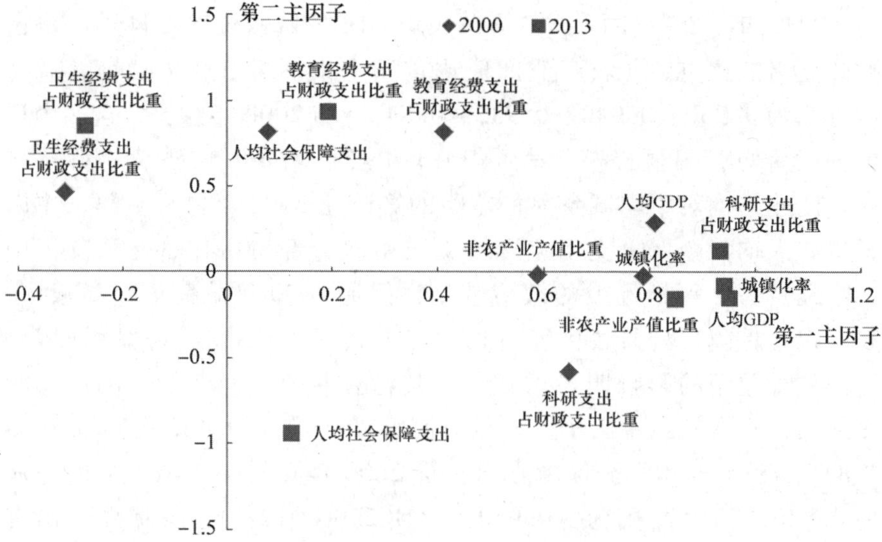

图 4－4　中国城乡福祉差距影响因子组合分析

第五章 中国区域福祉不平衡演变的结构分析

第一节 中国区域福祉结构的动态演进分析

近年来，随着中国区域经济社会发展水平的不断跃升，也出现了经济与社会发展不协调，环境污染对经济发展的制约作用凸显等“扭曲”发展问题。从福祉视域来看，“扭曲”发展的实质是福祉结构的失衡。随着发展观的逐步推进，发展目标或福祉组份已不再是单一狭义的经济增长，而是涵盖了经济、社会和环境等多维度福祉内涵，因而经济与社会发展不协调就体现为经济与社会维度的福祉组份结构不协调。

中国人类福祉的组份结构必然存在着区域差异，显现出不同的区域特征。然而已有研究缺乏对中国人类福祉结构的区域演进模式和特征的定量研究。本节将应用第三章所构建的人类福祉指数（HWI）[①]，将人类福祉指数分解为生态经济福祉指数和社会福祉指数两部分，进而分析中国四大区域人类福祉结构的模式演变和动态特征。

万广华（2008）认为，福祉指标是衡量区域不平衡的重要指标，基于人类发展指数来度量区域不平等，则是衡量福祉不平等的一个新视角。[②] 将人类福祉的不平衡在结构上分解为教育、健康和收入维度的不平衡。本书第三章对中国人类福祉不平衡进行空间分解之后，本章第二、三节将对中国人类福祉不平衡进行要素分解研究，即分析造

---

① 限于数据的获得性，本章研究范围包括中国除了港澳台和西藏之外的30个省、直辖市、自治区。

② 万广华：《不平等的度量与分解》，《经济学》（季刊）2008年第1期。

成中国人类福祉不平衡的来源与构成因素。需要说明的是，本节在进行中国人类福祉不平衡的结构分解时，采用的是第三章估算得到的HDI数据，因为连续时间序列数据是分析人类福祉区域差异变化趋势的基础数据，可以据此分析其长期变化趋势。

一　人类福祉结构的四象限图划分方法

将人类福祉指数（HWI）分解为生态经济福祉指数（*EWI*）和社会福祉指数（*SWI*）两部分：

$$SWI = \frac{1}{3}(H_1 + H_2)$$

$$EWI = HWI - SWI = HWI - \frac{1}{3}(H_1 + H_2) = \frac{1}{3}H_3P$$

将四象限图方法用于分析中国区域人类福祉结构模式和演进轨迹，揭示各地区人类福祉的演进态势和特征。以生态经济福祉（*EWI*）作为横轴，以社会福祉（*SWI*）作为纵轴，以其平均值为原点，得到以原点为中心，以横、纵轴划分而成的四个象限，即按生态经济福祉和社会福祉组合方式，划分出四种人类福祉结构模式。

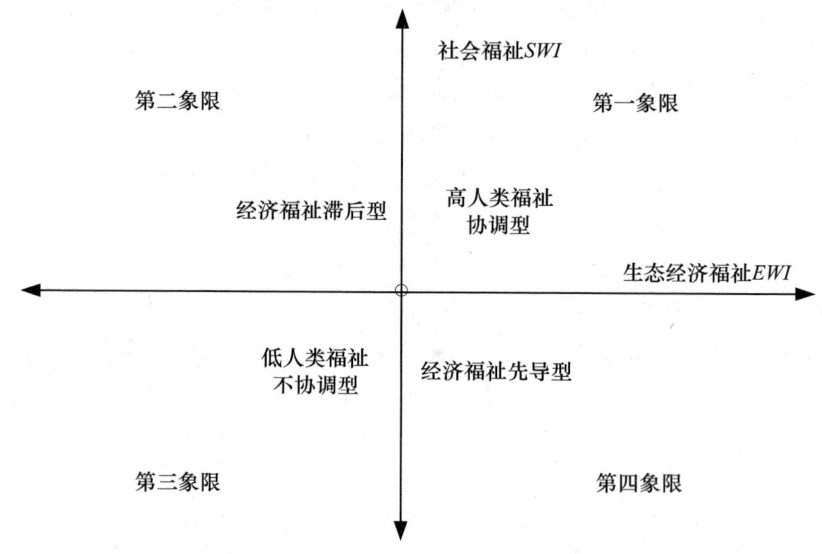

图5-1　人类福祉结构模式象限图

第一象限：高人类福祉协调型。生态经济福祉得分较高，社会福祉同步发展。

第二象限：经济福祉滞后型。社会福祉发展较好，而生态经济福祉相对滞后。

第三象限：低人类福祉不协调型。生态经济福祉和社会福祉得分都比较低，且低于平均水平。

第四象限：生态经济福祉主导型。生态经济福祉得分较高，社会福祉得分较低（见图5－1）。

二　中国人类福祉结构的动态演变

（一）中国已进入世界高人类福祉国家梯队

表5－1是从HDI指标来考察中国人类发展水平的国际地位和演进态势。从UNDP公布的HDI数据来看，改革开放以来中国人类福祉水平有了巨大提高，从1980年的0.423提升至2013年的0.719，从极低人类福祉提升为高人类福祉，平均增长率为70%（见表5－1）。中国完成了从第四世界到第三世界，并向第二世界迈进的重大转变（胡鞍钢等，2013）；从国家之间的比较来看，1980年，中国人类福祉水平只是美国的51.2%，2013年已经达到78.7%。2013年，中国人类福祉水平已经超过世界平均水平，世界排名第91位。目前，中国正在向世界高人类福祉水平迈进。从整体上看，尽管中国与发达国家人类福祉差距正在缩小，但与挪威、美国等极高人类福祉水平国家仍有较大差距。

表5－1　**中国人类发展水平的国际比较**

HDI	1980	1990	2000	2005	2010	2013	1980—2013 平均增长率（%）
挪威	0.793	0.841	0.910	0.935	0.939	0.944	19.0
美国	0.825	0.858	0.883	0.897	0.908	0.914	10.7
巴西	0.545	0.612	0.682	0.705	0.739	0.744	36.4
印度	0.369	0.431	0.483	0.527	0.570	0.586	58.9
中国	0.423	0.502	0.591	0.645	0.701	0.719	70.0

资料来源：人类发展相关数据为UNDP公布数据。

（二）中国人类福祉的组份结构趋向均衡

从收入、教育和健康指数来看，1980 年，中国健康指数比收入指数和教育指数高很多，但 1980—2013 年中国收入指数和教育指数的增长率分别达到 145.2% 和 70.2%，表明中国收入福祉增速最快，其次为教育福祉增速。健康指数的平均增长率为 17.5%，但其得分在三个分指数中一直是最高的，表明健康福祉是中国三个分福祉中发展最好的。从图 5－2 来看，中国人类福祉的要素结构趋向均衡（见表 5－2、图 5－2）。

表 5－2　**中国人类福祉组份结构演变（1980—2013 年）**

	1980	1990	2000	2005	2010	2013	1980—2013 平均增长率（%）
收入指数	0.292	0.408	0.540	0.606	0.683	0.716	145.2
教育指数	0.358	0.406	0.478	0.531	0.599	0.610	70.2
健康指数	0.724	0.761	0.802	0.832	0.844	0.851	17.5

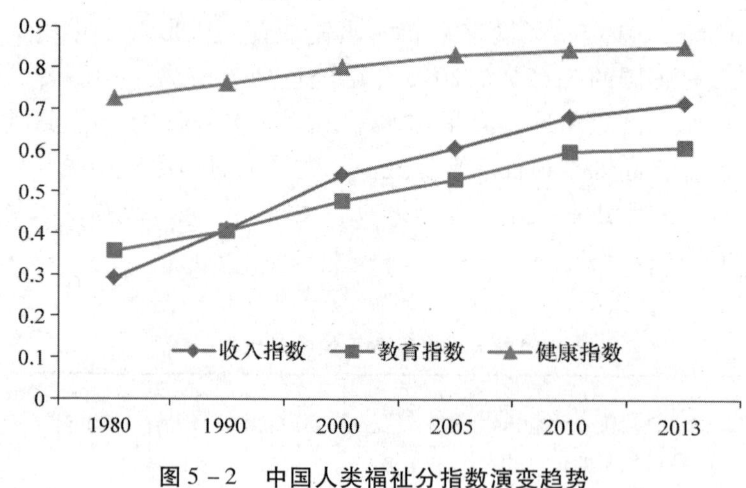

图 5－2　中国人类福祉分指数演变趋势

（三）中国人类福祉结构模式的演变路径

从全国平均水平来看，20 世纪 90 年代以后，中国整体上经历了从第三象限到第四象限再到第一象限的动态演变过程，也即经历了从低人类福祉不协调→经济福祉先导型→人类福祉协调型的动态模式演变（见图5－3）。

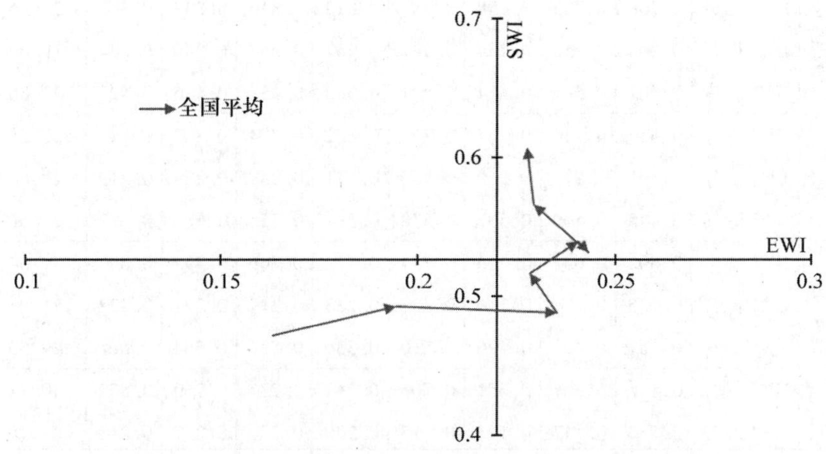

图5－3　中国人类福祉结构模式演变（1990—2010年）

中国社会福祉在人类福祉中的占比远高于生态经济福祉，且生态经济福祉比重整体上趋于降低，社会福祉比重整体上趋于提高。1990—2010年，生态经济福祉占人类福祉比重先扩大后降低，整体上趋于降低；而社会福祉占人类福祉的比重先缩小后扩大，整体上趋向提升，表明中国在社会福祉建设方面取得了巨大进步，但经济发展的碳排放压力严峻。

三　中国区域人类福祉结构的动态变化

从表5－3可见，1990—2010年，中国四大区域人类福祉水平逐年递增，增势较快，呈“东部→东北→中部→西部”梯度递减。2010年，中国四大区域人类福祉指数都超过了0.800；西部地区增长最快，平均增长率达到40.21%；其次是中部地区，平均增长率达到39.04%；再次是东北地区，平均增长率为22.59%；东部地区平均增长率最低，也达到了22.46%。

表 5 - 3　　中国区域人类福祉水平演变（1990—2010 年）

		1990	1995	1997	1999	2003	2005	2008	2010	平均增长率（%）
东部地区	HWI 得分	0.708	0.783	0.798	0.788	0.819	0.816	0.832	0.867	22.46
	EWI 得分	0.205	0.258	0.284	0.247	0.257	0.257	0.246	0.244	19.02
	SWI 得分	0.503	0.525	0.514	0.541	0.562	0.559	0.586	0.623	23.86
东北地区	HWI 得分	0.686	0.726	0.767	0.768	0.802	0.794	0.809	0.841	22.59
	EWI 得分	0.191	0.217	0.260	0.230	0.241	0.239	0.223	0.219	14.66
	SWI 得分	0.495	0.509	0.507	0.538	0.561	0.555	0.586	0.622	25.66
中部地区	HWI 得分	0.602	0.654	0.706	0.731	0.772	0.766	0.791	0.837	39.04
	EWI 得分	0.135	0.164	0.216	0.221	0.233	0.237	0.227	0.232	71.85
	SWI 得分	0.467	0.490	0.490	0.510	0.539	0.529	0.564	0.605	29.55
西部地区	HWI 得分	0.572	0.607	0.651	0.705	0.742	0.737	0.760	0.802	40.21
	EWI 得分	0.133	0.147	0.195	0.215	0.230	0.236	0.217	0.213	60.15
	SWI 得分	0.439	0.460	0.456	0.490	0.512	0.501	0.543	0.589	34.17

说明：平均增长率按“（末期—基期）×100/基期”方法计算。

从生态经济福祉得分的平均增长率来看，1990—2010 年，中国四大区域增长率差距很大。中部地区增长最快，生态经济福祉的平均增长率达到 71.85%；其次是西部地区，平均增长率达到 60.15%，中西部地区明显高于东部地区的 19.02% 和东北地区的 14.66%。尽管中西部地区生态经济福祉得分增速很快，但由于其基础得分较低，所以 2010 年其生态经济福祉得分仍落后于东部和东北地区。

在经济与生态环境协调发展方面，中西部地区具有比较优势。从社会福祉得分的平均增长率来看，1990—2010 年，西部地区提高最快，平均增长率达到 34.17%；其次由高到低依次是中部地区（29.55%）、东北地区（25.66%）和东部地区（23.86%）。可以得出，中国四大区域人类福祉差异在不断提升中趋向均衡。

从图 5 - 4 可以看出，1990—2010 年，不论是生态经济福祉还是社会福祉，四大区域之间的相对差距整体上趋于缩小。其中，生态经济福祉占人类福祉比重的演进曲线大致呈倒 U 形，而社会福祉呈

U形。

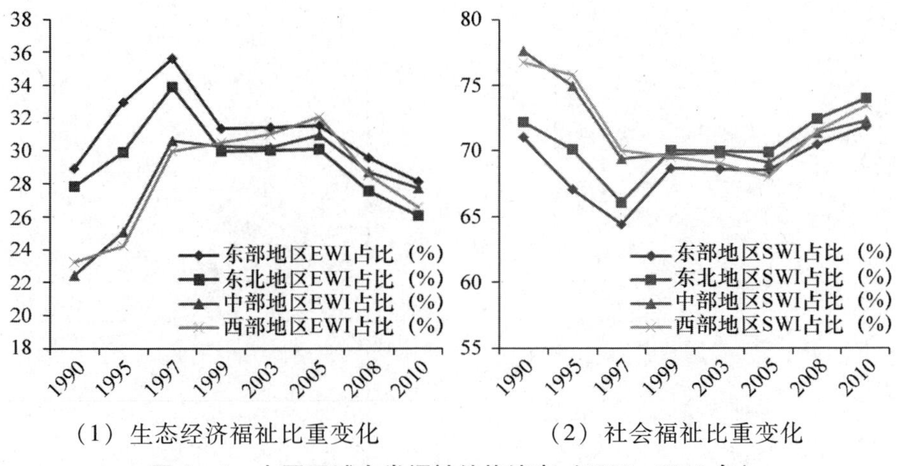

（1）生态经济福祉比重变化　　（2）社会福祉比重变化

图5-4　中国区域人类福祉结构演变（1990—2010年）

从人类福祉结构来看，1990—2010年，中国东部、东北、中部、西部四大区域生态经济福祉平均占比分别为31.18%、29.42%、28.23%、28.26%，社会福祉平均比重分别为68.82%、70.58%、71.77%、71.74%。中国四大区域生态经济福祉的比重在降低，社会福祉比重在提升，但社会福祉占比远高于生态经济福祉的占比，人类福祉结构不协调。由此表明，中国在社会福祉建设方面已取得了明显的进步，而在经济发展的碳绩效方面仍旧任重而道远。

整体来看，大致以1999年为界，之前中国四大区域生态经济福祉提升快于社会福祉，之后生态经济福祉稳步不前，而社会福祉大幅提升。中国四大区域1999年以前生态经济福祉提升快于社会福祉，整体上处于低福祉增长阶段；1999年之后生态经济福祉稳步不前，而社会福祉大幅提升，但经济福祉提升付出了沉重的生态环境代价。东部和中部地区人类福祉结构模式比东北和西部地区更优。2010年，东部和中部地区为高人类福祉协调模式，而东北和西部地区生态经济福祉滞后于社会福祉，为经济福祉滞后模式。

四 中国区域人类福祉结构模式的演进轨迹

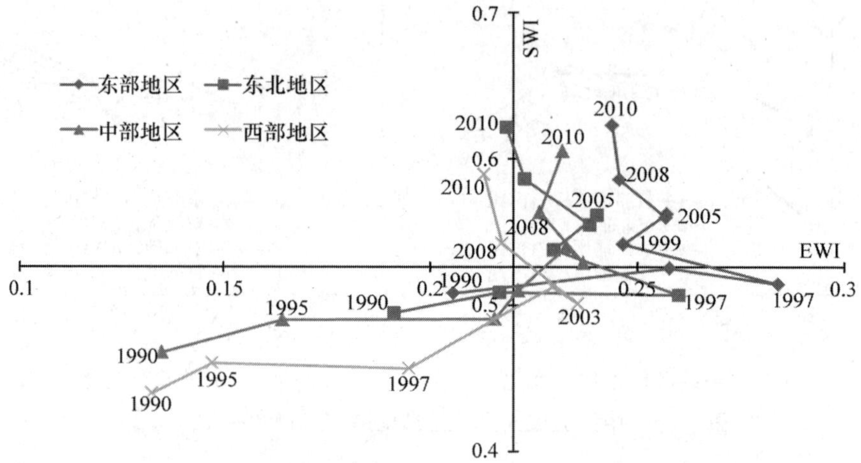

图 5－5 中国区域人类福祉结构模式演进（1990—2010 年）

（一）东部地区人类福祉结构模式演进

从图 5－5 可见，1990 年，东部地区尚处于第三象限，属于低人类福祉不协调型。由于其工业化和城市化基础较好，东部地区社会福祉与生态经济福祉水平均明显高出中国其他三大区域。1995 年、1997 年，东部地区进入第四象限，经济福祉快速提高，这主要由于 20 世纪 90 年代东部沿海地区得到了率先发展。1999 年，东部地区从第四象限跃入第一象限，生态经济福祉与社会福祉协调发展。与 1997 年相比，1999 年东部地区生态经济福祉水平明显下降，显然，经济快速增长付出了生态代价。东部地区社会福祉水平从 1999 年起迅速提升，到 2010 年一直属于人类福祉协调型。可见，在 21 世纪前 10 年，尽管东部地区经济快速增长，但若考虑到经济增长所付出的碳排放代价，其生态经济福祉水平实质上未有太多改进，但进入新世纪，尤其是国家提出建设和谐社会以来，东部地区社会福祉水平取得了很大提高。

（二）东北地区人类福祉结构模式演进

东北地区在 1990 年处于第三象限，属于低人类福祉不协调型，其生态经济福祉和社会福祉基础水平均明显优于中西部地区。此后，东北地区经济发展较快，1997 年进入第四象限，成为经济福祉先导型。1999—2008 年，东北地区一直处于第一象限，社会福祉有了很大提升，与东部地区的差距缩小，均高于全国平均水平。但在 2010 年，东北地区生态经济福祉得分持续下降，整体滑入第二象限，降级为经济福祉滞后型，显示出其经济发展面临着经济转型、结构调整、生态压力等挑战和困境。

（三）中部地区人类福祉结构模式演进

中部地区在 1990 年处于第三象限，属于低人类福祉不协调型。1990—1997 年，中部地区生态经济福祉水平提高很快，1999 年进入第四象限，成为生态经济福祉先导发展型。自 2006 年国家提出实施中部崛起战略至 2010 年，中部地区社会福祉水平也有了大幅提高，属于人类福祉协调型。

（四）西部地区人类福祉结构模式演进

西部地区尽管在 1990 年与中部地区、东北地区均属于低人类福祉不协调型，但其社会福祉水平比中部地区更低。1999 年，国家提出实施西部大开发战略以后，西部地区生态经济福祉大幅提高，社会福祉水平也有很大提升。2003 年，西部地区进入了第四象限，成为经济福祉先导型。2008 年后从第四象限直接进入了第二象限，社会福祉继续提升但生态经济福祉明显下行。与中国其他三大区域相比，西部地区不仅经济福祉水平最低，社会福祉水平最低，且整体低于全国平均水平。

1999 年以前，中国四大区域整体上是生态经济福祉提升快于社会福祉，但 1999 年之后生态经济福祉稳步不前，而社会福祉大幅提升，这主要是由于 1999 年之前，虽然中国四大区域经济都得到了较快发展，但仍存在着较为明显的经济发展成果不能有效转化为社会福祉的“低福祉增长”问题。从 1999 年之后的演变趋势里可以看出，中国的经济发展和人类发展尽管均取得了显著的成就，但若从碳排放敏感性人类福祉指数来看，中国经济快速发展和人类福祉大幅提升所付出的生态代价是不容乐观的。1999 年以后，东部和中部地区整体上为人类福祉协调发展模式，但东北和西部地区的生态经济福祉水平整体滞后于其社会福祉水平。可见，着力促进东北经济转型发展，继续推进西部地区可持续发展，关系到中国人类福祉的持续提升和结构优化。

第二节　中国区域福祉不平衡的结构分解

一　基尼系数的要素分解方法

不平等分解的目的是分析不平等的构成和成因，以便找到减少不平等的对策。基于基尼系数的分解方法，可将不平等分为不平等水平的分解和不平等变化的分解。前者是看基尼系数水平是由哪些因素引起的，后者是看基尼系数的变化是由哪些因素引起的。基于水平和变化的基尼系数分解可以从静态和动态两方面揭示中国人类福祉不平衡的影响因素和来源。

这里采用矩阵方法计算中国 HDI 的基尼系数。需要用到三个矩阵，其中两个是向量矩阵。第一个是行向量 P，包含人口比例，按照各省 HDI 由小到大排列就得到 P 矩阵。另一个是列向量 I，包含 HDI 比例，因为 HDI 是一个人均水平意义上的值，因此，这里的 HDI 比例类似于各省 GDP 占全国 GDP 之比，即计算的各省 HDI 总量占全国 HDI 总量的比重。Q 是一个方阵，它的上方是 +1，下方是 -1，对角是 0。将 PQI 相乘，计算得到基尼系数。

基尼系数具有按成分可分解的性质。Kak-wani（1977）经推导得到：

$$G(Y) = \sum_{i=1}^{K} S_i C(Y_i)$$

在上式中，C 代表集中系数，该系数在（-1，1）区间取值，因而可以出现负数。它的计算可用矩阵法，但人口和分项变量比例按总量指标的均值从小到大排列，而不是按分项指数从小到大排列。S_i 是分项指数的均值。

研究基尼系数的变化比其构成更具现实意义。根据万广华

(2008)、范剑勇等（2002）对基尼系数变化的分解推导，定义 HDI 基尼系数的变化为 ΔG，并用 t 和 $t+1$ 下标代表时间，基尼系数的变化可以表示为：

$$\Delta G = \sum_{i=1}^{K} S_{it+1} C_{it+1} - \sum_{i=1}^{K} S_{it} C_{it}$$

$$= \sum_{i=1}^{K} (S_{it+1} C_{it+1} - S_{it} C_{it})$$

类似 ΔG，可以定义 $\Delta S_i = S_{it+1} - S_{it}$，$\Delta C_i = C_{it+1} - C_{it}$。这样一来，就可以用 $\Delta S_i + S_{it}$ 替代式中的 S_{it+1}，同时用 $\Delta C_i + C_{it}$ 替代式中的 C_{it+1}，然后稍加整理，可以得到：

$$\Delta G = \sum_{i=1}^{K} C_{it}\Delta S_i + \sum_{i=1}^{K} S_{it}\Delta C_i + \sum_{i=1}^{K} \Delta C_i\Delta S_i$$

上式表明，HDI 的基尼系数变化可以分解为三大部分：$\sum_{i=1}^{K} C_{it}\Delta S_i$ 代表由 HDI 三个分项指数的份额变化引起的基尼系数的上升或下降；$\sum_{i=1}^{K} S_{it}\Delta C_i$ 代表由 HDI 三个分项指数的集中度系数变化引起的基尼系数的上升或下降；$\sum_{i=1}^{K} \Delta C_i\Delta S_i$ 代表前两项共同变化引起的基尼系数的上升或下降。将 $C_{it}\Delta S_i$ 称为结构效应，而称 $S_{it}\Delta C_i$ 为集中效应。

对中国人类福祉基尼系数的变化进行分解的意义在于，通过分析导致中国人类福祉差异变化的结构效应和集中效应，揭示导致中国人类福祉差异变化的主要效应，进而提出有针对性的人类福祉差距缩小对策。

二　中国人类福祉空间不平衡的结构差异

从表 5－4 可以看出，除 1998、2001、2005、2012 年的 HDI 的总基尼系数分别较其上年是升高的以外，1995—2013 年中国人类福祉的地区差距总体上在缩小，从 1995 年的 0.0442 降低到 2013 年的 0.0203。从表 5－4 中的分项集中指数来看，我国人类福祉的区域差异总体呈不断降低的态势。

表 5 - 4　　基尼系数和集中系数

年份	总基尼系数和分项基尼系数				分项集中系数*		
	HDI	教育指数	健康指数	收入指数	教育指数	健康指数	收入指数
1995	0. 0442	0. 0123	0. 0123	0. 0196	0. 0332	0. 0320	0. 0803
1996	0. 0407	0. 0099	0. 0120	0. 0188	0. 0270	0. 0315	0. 0748
1997	0. 0402	0. 0093	0. 0119	0. 0190	0. 0250	0. 0321	0. 0741
1998	0. 0403	0. 0094	0. 0120	0. 0190	0. 0252	0. 0328	0. 0725
1999	0. 0393	0. 0092	0. 0108	0. 0192	0. 0253	0. 0290	0. 0737
2000	0. 0343	0. 0046	0. 0110	0. 0187	0. 0123	0. 0302	0. 0717
2001	0. 0357	0. 0054	0. 0111	0. 0191	0. 0146	0. 0306	0. 0714
2002	0. 0337	0. 0058	0. 0089	0. 0190	0. 0160	0. 0241	0. 0708
2003	0. 0324	0. 0042	0. 0088	0. 0193	0. 0117	0. 0242	0. 0703
2004	0. 0314	0. 0041	0. 0086	0. 0188	0. 0114	0. 0238	0. 0670
2005	0. 0347	0. 0067	0. 0092	0. 0188	0. 0189	0. 0262	0. 0641
2006	0. 0337	0. 0063	0. 0090	0. 0183	0. 0176	0. 0263	0. 0615
2007	0. 0319	0. 0055	0. 0087	0. 0177	0. 0155	0. 0258	0. 0581
2008	0. 0297	0. 0044	0. 0086	0. 0167	0. 0123	0. 0257	0. 0541
2009	0. 0278	0. 0029	0. 0085	0. 0164	0. 0083	0. 0256	0. 0523
2010	0. 0210	-0. 0005	0. 0064	0. 0151	-0. 0014	0. 0186	0. 0483
2011	0. 0204	0. 0000	0. 0063	0. 0141	-0. 0001	0. 0185	0. 0443
2012	0. 0210	0. 0015	0. 0062	0. 0132	0. 0044	0. 0184	0. 0411
2013	0. 0203	0. 0011	0. 0063	0. 0129	0. 0033	0. 0187	0. 0396

说明：*根据万广华（2008）的研究，总基尼系数是分项集中系数的加权平均，其权数为分项变量在总变量中的份额，因此，用这个比例乘以对应的集中系数就可以得到该分项变量对总基尼系数的贡献率。分项变量对总基尼系数的贡献率取决于其所占份额、其自身不平等以及两个相关系数的比（分项变量与其排序的相关系数与分项变量与总变量排序的相关系数）。因此表 5 - 4 中，2010 年和 2011 年集中系数出现了负数，表示两个相关系数的比为负数，也即分项变量与其排序（rank）为负相关，即分项变量虽然增长，但其位次却下降的趋势。万广华（1998）的研究曾指出集中系数可以为负数，即出于上述原因。

从分项集中系数、基尼系数与总基尼系数的关系来看，教育指数和健康指数的分项基尼系数总是低于总基尼系数，说明地区间教育福祉和健康福祉的省际差异较小，其空间分布较为均衡。而收入福祉的分项基尼系数明显高于总基尼系数，说明收入福祉的地区差距仍是中国人类福祉空间不平衡的主要原因。①

再从三个分项指数占人类福祉的份额来看，1995—2013 年三者之间的份额日趋均衡，教育指数和健康指数所占份额同步下降，收入指数所占份额较快上升。教育指数所占份额从 1995 年的 0. 371 降到 2013 年的 0. 337，健康指数所占份额从 1995 年的 0. 385 下降到 2013 年的 0. 337；收入指数所占份额从 1995 年的 0. 244 提高到 2013 年的 0. 326。可以推测的是，因为表征收入指数的指标是人均 GDP，所以此收入指数的份额上升与中国经济的高速发展密切相关。1995 年，中国人均 GDP 为 5046 元，到 2013 年已达到 41908 元。

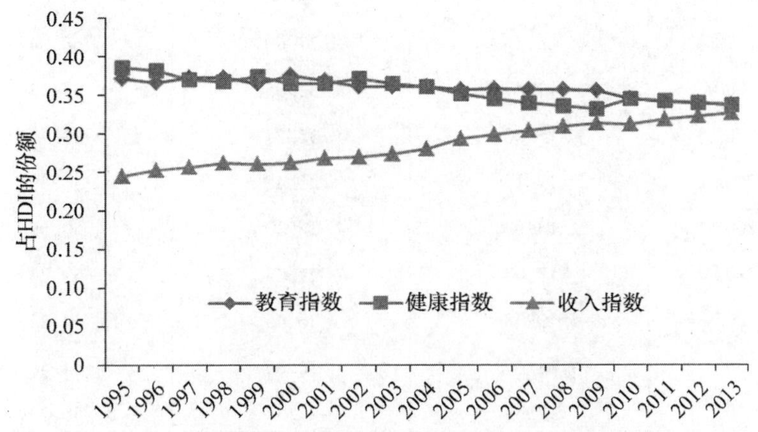

图 5－6　中国人类福祉各分项指数份额的演变过程

2010 年以后，中国人类福祉的总基尼系数下降趋势变缓。1995—2013 年的基尼系数出现下降，说明全国整体 HDI 有趋同趋

① 这和胡鞍钢（2003）对中国各地区社会发展和公共服务水平差距变化研究得出的结论相近，即中国各地区社会发展相对差距要小于经济发展相对差距，解决前一问题比解决后一问题相对容易。

势，但差异来源结构有所变化，正是收入指数的集中系数大于总基尼系数，且收入指数所占份额不断攀升，表明了收入福祉是中国人类福祉不平衡的主要决定因素。换言之，在中国人类福祉三个分项指数的空间不平等中，收入的空间不平等是最主要的（见图5－6）。

表5－5　　各分项指标对基尼系数的贡献率

年份	对总基尼系数的贡献率（%）		
	教育指数	健康指数	收入指数
1995	27.87	27.88	44.25
1996	24.25	29.49	46.26
1997	23.13	29.54	47.33
1998	23.20	29.80	47.00
1999	23.56	27.60	48.84
2000	13.47	32.05	54.48
2001	15.05	31.21	53.74
2002	17.13	26.48	56.39
2003	13.04	27.37	59.59
2004	13.04	27.23	59.73
2005	19.33	26.45	54.22
2006	18.67	26.85	54.48
2007	17.38	27.37	55.25
2008	14.69	29.06	56.25
2009	10.63	30.53	58.84
2010	－2.32	30.54	71.78
2011	－0.10	31.01	69.09
2012	7.16	29.76	63.08
2013	5.43	31.05	63.52

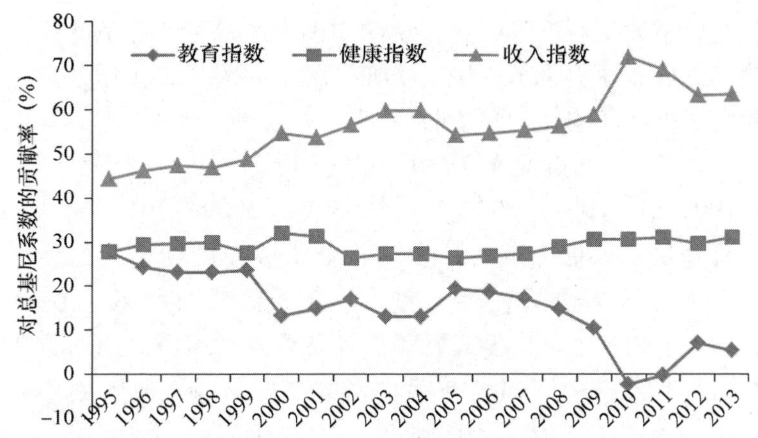

图 5－7　中国人类福祉各分项指数基尼系数对总基尼系数的贡献率

表 5－5、图 5－7 给出了基尼系数的分解结果，进一步分析可知，尽管三个分项指数占人类福祉的份额在 2013 年已渐趋均衡，但其对总基尼系数的贡献率却相差较大，2013 年收入指数对总基尼系数的贡献率高达 63.52%，健康指数的贡献率为 31.05%，教育指数的贡献率为 5.43%。收入指数越来越成为影响中国人类福祉差距的主导因素，健康指数的影响略有提高，但教育指数对中国人类福祉差距的影响作用越来越小，降低幅度很大，表明尽管教育指数和收入指数从构成角度而言对人类福祉的影响越来越相近，但是教育指数越来越起到了均衡中国人类福祉空间差异的作用，而收入指数却越来越扩大了中国人类福祉的省际差距。这在某种程度上表明人类福祉变化的集中效应是导致中国人类福祉基尼系数不断缩小的根本原因。

三　中国人类福祉空间不平衡的结构变化

对基尼系数的变化作进一步分解，计算得到表 5－6，可以看出，中国人类福祉变化的集中效应明显高于结构效应，表明三个分项指数的集中度系数的下降是造成中国人类福祉基尼系数下降的主要原因；同时，集中效应大多为正，结构效应一半以上均为负数，表明中国人类福祉总基尼系数变化与集中效应呈负相关，即集中效应为正效应时，总基尼系数不断下降，直接说明中国人类福祉变化的集中效应比结构效应更显著地促进了中国人类福祉的空间均衡，集中效应是促进中国人类福祉空间均衡的主要效应。

再对三个分项指数的结构效应进行分析，教育集中效应在1996—1997年、1999—2001年、2003年、2008—2010年、2012年对降低总基尼系数更为重要，表明教育指数集中度系数的缩小是促进中国福祉空间均衡的主要力量；同理，健康集中效应在1998—1999年、2002年对降低总基尼系数较为重要，表明健康指数集中度系数的缩小是促进中国福祉空间均衡的主要力量；收入集中效应在1998—1999年明显扩大了中国省际福祉差距，在2004年、2006—2008年、2011年、2012—2013年则是促进中国福祉空间均衡的主要因素。

此外，1996—1997年，教育指数的集中效应缩小了中国人类福祉的空间差异。1998年，健康指数的集中效应造成了中国人类福祉空间差异的扩大，而收入指数的集中效应却与中国人类福祉变化呈负相关。众所周知，1998—1999年，中国沿海发达省份受到东南亚金融危机的冲击较为明显，使得中国地区之间的经济差距有所缩小，经济差距的缩小起到了缩小福祉地区差距的作用，但由于健康指数和教育指数的集中效应都扩大了中国人类福祉地区差距，因此整体上仍扩大了中国人类福祉的空间差距。2000—2002年和2005年，教育指数仍旧发挥着正向的集中效应。从2004年起，除了在2009—2010年及2012年是教育集中效应对中国人类福祉均衡影响较大之外，其余年份的收入集中效应逐渐成为阻碍中国人类福祉均衡发展的因素。

另外，从结构效应来看，多数年份的收入指数结构效应与基尼系数变化之间呈负相关，意味着收入指数的结构份额越大，中国人类福祉的基尼系数就越大。这也在某种意义上表明，收入结构效应是影响中国人类福祉整体均衡与否的重要因素。可见，实现不同省区之间经济的共同发展，可以大大降低中国人类福祉的空间基尼系数，可以促进中国区域福祉的均衡发展。

表 5-6 中国 HDI 三个分项份额对总基尼系数变化的贡献（1995—2013 年）

年份	总基尼系数变化	总基尼系数变化的结构分解（%）			集中效应（%）			结构效应（%）			总效应（集中效应+结构效应）（%）		
		集中效应	结构效应	综合效应	教育	健康	收入	教育	健康	收入	教育	健康	收入
1995—1996	-0.0035	111	-11	0.4	66	6	38	4	3	-18	70	9	20
1996—1997	-0.0005	137	-42	5.0	152	-53	37	-36	76	-83	116	23	-46
1997—1998	9.5E-05	-95	206	-10.6	74	269	-437	-21	-126	353	53	143	-84
1998—1999	-0.0011	96	0.5	3.1	-6	133	-31	15	-24	9	9	109	-22
1999—2000	-0.0049	97	0.2	2.7	96	-9	10	-5	6	-1	91	-3	9
2000—2001	0.0013	69	32	-1.3	64	11	-6	-6	-2	40	58	9	34
2001—2002	-0.0019	105	-8	2.9	-28	123	10	6	-11	-3	-22	112	7
2002—2003	-0.0014	119	-19	0.2	113	-4	9	0.27	9	-28	113	5	-19
2003—2004	-0.0009	130	-31	1.9	13	17	100	0.49	15	-47	13	32	53
2004—2005	0.0033	84	19	-2.8	83	26	-25	-2	-6	27	81	20	2
2005—2006	-0.0010	114	-16	1.6	45	-4	74	-4	18	-30	41	14	44
2006—2007	-0.0017	110	-11	0.8	42	10	58	1	7	-19	43	17	39
2007—2008	-0.0022	107	-8	0.7	52	1	54	1	4	-13	53	5	41
2008—2009	-0.0019	108	-8	0.2	75	2	31	1	5	-14	76	7	17
2009—2010	-0.0069	102	-2	-0.4	50	34	18	1	-5	1	51	29	19
2010—2011	-0.0006	139	-44	5.1	-59	3	156	-1	10	-53	-60	13	103
2011—2012	0.0006	81	23	-3.4	322	-7	-215	0.02	-7	30	322	-14	-185
2012—2013	-0.0007	115	-16	0.7	49	-12	63	1	6	-23	50	-6	40

第三节　中国福祉不平衡演变的要素解析

一　基于 PCA 的中国人类福祉分项指数主成分系数

（一）协方差主成分分析法

主成分分析法（PCA）是一种通过降维处理把多个相关指标简化为用少数几个综合指标代替的综合评价分析方法。

主成分分析既可以使用相关系数矩阵，也可以使用协方差矩阵。采用相关系数矩阵方法多是基于数据量级差异较大的情况，通过采用相关系数矩阵方法，可以消除量纲。因为计算 HDI 的三个分项指数均经过了标准化变换，所以使用相关系数没有太多意义。

一般而言，当变量之间的量级相近，或者没有较大的量级差异时，采用协方差矩阵方法计算主成分往往效果更好。采用协方差方法，使用计算 HDI 的三个分项指数的协方差矩阵作为主成分分析的输入指标。

假设有 p 个指标，用向量表示为：$X = (H_1, H_2, \cdots, H_p)$；其中，$H_i = (h_{1i}, h_{2i}, \cdots, h_{ni})'$。$h_{ni}$ 表示第 n 个样本在第 i 个（$i = 1,2,\cdots,p$）指标上的观测值，那么第 i 个主成分就可以表示为：

$$P_i = a_{1i} H_1 + a_{2i} H_2 + \cdots + a_{pi} H_p$$

满足：① $a_{1i}^2 + a_{2i}^2 + \cdots + a_{pi}^2 = 1$；② p_i 与 p_j（$i \neq j, i, j = 1,2,\cdots,p$）不相关；③ $Var(P_i) > Var(P_{i+1})\ \forall_i = 1,2,\cdots,p-1$。

（二）中国人类福祉分项指数的主成分系数：1995—2013 年

根据杨永恒（2005）的研究，应用协方差的主成分法计算的人类发展指数是一种有效测度人类发展指数的替代方法。为此，采用基于协方差的主成分分析法计算中国 1995—2013 年的人类发展指数。

若以 1995 年为例，基于协方差的主成分法计算的中国人类发展指数公式如下：

$$H_{1995} = 0.397 H_1 + 0.695 H_2 + 0.599$$

累积贡献率为 78.177%，能够解释原始数据方差的 78.177%，说明用第一个主成分可以表示原始三个分项指数的绝大多数信息。同理，1996—2013 年的数据分析结果也表明，选取第一个主成分能够解释原始方差的65%—80%，可以反映原始数据的绝大多数信息，均选取第一个主成分。1995—2013年的中国人类福祉分项指数的要素权重演变情况见表5－7，这是采用协方差主成分法计算的1995—2013年中国HDI分项系数结构的汇总。

表5－7　　均值调整后的分项指数所对应的主成分系数

年份	主成分系数			
	健康指数	教育指数	收入指数	累积贡献率（%）
1995	0.397	0.695	0.599	78.177
1996	0.412	0.668	0.620	76.575
1997	0.428	0.627	0.651	74.654
1998	0.416	0.664	0.622	73.048
1999	0.372	0.667	0.645	72.383
2000	0.434	0.457	0.776	71.363
2001	0.449	0.339	0.827	72.870
2002	0.447	0.366	0.816	74.577
2003	0.438	0.451	0.778	69.296
2004	0.446	0.322	0.835	73.670
2005	0.460	0.429	0.777	75.625
2006	0.473	0.381	0.794	75.429
2007	0.490	0.299	0.819	77.642
2008	0.506	0.267	0.820	75.832
2009	0.518	0.211	0.829	74.403
2010	0.485	0.106	0.868	74.184
2011	0.506	0.111	0.855	74.164
2012	0.524	0.192	0.830	72.295
2013	0.512	0.204	0.834	65.859

二　中国福祉不平衡的要素权重动态演变

（一）分项指数要素权重的含义

采用动态权重结构可以分析中国人类福祉结构的差距模式不平衡

的演进过程，以及人类福祉构成要素（健康指数、教育指数和收入指数）在整体人类福祉演进过程中的重要性变化。

根据协方差计算主成分是针对样本之间的差异性，而且主成分得分也是相对于样本平均值的领先或落后程度。a_{pi} 表示该分项指数在形成 HDI 中所占的权重，系数越大，表示对 HDI 的影响越大，对人类福祉的影响就越大。

根据协方差计算主成分的条件，即满足 $a_{1i}{}^2 + a_{2i}{}^2 + \cdots + a_{pi}{}^2 = 1$，因此三个分项系数结构均衡时每个系数值为 0.5774 左右。若系数小于 0.5774，表明该分项指数对人类福祉的影响较小，若系数大于 0.5774，则表明该分项指数对人类福祉的影响较大。若某分项指数的系数为 1，则表明造成人类福祉的差距完全是由于该分项指数的发展差距。

用主成分方法计算的 HDI 更适合于研究中国人类福祉要素结构的不平衡模式，适合分析构成 HDI 的健康、教育和收入三个分项指数的差距对于形成人类福祉总体差距的贡献情况，可以获知每个分项指数对人类福祉总体差距影响的重要程度。

因为三个分项指数所对应的权重系数是动态变化的，因此动态的 HDI 权重结构反映了中国人类福祉要素不平衡的动态演进过程。

根据主成分分析法计算得到的动态权重结构，有利于从动态演变的视角分析中国人类福祉要素结构不平衡模式的演变历程。基于协方差矩阵的主成分分析法计算得到的权重来源于客观数据本身，因此不同时期的权重结构有所不同，对表征人类福祉结构差异的要素动态权重变化进行分析，有助于揭示中国人类发展要素结构不平衡模式的历史过程。

（二）分项要素权重对中国福祉不平衡的动态影响

从图 5－8 收入指数的系数演变来看，1995—2013 年的演变过程大致分为三个阶段：1995—1999 年收入指数系数平缓提高，由 1995 年的 0.599（接近均衡值 0.5774），提高到 1999 年的 0.645，收入指数对人类福祉的影响平缓地增大。2000 年收入指数的系数值跃升到 0.776，此后到 2010 年整体上不断提高，表明在 20 世纪前 10 年中收入指数对人类福祉的影响作用大大加强了。可以看出，自 2011 年起收入指数系数有下滑趋势，表明收入指数对人类福祉的影响在2010年的基础上略有下降，但仍远高于均衡值0.5774。

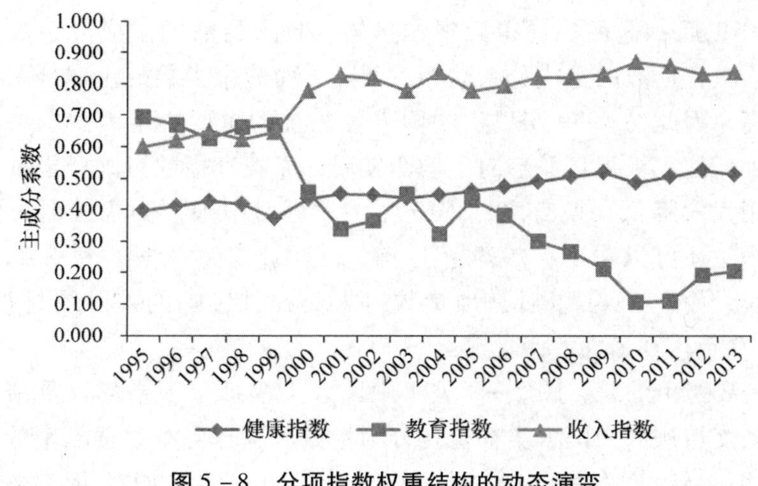

图5－8　分项指数权重结构的动态演变

从健康指数的系数演变来看，除了1999年出现了突然下降之外，1995—2013年整体上呈稳步提高态势，系数值从1995年的0.397提高到2013年的0.512，2013年健康指数的系数值将接近均衡值0.5774（见图5－8）。

从教育指数的系数演变来看，1995—2013年整体趋势是下降的，从1995年的0.695降低到2013年的0.204，降幅很大。具体来看，1995—1999年教育指数系数维持在0.650上下。2000年、2001年连续下跌，降低到0.339。此后不断波动直到2005年提高到0.429，从2006年起大幅下滑到2011年的0.111，此后又略有提高（见图5－8）。

综合三个分项指数的系数演变情况来看，收入指数和健康指数的系数整体上都在提高，而教育指数的系数整体上趋向降低，表明收入指数和健康指数对人类福祉的影响作用越来越大，尤其是收入指数的影响明显加强；教育指数对人类福祉的影响作用整体上趋向降低。

从三个分项指数的系数格局来看，大概以1999年为界，1995—1999年，教育指数对人类福祉的影响作用最大，甚至超过收入指数对人类福祉的影响，健康指数对人类福祉的影响作用最小。可以看出，1999 年以前教育指数和收入指数的系数均超过了均衡值 0.5774，表明教育和收入是 1999 年以前影响中国人类福祉的重要因素；但 1999 年以后，这种格局得到根本扭转，收入指数的主成分系数迅速攀升，教育指数的主成分系数骤然下降，而健康指数的主成分系数平缓提高，因此在 1999 年以后中国人类福祉的主要决定因素取决于收入福祉，健康福祉日益趋向于均衡发展，而教育指数对人类福祉的影响作用大大降低。换言之，2013 年，教育对中国人类福祉的贡献已经很小。还可以看出，1999 年以前，三项指数对人类福祉影响的差距较小，而 1999 年以后三项指数对人类福祉影响的差距明显扩大，到 2010 年达到最大。①

需要指出的是，图 5－8 关于中国人类福祉分项指数权重结构的动态演变轨迹和中国人类福祉各分项指数对总基尼系数贡献率的轨迹十分相似（见图 5－9），由此可以充分表明，尽管 1995 年以来中国人类福祉在收入指数、健康指数和教育指数方面均取得了很大进步，但三个分项指数空间不平衡的差异日益明显，中国各地区之间的人类福祉不平衡越来越多地体现为收入福祉差距，而且经济维度的收入福祉差距正在逐渐扩大。非经济维度的健康福祉差距和教育福祉差距相对缩小。

这反映了 20 世纪 90 年代中期以来，中国过分强调经济增长，导致了部分省区经济发展进程大大加快，从而加大了中国省区之间的经济差距，而教育指数、健康指数之间的省际差距却较小。可以说，人类福祉的三个分项指数所揭示的中国人类福祉结构要素之间的不平衡格局及其演变，可以反映 1995 年以来中国区域发展模式的变迁过程，即经济维度和非经济维度的发展或福祉之间存在着严重的不平衡和不协调现象。

由此可以得出，随着中国经济的不断发展和人类福祉水平的整体提高，针对当前中国省际经济发展差距过大的问题，要加大对教育和

① PCA 的三个动态权重表示的是三个分项对人类福祉的影响，优点在于计算时取代了 HDI 的权重，因此它表示的是对福祉水平的影响。

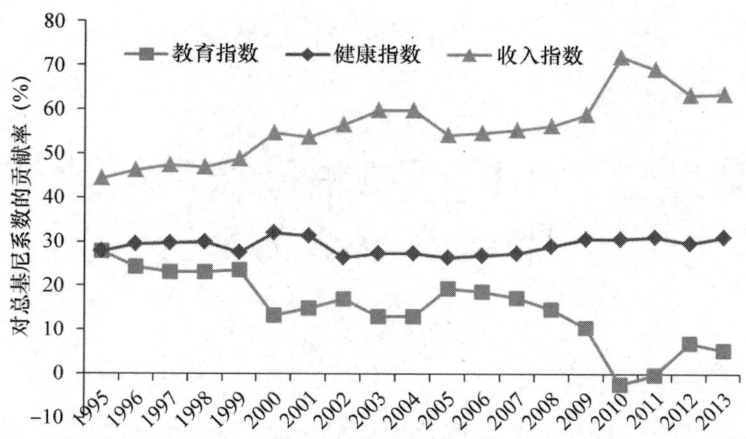

图5-9　中国人类福祉各分项指数基尼系数对总基尼系数的贡献率演变

健康的经费投入，优化各地区人类福祉的要素结构，实现经济福祉与非经济福祉的同步发展。中央可以加大对教育和卫生投入较低地区的财政转移支付力度，帮助当地解决公共教育和卫生等方面的投入不足和效率问题，着力提高其人力资本水平，缩小地区之间在教育和健康福祉方面的发展差距。在保持经济增长的同时，大力推动教育卫生等基本公共服务事业的全面发展，推动各级地方政府从经济增长型政府向公共服务型政府转变，实现基本公共服务的均等化。

可见，实现中国人类福祉均衡发展的关键路径是加快推进经济、社会与生态福祉的协同发展。中国区域发展政策要充分重视和发挥中国教育福祉和健康福祉的区域均衡优势，大力推动中国区域经济与社会福祉的良性互动与协调共进，以此促进中国人类福祉结构的均衡发展，进而实现经济与社会发展的统筹兼顾。

第六章　中国区域福祉产出绩效与驱动效应动态分析

中国正处于经济新常态和全面建成小康社会的决胜时期，既要稳步促进经济增长，又要不断提升民生福祉，但不能以牺牲生态环境为代价。随着中国工业化和新型城镇化进程的快速推进，中国经济增长的生态瓶颈现象日益加剧，经济发展所付出的环境代价越来越大。因此，如何提高中国经济增长向社会福祉的转化效率，提升福祉的产出绩效，是一个非常重要的现实问题。

在区域发展领域的福祉研究中，联合国开发计划署（UNDP）提出的人类发展指数（HDI）是使用最广、最简洁通用的衡量国家或地区人类福祉水平的指标。对相关文献进行分析发现，国内外已有的人类福祉研究多关注收入、健康、教育等经济和社会维度，而对人类福祉赖以依存的生态环境维度考虑不足，对提升人类福祉所付出的生态环境代价的关注较少。提高民生福祉是中国区域经济社会发展的基本出发点和落脚点，区域发展归根到底是为了提高人类福祉。以最小的资源环境消耗实现人类福祉的最大化，是提高人类福祉产出绩效的核心内涵，也是可持续发展的根本要求。

国内外关于区域福祉产出绩效问题的研究主要有三个视角。

一是从可持续发展视域来探究区域福祉的可持续发展问题；二是从生态效率或资源环境效率视角来分析区域福祉的产出绩效。这两个研究视角持有一个共同观点——以最小的资源环境消耗来实现人类福祉最大化，这是区域福祉产出的生态效率研究的逻辑基点。据已有研究可知，可持续发展是人类对人类福祉赖以依存的自然环境的压力和影响趋向最小化的过程，旨在实现环境影响最小化和人类福祉最大化。在当前发展低碳经济的视域下，实现可持续发展的一个潜在途径就是减少单位人类福祉的碳排放，这也是提高人类福祉的碳绩效过程（A. K. Jorgenson，2014），也即以最小碳排放来获得最大的人类福祉产出的过程。在可持续发展理论和应用方面，人类福祉的产出绩效问题是一个有待深入拓展的研究方向。三是从经济增长和社会福祉的关系角度来分析福祉产出效率。杨爱婷、宋德勇（2012）基于功能与能力视角对中国经济增长的社会福利产出效应进行了分析；武剑、林金忠（2015）从国际比较视角分析了中国经济增长的福利转化效应。

中国幅员辽阔，人类福祉的产出绩效必然存在区域差异，显现出不同的区域特征。然而，已有研究未对中国人类福祉的产出绩效进行区域动态分析，从而未能揭示出中国人类福祉产出绩效的区域差异。此外，已有的人类福祉变化的驱动效应研究多集中在将人类福祉的碳绩效分解为单位碳排放的经济产出与单位 GDP 的福祉产出的乘积方面，这是针对碳福祉产出效率的分解，而不是针对人类福祉变化的驱动因素的分解。在人类福祉变化的驱动因素分解研究方面，诸大建等（2011）将人类福祉分解为二氧化碳排放量、碳生产率和经济发展的福祉产出效率三部分，未能突出经济增长因素在中国人类福祉提升中的重要基础性作用。笔者认为，经济效应在中国人类福祉提升进程中具有十分重要的作用，因而在人类福祉的驱动效应分解方面仍有待拓展和深入研究。

为此，本章将对 1990 年以来中国区域人类福祉的产出绩效进行实证分析。[①] 首先，采用第三章构建的人类福祉指数（HWI），构建人类福祉的产出绩效分解框架，再应用 Kaya 恒等式扩展和 LMDI 分解方法，从国家、四大区域及省区三个层面分析中国人类福祉变化的驱动效应和组合模式。其次，采用第三章重新估算的人类发展指数（HDI），进行中国区域人类福祉与碳排放的脱钩分析。为促进中国各地区的协调发展、绿色发展和共享发展，以及贯彻实施生态

① 限于数据的可获性，本节研究范围包括中国除了港澳台和西藏外的 30 个省、直辖市和自治区。

文明战略和推进全面小康社会建设以及制定区域发展政策提供一定的科学参考。

第一节　区域福祉产出绩效与驱动效应分解模型

一　产出绩效分解图解

区域人类福祉的产出绩效即以最小的碳排放来获得最大化人类福祉，可以分解为经济发展的去碳化过程和经济发展的福祉产出过程。前者是经济发展的碳绩效提高过程，后者是经济发展的福祉绩效提升过程，二者叠合即为人类福祉提升的去碳化过程，也即人类福祉趋向最大化，而碳排放趋向最小化（诸大建、刘国平，2011；王圣云、史利江、许双喜，2014）。人类福祉的产出绩效解析详见图6－1。

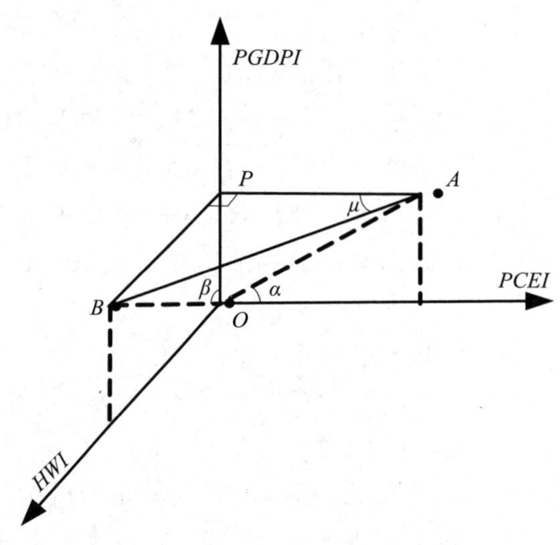

图6－1　人类福祉产出绩效图解

其中，*PGDPI* 为人均 *GDP* 指数，*PCEI* 为人均碳排放指数，*HWI* 为人类福祉指数，则有：

$$\tan\alpha = \frac{PO}{AP} \quad \tan\beta = \frac{BP}{PO} \quad \tan\mu = \frac{BP}{AP}$$

$$\tan\mu = \tan\alpha \cdot \tan\beta$$

其中，$\tan\alpha$ 表示碳生产率，$\tan\beta$ 表示经济发展的福祉产出绩效，$\tan\mu$ 表示人类福祉产出绩效。

根据图 6－1 人类福祉产出绩效的概念性框架，进一步分解如下（王圣云、史利江、许双喜，2014）：

$$EHW = \frac{HWI}{PCEI} = \frac{HWI}{PGDPI} \cdot \frac{PGDPI}{PCEI} = HWEE \cdot CEE$$

其中，*EHW*（Efficiency of Human Well-being）为人类福祉产出绩效，即人类福祉的碳绩效，表示单位碳排放所产出的人类福祉；*HWEE*（Human Well-being Efficiency of Economy）为经济发展的福祉产出绩效，衡量经济发展转化为人类福祉的效率；*CEE*（Carbon Efficiency of Economy）为经济发展的碳绩效，也即碳生产率；*HWI*（Human Well-being Index）为人类福祉指数；*PGDPI*（Per Capita GDP Index）为人均 *GDP* 指数；*PCEI*（Per Capita Carbon Emission Index）为人均碳排放指数。人类福祉产出绩效为经济发展的福祉产出绩效和经济发展的碳绩效的乘积。

二　驱动效应分解方法

全要素分解模型能够准确地刻画碳排放与产业结构、技术进步与经济增长之间的关系，已在能源环境领域得到较广泛的应用，但在福祉研究领域还没有得到广泛的应用。可借鉴该方法构建人类福祉驱动效应的分解模型，将人类福祉与碳排放约束、技术进步与经济增长等因素结合起来。

（一）基于 Kaya 恒等式的人类福祉指数分解

Kaya 恒等式由日本教授 Kaya 首次提出（查冬兰等，2007），建立起经济、政策和人口等因素与 CO_2 排放量之间的联系，其基本形式如下：

$$CO_2 = \frac{CO_2}{PE} \times \frac{PE}{GDP} \times \frac{GDP}{P} \times P$$

式中：CO_2，PE，GDP，P 分别代表 CO_2 排放量、一次能源消费总量、国内生产总值以及国内人口总量。

Kaya 恒等式已在能源与环境经济领域得到了广泛应用，依据 Kaya 恒等式将人类福祉变化进行拓展，并尝试应用到中国区域人类福祉演进的驱动效应测度研究中。若将经济增长视为投入要素，将单位经济增长所对应的碳排放视为碳强度，将单位碳排放所产生的人类福祉视为生态福祉绩效，那么人类福祉的变化主要通过促进经济增长、提高生态经济绩效和生态福祉绩效来驱动。人类福祉指数（HWI）的分解公式如下：

$$HWI = GDP \cdot \frac{CE}{GDP} \cdot \frac{HWI}{CE} = G_i \cdot C_i \cdot E_i$$

上式的分解方式将人类福祉变化分解为由经济效应（G_i）、技术效应（C_i）和生态效率效应（E_i），人类福祉是由这三种效应共同驱动的，以反映经济发展、技术进步和生态效率变化对中国人类福祉变化的影响。G_i 表示人均经济发展水平；C_i 表示能源强度，是碳生产率的倒数，反映能源利用效率和技术水平；E_i 表示福祉导向的生态效率；GDP 表示人均经济指数；CE 表示人均碳排放指数；HWI 表示人类福祉指数；i 为区域。

（二）LMDI 分解法

效应分解模型采用 LMDI 分解法，是目前国际上常用的因素分解模型。根据 LMDI 模型（Ang，2004），基期和 t 年的区域人类福祉可分别表示为 HWI_0 和 HWI_t；从基期到 t 年的人类福祉变化值称为总效应 ΔHWI，由以下三部分组成：经济效应（G_{eff}）、技术效应（C_{eff}）和生态效率效应（E_{eff}）。人类福祉变化的总效应 ΔHWI 和三个分效应的计算公式分别为：

$$\Delta HWI = HWI_t - HWI_0 = G_{eff} + C_{eff} + E_{eff}$$

$$G_{eff} = \sum \frac{(HWI_t - HWI_0)}{(\ln HWI_t - \ln HWI_0)} \cdot \ln\left(\frac{G_{it}}{G_{i0}}\right)$$

$$C_{eff} = \sum \frac{(HWI_t - HWI_0)}{(\ln HWI_t - \ln HWI_0)} \cdot \ln\left(\frac{C_{it}}{C_{i0}}\right)$$

$$E_{eff} = \sum \frac{(HWI_t - HWI_0)}{(\ln HWI_t - \ln HWI_0)} \cdot \ln\left(\frac{E_{it}}{E_{i0}}\right)$$

三个分效应对中国区域人类福祉变化影响的贡献率分别为$\frac{G_{eff}}{\Delta HWI}$，$\frac{C_{eff}}{\Delta HWI}$，$\frac{E_{eff}}{\Delta HWI}$。若经济效应（$G_{eff}$）、技术效应（$C_{eff}$）和生态效率效应（$E_{eff}$）为正值，表示由于经济发展、技术进步和生态效率提高而促进了人类福祉水平的提升，称为增量效应；反之，称为减量效应。因为中国 HWI 逐年提升，ΔHWI 为正值，所以贡献率$\frac{G_{eff}}{\Delta HWI}$，$\frac{C_{eff}}{\Delta HWI}$，$\frac{E_{eff}}{\Delta HWI}$为正值或负值所表示的增量或减量效应与分效应同理。

第二节　中国区域福祉产出绩效的动态演变

一　中国省级区域人类福祉产出绩效动态演变

从省级区域来看，2010 年，中国经济发展的福祉绩效排名前五的省区依次为贵州、广西、云南、甘肃、江西。经济发展的碳绩效排名前五的省区依次为广西、四川、江西、湖南、重庆。人类福祉的碳绩效排名前五的省区依次为广西、江西、四川、湖南、重庆。可以看出，这些省区均位于西部和中部。其中，贵州经济发展的福祉产出效率最高。广西在 1990—2010 年经济发展的碳绩效和人类福祉的碳绩效进步最大，提高最快；其次是江西、四川、湖南和重庆。需要指出的是，2010 年，北京经济发展的福祉产出绩效排名第 25 位，经济发展的碳绩效提升较快，排名第七位；广东经济发展的福祉产出绩效排名第 20 位，但经济发展的碳绩效排名第六位。其他东部发达省区不论是经济发展的福祉产出绩效、经济发展的碳绩效还是人类福祉的碳绩效排名，均和其经济发展水平不相符。由此可知，西部和中部地区的多数省区在经济发展的碳绩效和经济发展的福祉产出绩效方面具有超过东部和东北地区的相对优势（见表 6－1）。

表 6－1 中国省级区域人类福祉产出绩效动态演变（1990—2010 年）

省区	经济发展的福祉产出绩效（*HWEE*）				经济发展的碳绩效（*CEE*）				人类福祉的碳绩效（*EHW*）			
	1990	2010	排序（2010）	$\Delta HWEE$（2010—1990）	1990	2010	排序（2010）	ΔCEE（2010—1990）	1990	2010	排序（2010）	ΔEHW（2010—1990）
北京	1. 126	1. 059	25	－0. 067	0. 313	0. 491	7	0. 178	0. 352	0. 519	11	0. 167
天津	1. 012	0. 983	29	－0. 029	0. 400	0. 222	25	－0. 178	0. 405	0. 218	26	－0. 187
河北	2. 099	1. 166	17	－0. 933	0. 357	0. 224	24	－0. 133	0. 748	0. 261	24	－0. 488
山西	2. 043	1. 102	21	－0. 941	0. 185	0. 132	28	－0. 054	0. 379	0. 145	28	－0. 234
内蒙古	1. 996	0. 861	30	－1. 135	0. 274	0. 116	30	－0. 157	0. 547	0. 100	30	－0. 446
辽宁	1. 266	1. 043	26	－0. 223	0. 282	0. 175	27	－0. 106	0. 357	0. 183	27	－0. 174
吉林	1. 820	1. 174	15	－0. 646	0. 310	0. 285	19	－0. 025	0. 564	0. 334	21	－0. 230
黑龙江	1. 579	1. 212	12	－0. 367	0. 310	0. 284	20	－0. 026	0. 489	0. 344	18	－0. 145
上海	0. 857	1. 006	28	0. 149	0. 413	0. 274	22	－0. 139	0. 354	0. 276	22	－0. 078
江苏	1. 556	1. 066	24	－0. 491	0. 644	0. 344	15	－0. 300	1. 003	0. 367	17	－0. 636
浙江	1. 555	1. 067	23	－0. 488	1. 009	0. 322	17	－0. 687	1. 569	0. 344	19	－1. 225
安徽	2. 404	1. 263	7	－1. 141	0. 559	0. 445	9	－0. 114	1. 343	0. 562	7	－0. 781
福建	1. 735	1. 139	19	－0. 596	1. 089	0. 455	8	－0. 635	1. 890	0. 518	12	－1. 372
江西	2. 515	1. 292	5	－1. 224	0. 549	0. 607	3	0. 057	1. 382	0. 783	2	－0. 598
山东	1. 742	1. 083	22	－0. 659	0. 566	0. 243	23	－0. 323	0. 986	0. 263	23	－0. 722

续表

省区	经济发展的福祉产出绩效（*HWEE*）				经济发展的碳绩效（*CEE*）				人类福祉的碳绩效（*EHW*）			
	1990	2010	排序（2010）	Δ*HWEE*（2010—1990）	1990	2010	排序（2010）	Δ*CEE*（2010—1990）	1990	2010	排序（2010）	Δ*EHW*（2010—1990）
河南	2.712	1.236	10	-1.476	0.485	0.423	11	-0.063	1.316	0.522	10	-0.794
湖北	1.931	1.202	13	-0.730	0.603	0.401	13	-0.202	1.164	0.482	13	-0.682
湖南	2.418	1.259	9	-1.158	0.549	0.590	4	0.042	1.327	0.743	4	-0.583
广东	1.446	1.132	20	-0.315	1.014	0.517	6	-0.497	1.466	0.585	6	-0.881
广西	2.802	1.308	2	-1.493	0.884	0.700	1	-0.184	2.476	0.916	1	-1.560
海南	1.966	1.260	8	-0.707	3.687	0.441	10	-3.245	7.249	0.555	8	-6.693
重庆	—	1.226	11	—	—	0.563	5	—	—	0.691	5	—
四川	2.585	1.280	6	-1.305	0.574	0.607	2	0.032	1.485	0.777	3	-0.708
贵州	3.187	1.346	1	-1.841	0.314	0.310	18	-0.005	1.001	0.417	16	-0.584
云南	2.165	1.308	3	-0.858	0.618	0.416	12	-0.202	1.339	0.544	9	-0.795
陕西	2.343	1.190	14	-1.152	0.491	0.281	21	-0.210	1.150	0.335	20	-0.815
甘肃	2.460	1.299	4	-1.160	0.313	0.331	16	0.018	0.769	0.430	15	-0.340
青海	1.693	1.161	18	-0.532	0.463	0.372	14	-0.091	0.784	0.432	14	-0.352
宁夏	2.038	1.033	27	-1.005	0.248	0.123	29	-0.125	0.506	0.128	29	-0.378
新疆	1.660	1.171	16	-0.488	0.345	0.205	26	-0.140	0.573	0.240	25	-0.332

二　中国四大区域人类福祉产出绩效动态演变

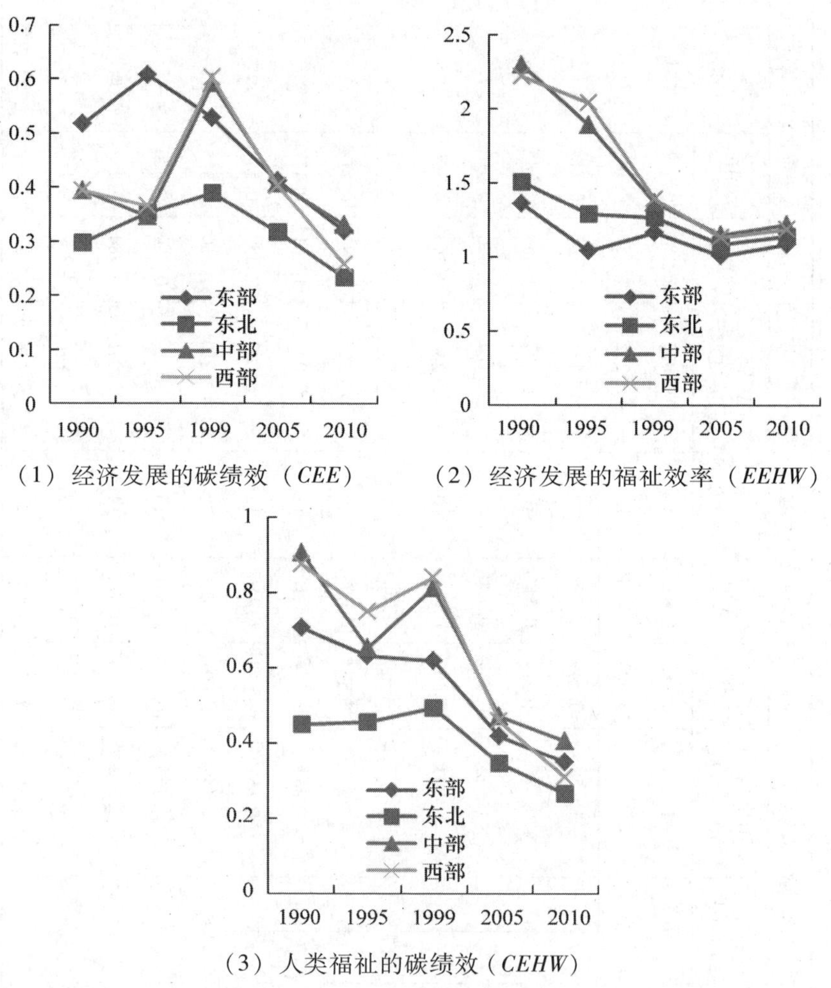

（1）经济发展的碳绩效（*CEE*）　　（2）经济发展的福祉效率（*EEHW*）

（3）人类福祉的碳绩效（*CEHW*）

图 6－2　中国四大区域人类福祉产出绩效演变（1990—2010 年）

再从四大区域来看，图 6－2（1）显示出，中国四大区域经济发展的碳绩效整体上呈降低趋势，且大致都经历过一个先增后减的演变过程。1999 年之后，中国四大区域碳生产率明显趋于降低，但各区域经济发展的碳绩效峰值拐点出现的年份有所不同，主要是由于四大区域处于不同的发展阶段，因而单位碳排放所对应的经济产出存在差异。可以看出，东北地区经济发展的碳绩效一直最低，西部地区在2010年经济发展的碳绩效下降幅度十分明显，表明对于东北和西部地区而言，提高碳生产率十分必要。尽管1999年之后中国四大区域的碳生产率都趋于降低，但其社会福祉水平提升很快。

从图6-2（2）可见，中国四大区域经济发展的福祉产出效率整体递减，并趋向均衡。西部、中部地区1990—2010年人类福祉指数的平均增长率分别达到40.21%和39.04%，表明中西部地区在经济发展成果的民生福祉转化方面比东部和东北地区进步更快。中国四大区域经济发展的福祉产出效率从2005年起略有提升，“高增长低福祉”的福祉产出模式发生了些微改变。

从图6-2（3）可见，中国四大区域人类福祉的碳绩效整体降低，呈逐步趋同态势。东北地区人类福祉的碳绩效最低，西部地区1990—2010年人均碳排放量的平均增长率高达299.70%，使其2010年人类福祉的碳绩效降幅最大。中部地区人类福祉的碳绩效相对最高。中国人类福祉的碳绩效下降趋势值得重视，尤其是西部地区人类福祉提升较慢与碳排放压力陡增的发展矛盾需要关注。

总结可知，1990—2010年，中国四大区域人类福祉的碳绩效在降低中呈趋同演进态势；经济发展的碳绩效整体降低，1999年以后降幅尤为明显；经济发展的福祉产出效率整体上趋于递减。其中，东北地区经济发展的碳绩效在四大区域中一直处于最低，西部地区经济发展的碳绩效在2010年明显降低，仅略高于东北地区，表明东北、西部地区经济发展的碳绩效有待提高。

中国四大区域经济发展的福祉产出效率整体递减，中西部地区在经济发展成果的福祉转化方面比东部和东北地区进步更快，区域之间经济发展的福祉产出效率明显趋同。东北地区人类福祉的碳绩效水平最低，中部地区人类福祉的碳绩效水平最高，西部地区人类福祉提升较慢，人均碳排放量压力陡增，使其2010年人类福祉的碳绩效降幅最大，中国四大区域人类福祉的碳绩效在整体降低中呈趋同趋势。

第三节　中国区域福祉与二氧化碳排放的脱钩分析

一　人类福祉与二氧化碳排放的脱钩模型

（一）脱钩指数方法的应用

“脱钩”一词最早用于农业政策领域，后由世界银行引入资源环境领域并形成具有资源环境分析特色的脱钩研究领域（钟太洋，2010）。相关研究按内容主要分为两个方面：其一是脱钩方法研究。陆钟武（2003）基于IPAT推导出一个衡量经济增长与环境负荷关系的脱钩评价方法，提出了资源脱钩指数的ITG方程与排放脱钩指数的ITGX方程。孙睿（2014）借鉴Tapio脱钩指数测算方法，改进了“两阶段滚动”Tapio指数测算方法。

其二是运用脱钩分析方法的实证研究。杨克（2009）采用Tapio方法研究了耕地占用与GDP增长之间的脱钩关系。王崇梅（2010）运用脱钩分析方法探讨了中国经济增长与能源消耗之间的关系。赵兴国（2011）运用改进的脱钩分析方法探讨了云南省经济增长与资源环境压力的脱钩程度。盖美（2013）运用基于弹性分析法的脱钩程度判断标准对长江三角洲地区资源环境与经济增长的关系进行了分析。李晓羽（2015）构建了综合的环境污染指标和人类发展指标，对环境污染与人类福祉之间的相关性进行了分析和检验。

可以看出，上述研究多是探究资源环境与经济增长之间的资源环境效率关系，很少有研究从经济指标拓展到人类福祉指标，从福祉产出绩效视角分析人类福祉与资源环境指标之间的脱钩关系。本节将针对中国人类福祉不断提升过程中所出现的资源消耗与环境破坏问题，采用脱钩分析方法，选取估算的*HDI*与CO_2排放量指标，分析中国人类福祉与环境指标之间的脱钩关系及其动态演变。

（二）人类福祉与二氧化碳排放的脱钩类型

对经济增长与环境负荷之间的脱钩分析范式进行拓展，将之应用到人类福祉与碳排放之间的关系分析之中，构建得到的脱钩指数是衡量中国人类福祉碳绩效的重要指标。*HDI*指数反映了人类福祉水平，

CO_2排放量反映碳排放水平。根据脱钩理论，将人类福祉与CO_2排放之间的脱钩类型分为三类：绝对脱钩、相对脱钩和未脱钩。具体含义如下：在人类福祉提升时，CO_2排放量保持不变或者下降，称其为“绝对脱钩”；当CO_2排放量增加，但其增速低于人类福祉增速时，称其为“相对脱钩”；当CO_2排放量增加，且增速大于等于人类福祉增速时，称其为“未脱钩”。在人类福祉降低时，若CO_2排放量也下降，且下降速度大于或等于人类福祉降低速度，则称其为“绝对脱钩”；若CO_2排放量也一同下降，但下降速度小于人类福祉降低速度，则称其为“相对脱钩”；若CO_2排放量不变或增加时，称其为“未脱钩”。

（三）脱钩指数计算方法

从现有研究来看，脱钩指数的测度方法主要有变化量综合分析法、脱钩指数法、弹性分析法、基于完全分解技术的脱钩分析方法、IPAT模型法、描述统计分析法、计量分析法和差分回归系数法八种方法（钟太洋，2010）。这里选取陆钟武等人基于IPAT方程所推导出的脱钩指数来分析人类福祉与CO_2排放量之间的脱钩情况（陆钟武、王鹤鸣、岳强，2011）。计算公式如下：

$$D_r = \frac{t}{g} \times (1 + g)$$

单位HDI的CO_2排放量 = CO_2排放总量/ HDI

$$g = (HDI_n - HDI_{n-1})/HDI_{n-1}$$

t = （单位HDI碳排放$_{n-1}$ − 单位HDI碳排放$_n$）/单位HDI碳排放$_{n-1}$

其中，D_r表示CO_2排放量的脱钩指数；g表示一定时期内HDI年增长率；t表示同期内单位HDI二氧化碳排放量的年下降率。脱钩指数分类标准根据人类福祉水平的升降而有所不同（见表6－2）。

表6－2 **脱钩指数分类标准**

脱钩关系	人类发展指数上升（g>0）	人类发展指数下降（g<0）
绝对脱钩	Dn≥1	Dn≤0
相对脱钩	0<Dn<1	0<Dn<1
未脱钩	Dn≤0	Dn≥1

二 中国人类福祉与二氧化碳排放的脱钩分析

（一）全国层面的人类福祉与二氧化碳排放的脱钩分析

根据脱钩指数的测度方法，使用人均 CO_2 排放量与 *HDI* 计算得到表 6-3，第四列为标准化后的单位 *HDI* 对应的 CO_2 排放量，计算得到 2000—2013 年中国 CO_2 排放量与人类福祉的脱钩指数 *Dr*（见表 6-3）。

表 6-3　　2000—2013 年中国 HDI 与 CO_2 脱钩分析情况

年份	人均 CO_2 排放量（吨/人）	*HDI*	标准化后的 CO_2/*HDI*	*G*（%）	*T*（%）	*Dr*
2000	2.4870	0.7124	0.98	—	—	—
2001	2.5732	0.7121	0.99	-0.00034	-0.00527	15.3878
2002	2.8328	0.7240	0.99	0.01666	0.00186	0.1132
2003	3.3337	0.7359	1.00	0.01643	-0.01147	-0.7094
2004	3.7849	0.7466	1.01	0.01455	-0.00992	-0.6920
2005	4.4427	0.7523	1.03	0.00760	-0.02721	-3.6085
2006	4.7545	0.7680	1.03	0.02094	0.00481	0.2343
2007	4.9674	0.7809	1.02	0.01679	0.00591	0.3581
2008	5.6368	0.7900	1.04	0.01161	-0.02166	-1.8878
2009	6.2023	0.7987	1.06	0.01103	-0.01620	-1.4849
2010	6.8124	0.8062	1.08	0.00944	-0.01916	-2.0497
2011	7.6267	0.8138	1.11	0.00934	-0.02773	-2.9953
2012	7.8024	0.8196	1.11	0.00718	-0.00058	-0.0817
2013	8.2684	0.8258	1.13	0.00757	-0.01278	-1.7014

从表 6-3 可以看出：（1）2000—2013 年，中国人类发展指数除在 2001 年略有下降外，其余年份均保持上升状态，人类福祉水平整体上不断提高。（2）人均 CO_2 排放量不断增加，2003 年人均 CO_2 排放量年涨幅最高（约为 18%），2012 年最小（约为 2.8%）。2007 年以

前，单位 *HDI* 的二氧化碳年排放量有增有减，波动较大，但 2007 年以后单位 *HDI* 所对应的二氧化碳排放量一直处于增长态势，但增幅逐年减小。（3）2002 年、2006 年与 2007 年的人类福祉提升与 CO_2 排放量呈相对脱钩状态，其余年份均未实现脱钩，说明中国实现人类福祉提升在很大程度上仍以排放更多的二氧化碳为代价。（4）2007 年以前的脱钩指数距离横轴较近且围绕其上下波动，说明 2007 年以前中国人类福祉与二氧化碳排放尽管未绝对脱钩，但关联程度较弱。2007 年以后中国人类福祉与二氧化碳排放之间的关系一直处于未脱钩状态，脱钩指数相对较小（见图 6－3），说明从国家层面来看，2007 年以后中国人类福祉的碳绩效较低。从国家层面来看，2001—2013 年，中国人类福祉与 CO_2 排放量之间的关系经历了由相对脱钩到未脱钩的不断重复循环过程，中国人类福祉的提升与 CO_2 排放量在整体上还处于未脱钩状态，中国人类福祉水平的提高对碳排放表现出较为明显的依赖性。

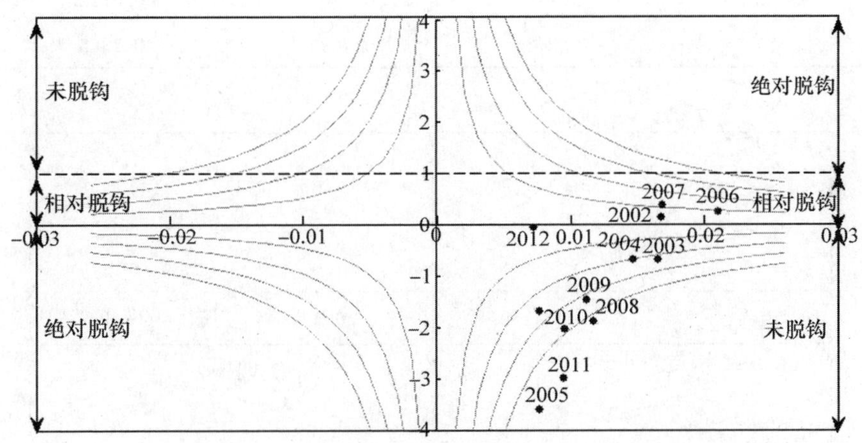

图 6－3　2000—2013 年中国 *HDI* 与 CO_2 排放的脱钩曲线

（二）中国人类福祉与各类 CO_2 排放量的脱钩分析

进一步分析得到中国人类福祉与各类 CO_2 排放量的脱钩关系（见表 6－4、图 6－4、图 6－5、图 6－6）。

表6-4 中国 HDI 与各类 CO_2 排放量脱钩关系演变

年份	原煤	原油	天然气
2000	—	—	—
2001	16.5216	-0.6065	1.7055
2002	-0.0555	0.9638	1.0231
2003	-0.7396	0.7040	0.9692
2004	-0.7654	0.7036	0.9476
2005	-3.6453	0.0131	0.9056
2006	0.2778	0.9014	0.9346
2007	0.4876	0.8594	0.8906
2008	-2.2856	0.6639	0.9077
2009	-1.0924	0.2524	0.7948
2010	-2.0245	0.4980	0.8206
2011	-3.3218	0.6308	0.7923
2012	0.2824	0.6702	0.6322
2013	-1.8268	0.7627	0.8368

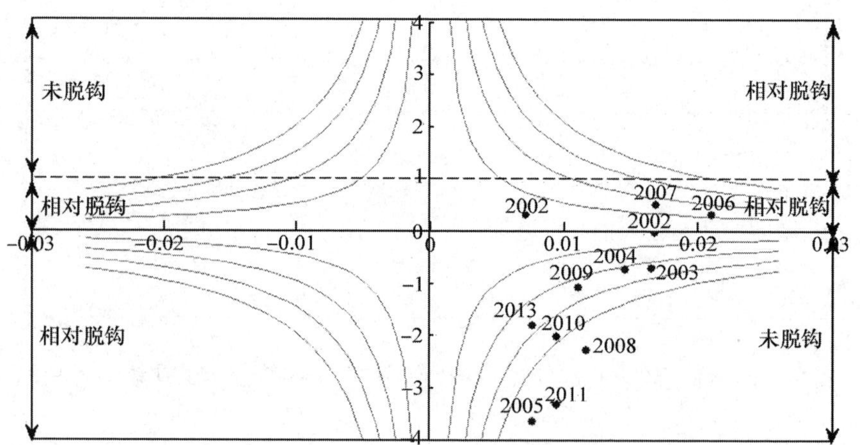

图6-4 中国 HDI 与原煤产生的 CO_2 排放量的脱钩指数演变

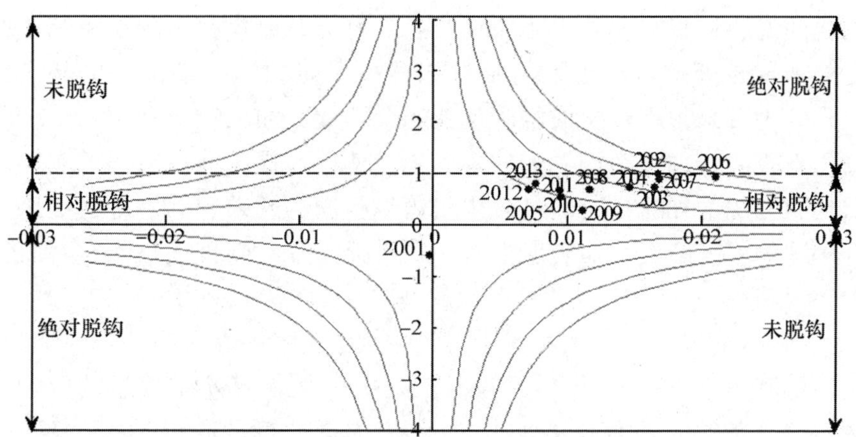

图 6－5　中国 *HDI* 与原油产生的 CO_2 排放量的脱钩指数演变

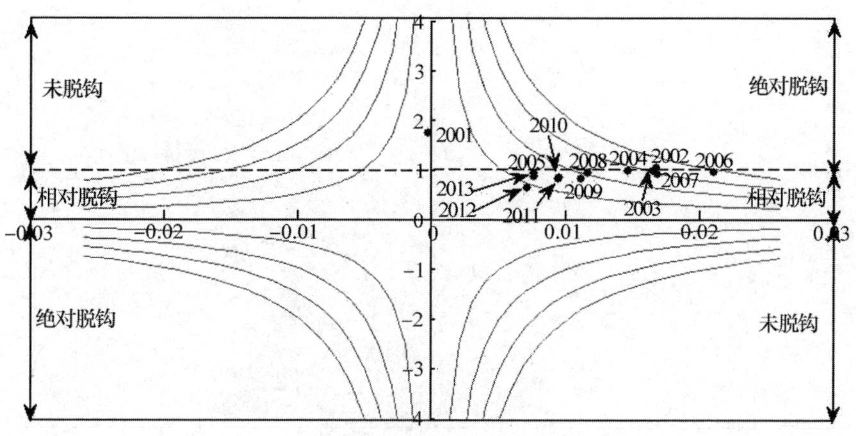

图 6－6　中国 *HDI* 与天然气产生的 CO_2 排放量的脱钩指数演变

可以看出，中国人类福祉对不同类型资源的依赖程度不同。其中，对原煤的依赖程度最大，一直处于未脱钩状态；比较而言，对天然气的依赖程度较小，其脱钩状态主要为相对脱钩，实现绝对脱钩的趋势明显。从不同类型资源的 CO_2 脱钩指数来看，中国人类福祉提升与原油和天然气消费所带来的 CO_2 排放量之间处于相对脱钩状态，有实现绝对脱钩的演进趋势；但人类福祉与原煤消费所带来的 CO_2 排放量之间的脱钩指数仍处于未脱钩状态。可见，原煤在中国能源利用结构中占有较大比例，短期内不易扭转“原煤独大”的能源结构。原煤是一种带来很大碳排放的碳基能源，因此，加大能源利用技术的科技创新投入，加强新能源的研发和推广使用，提升能源利用效率，降低化石能源消耗比重，通过减少对煤炭资源的开采和利用等途径来降低中国的 CO_2 排放，是实现中国人类福祉提升与碳排放之间相对脱钩的主要路径。

（三）中国省区人类福祉与 CO_2 排放量的脱钩格局变化

计算 2000—2013 年中国各省区人类福祉与 *HDI* 排放量的脱钩指数，分析各省区人类福祉提升与 *HDI* 排放量之间的脱钩关系演变及其空间格局。

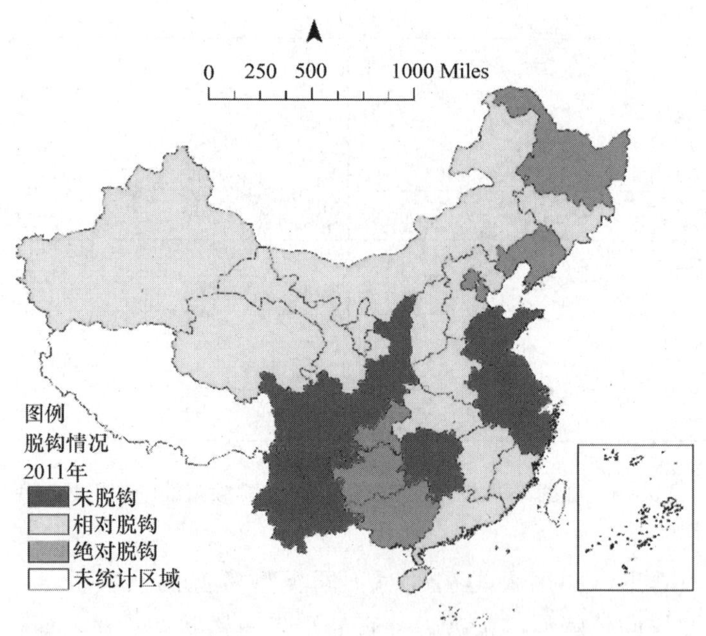

图 6－7　2001 年中国省区 *HDI* 与 CO_2 脱钩状况

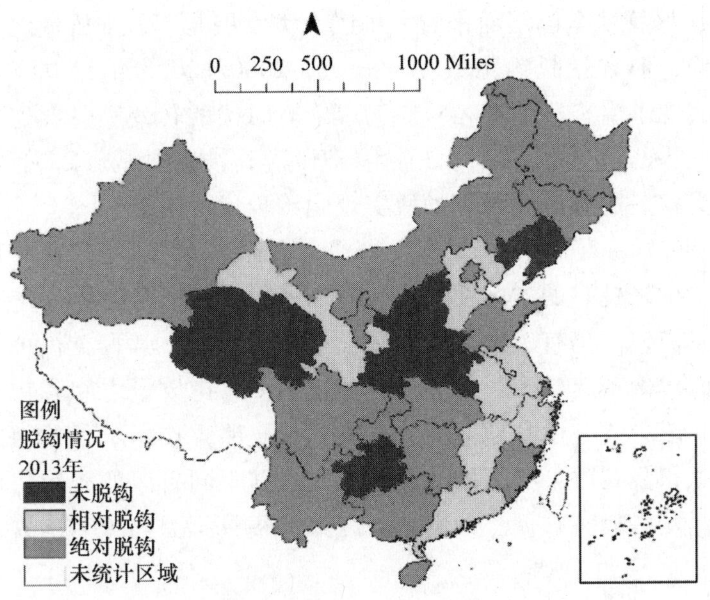

图 6－8　2013 年中国省区 *HDI* 与 CO_2脱钩状况

通过图 6－7、图 6－8 可以看出：

（1）2001 年，中国处于未脱钩状态的省区有 9 个，处于绝对脱钩状态的省区有 7 个，其余省区均处于相对脱钩状态，说明 2001 年中国大多数省区提升人类福祉均依赖于较高的 CO_2排放来实现；2013 年，处于绝对脱钩状态的省市数目上升为 16 个，处于相对脱钩状态的省区为 8 个，仅有陕西等 6 个省区处于未脱钩状态。可以看出，随着中国经济社会发展水平的不断提高，能源结构不断优化、能源利用效率得到很大改善，越来越多的省区开始逐步摆脱碳排放对提升人类福祉的限制。

（2）2001 年，江、浙、沪三省市均处于未脱钩状态，这一趋势到 2013 年有所好转。2013 年江、浙、沪三省市均处于脱钩与相对脱钩状态，表明江、浙、沪地区的碳福祉效率得到明显改善。

（3）四川、云南、湖南以及山东四省的 *HDI* 与 CO_2排放量的脱钩指数均由未脱钩转变为绝对脱钩，可以看出，这四个省区在保护资源与环境的同时又在促进人类发展上取得了一定的成绩。

（4）尽管从全国层面来看，中国人类发展与 CO_2 排放量之间未能实现脱钩，但省际脱钩指数差异较大，2000—2013 年，中国绝大多数省区实现了由未脱钩向相对脱钩或绝对脱钩的转变。各省需要在保持自身优势的情况下，保护自身生态环境与合理利用资源，探索新的提升人类发展的有效途径，加快实现脱钩步伐。

综上可知，2001—2013 年，中国多数省区实现了 CO_2 排放量的绝对脱钩，越来越多的省区在提高人类福祉水平的同时开始注重对资源环境的保护，但仍有个别省份的碳福祉指数较低，其人类福祉提升的资源环境代价不容乐观。中国人类福祉与 CO_2 排放量之间脱钩关系的省区不平衡主要是由各地区经济发展水平及能源技术水平差距以及各地区能源和公共政策导致的。因此，应根据不同省区的脱钩特征，实施差异化发展战略，促进中国各省区人类福祉提升与 CO_2 排放量的全面脱钩。

第四节　中国区域福祉变化的驱动效应时空分异

一　中国人类福祉变化驱动效应的时间分异

根据 LMDI 要素分解模型，对中国 1980—2010 年人类福祉变化的驱动效应进行分解，计算结果见表 6－5。

表 6－5　**中国人类福祉变化驱动效应的时间分异**

	1980—1990 年		1990—2000 年		2000—2010 年		1980—2010 年	
	效应值	贡献率	效应值	贡献率	效应值	贡献率	效应值	贡献率
经济效应	0. 154	36. 475	0. 153	30. 469	0. 151	25. 616	0. 468	293. 651
技术进步效应	0. 021	4. 932	0. 363	72. 352	－0. 726	－122. 817	－0. 229	－143. 586
生态效率效应	－0. 098	－23. 152	－0. 022	－4. 371	－0. 426	－72. 035	－0. 503	－315. 569

1980—2010 年，中国人类福祉的提升主要是由于经济效应驱动

所致，而技术进步效应，尤其是生态效率效应显现为减量效应，对人类福祉提高起到了制约作用。具体来看，1980—1990年，中国人类福祉从0.423增加到0.502，这一变化由经济效应和技术进步效应共同推动，但生态效率效应对中国人类福祉提高起到了抑制作用。1990—2000年，中国人类福祉指数提高了0.089，主要依赖技术进步效应和经济效应实现的，这一时期生态效率效应对人类福祉变化依然是制约作用。2000—2010年，中国人类福祉从0.591跃升为0.719，进入高人类福祉行列，这主要归功于经济效应的驱动作用，这10年的技术进步效应和生态效率效应对人类福祉变化均表现出明显的制约作用。

从以上分析可以得出：生态效率效应一直是中国人类福祉提升的减量效应，说明中国在改善人类福祉的进程中，生态效率一直是制约和限制因素；而经济效应一直对中国人类福祉提升起着积极的驱动作用，为1980年以来中国人类福祉的不断提升奠定了重要的经济基础。技术进步效应在2000年之前一直是增量效应，尤其是1990—2000年技术效应超过经济效应成为中国人类福祉变化的第一驱动力，但在2000—2010年则表现为减量效应，说明2000年以前中国人类福祉变化依赖于经济效应和技术进步效应的双轮驱动，也即经济发展与技术进步组合驱动模式。2000年以后，技术进步效应和生态效率效应的抑制作用更为凸显，中国人类福祉变化的驱动效应主要以经济效应驱动为主。

总体上，中国人类福祉变化的驱动效应以经济效应驱动为主，经济增长是促进中国人类福祉提高的重要基础。随着中国经济的发展，消费能力不断扩大，效用提高，促使人类福祉水平不断提升。同时，经济增长对中国社会发展进程具有重要的促进作用，通过加大教育和卫生投入，人力资本和人的可行能力大大提高了，促进了中国人类福祉水平的提升。因此，要继续加大科技创新对人类福祉提升的贡献率，大力提高人类福祉导向的生态效率，增强经济社会福祉导向的生态效率驱动效应，对中国人类福祉的可持续提升及人民生活质量的改善具有重要价值。

二　中国人类福祉变化驱动效应的区域分异

（一）经济效应

1990—2010年，中国四大区域板块人类福祉变化的经济效应均为增量效应。其中，东部地区、东北地区的经济驱动效应较弱，其增量驱动效应分别为0.334和0.369。中部地区、西部地区的经济驱动效应较强，其增量驱动效应分别为0.683和0.656。可见，对中部地区、西部地区而言，经济效应是其提升人类福祉最主要的驱动因素，使其人类福祉增幅最大，超过了东部和东北地区。由于东部、东北地区1990—2010年的人类福祉增量比中、西部地区小，其经济效应对人类福祉的贡献率和中、西部地区相差较小（见表6-6）。

（二）技术效应

1990—2010年，中国四大区域板块人类福祉变化的技术效应均为增量效应。其中，东部地区的技术进步效应最强，技术进步效应贡献率最高，为237.6%，表明这段时期东部地区由于能源效率提高和技术进步所带来的人类福祉改善最为明显，在1990—1995年、1995—1999年、1999—2005年、2005—2010年四个时间段里它的技术进步效应逐次提高，表明东部地区能源效率提高和技术进步对人类福祉产出的促进作用越来越强。这一趋势在东北地区显现得也较为明显，在经历了1990—1995年、1995—1999年两个时间段的技术进步抑制效应之后，1999—2005年、2005—2010年两个时间段东北地区人类福祉已经体现出技术进步所带来的越来越强的促进作用。中、西部地区的技术进步效应却处于不断的波动之中，西部地区在1999—2005年技术进步的增量效应值达到0.293，但从1990—2010年这一时段来看，西部地区的技术进步效应为0.287，仅低于东部地区，远高出东北和中部地区；从技术效应贡献率来看，中部地区最低，仅为54.2%（见表6-6）。

（三）生态效率效应

1990—2010年，中国四大区域板块人类福祉变化的生态效率驱动效应均为减量效应，东部、东北、中部和西部四大区域生态效率效应的贡献率分别为-347.4%、-258.5%、-245.2%、-309.6%

（见表6－6）。

表6－6 **中国四大区域人类福祉驱动效应动态演变（1990—2010）**

		经济效应 G_{eff}		技术进步效应 C_{eff}		生态效率效应 E_{eff}		ΔHWI
		效应值	贡献率（%）	效应值	贡献率（%）	效应值	贡献率（%）	
东部地区	1990—1995	0.277	367.8	－0.119	－157.3	－0.083	－110.5	0.075
	1995—1999	－0.085	－1688.2	0.109	2155.0	－0.019	－366.8	0.005
	1999—2005	0.142	503.8	0.200	709.0	－0.313	－1112.7	0.028
	2005—2010	－0.012	－24.5	0.214	422.0	－0.151	－297.5	0.051
	1990—2010	0.334	209.8	0.378	237.6	－0.553	－347.4	0.159
东北地区	1990—1995	0.151	378.5	－0.118	－296.0	0.007	17.6	0.040
	1995—1999	0.057	135.2	－0.078	－185.4	0.063	150.3	0.042
	1999—2005	0.144	552.7	0.163	626.9	－0.280	－1079.7	0.026
	2005—2010	0.010	20.8	0.250	533.5	－0.213	－454.3	0.047
	1990—2010	0.369	238.8	0.185	119.7	－0.399	－258.5	0.155
中部地区	1990—1995	0.173	333.5	0.085	163.8	－0.206	－397.3	0.052
	1995—1999	0.299	389.0	－0.374	－486.3	0.152	197.3	0.077
	1999—2005	0.167	481.0	0.279	803.0	－0.411	－1184	0.035
	2005—2010	0.022	30.4	0.169	237.0	－0.119	－167.4	0.071
	1990—2010	0.683	291.0	0.127	54.2	－0.576	－245.2	0.235
西部地区	1990—1995	0.085	240.2	0.043	120.9	－0.092	－261.1	0.035
	1995—1999	0.350	356.7	－0.328	－334.1	0.076	77.3	0.098
	1999—2005	0.176	563.2	0.293	934.0	－0.438	－1397.2	0.031
	2005—2010	0.277	367.8	－0.119	－157.3	－0.083	－110.5	0.065
	1990—2010	0.656	285.1	0.287	124.5	－0.713	－309.6	0.230

从1990—1995年、1995—1999年、1999—2005年、2005—2010年四个时间段来看，1999—2005年的抑制效应达到最大，此后抑制作用略有降低，表明生态效率因素对中国提升人类福祉有着十分明显的抑制作用。可见，生态效率因素是制约中国四大区域人类福祉提升的主要因素，对西部地区而言则更是如此。因而，改善生态效率的减

量效应，降低碳排放，对提高中国四大区域的人类福祉具有重要作用。

1990—2010年，中国四大区域人类福祉变化的经济效应、技术效应均为增量效应，生态效率驱动效应均为减量效应。中部、西部和东部地区人类福祉提升主要通过经济增长而实现。提高技术水平和经济效率是东部地区人类福祉提升最主要的驱动力。尽管中部地区技术进步对人类福祉产出是增量效应，但其促进作用相对其他三大区域而言较小，有待大力加强。能源效率提高和技术进步主要是通过提高经济效率和福祉产出绩效来促进人类福祉提升的，因此提高能源效率、技术水平和经济效率是中、西部与东北地区仅次于经济增长驱动之外的第二驱动力。生态效率因素是制约四大区域人类福祉提升的主要限制因素，尤其是西部地区。因而，对四大区域板块而言，改变生态效率的减量效应，降低碳排放，对提高中国人类福祉具有重要价值。实施兼顾降低碳排放和提高人类福祉的低碳人文发展战略，对改变中国生态效率效应的减量效应具有重要的战略价值。

（四）驱动效应空间模式

由以上分析可见，中国四大区域板块均为经济效应和技术进步效应的增量效应与生态效率的减量效应组合驱动。经济增长、技术进步和生态效率等因素共同影响着中国区域人类福祉的动态变化。其中，经济增长和技术进步是中国人类福祉变化的主要驱动力，而生态效率效应则是主要的抑制力。从分区域来看，东部地区人类福祉提升主要由技术效应和经济效应双轮均衡驱动，但也受到生态效率因素的反向抑制。中部、西部地区人类福祉变化主要依赖于经济效应的正向驱动，并受到正向的技术效应驱动，但同时也受到比东部地区更为明显的生态效率效应的制约作用。东北地区尽管也由经济效应和技术效应双轮驱动，且受到一定程度生态效率因素的制约作用，但和东部、中部和西部地区相比，其三个分效应值均较低，显然，其人类福祉变化缺乏明显强劲的驱动因素。

从图6-9、图6-10中国省级区域人类福祉变化的驱动因素组合来看，上海主要是技术进步效应驱动，1990—2010年其人类福祉变化主要得益于能源利用效率的提高和技术进步的推动，反映出上海市在能源利用效率、技术进步方面的优势及对其提升人类福祉的重要推力。北京市人类福祉变化则由经济效应和生态效率效应共同驱动，但其能源利用效率和技术进步对人类福祉变化表现为抑制作用。海南的人类福祉变化不仅在很大程度上依赖能源利用效率和技术进步效应驱动，而且也依赖经济效应驱动，但海南生态效率方面表现出明显的抑制效应。

整体来看，中国除上海之外其他省区的人类福祉变化都依赖于经济效应的积极推动。除了北京之外，其他所有省区的生态效率效应对其人类福祉变化而言都是减量效应，起到了制约作用，尤以海南的制约作用最为突出。上海是典型的依靠能源效率提高和技术进步效应提升为主的驱动模式，江西、湖南、四川、甘肃都是以经济效应为主的驱动模式，北京为“生态效率效应 + 技术效应”组合驱动模式，其他省区则基本上是“经济效应 + 技术效应”组合驱动模式。

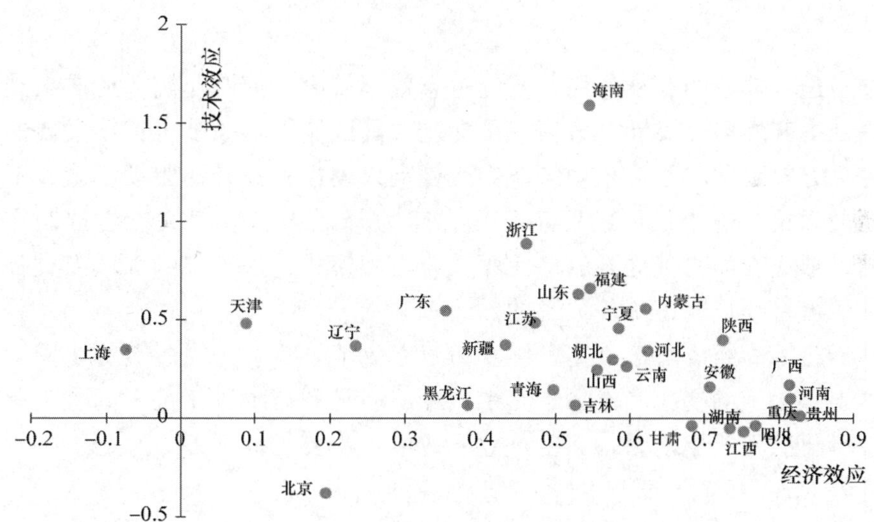

图 6 - 9　1990—2010 年中国省级区域人类福祉的“经济效应—技术效应”驱动模式

中国不同省区具有不同的效应驱动模式。因此，对中国大多数省区而言，为改变依赖经济效应推动人类福祉提升的驱动模式，应加强

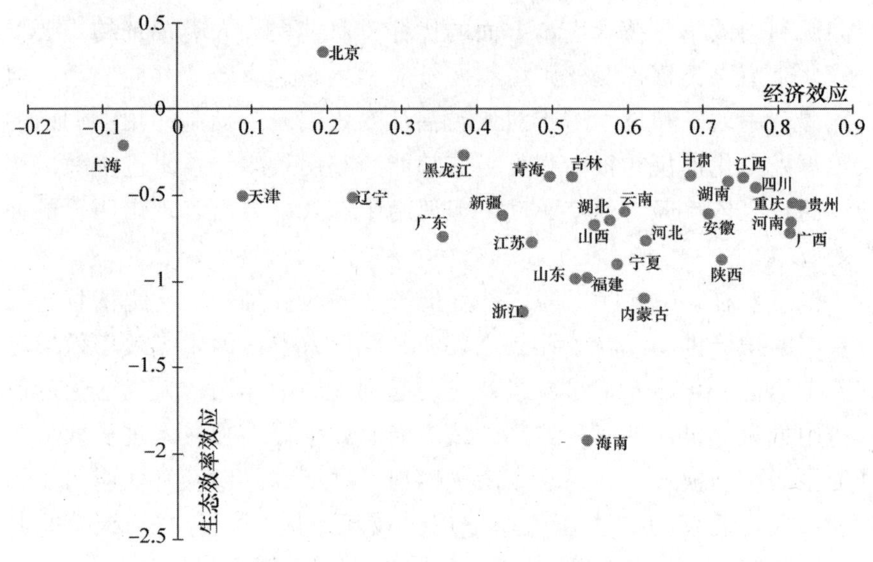

图 6-10　1990—2010 年中国省级区域人类福祉“经济效应—生态效率效应”驱动模式

技术进步效应的驱动作用，降低生态效率效应的抑制作用，形成人类福祉提升的多元驱动合力模式是促进中国区域人类福祉可持续发展的主要方向。逐步改变依赖经济效应推动人类福祉提升的驱动模式，不断加强技术进步效应的驱动作用，着力降低生态效率效应的抑制作用，形成人类福祉提升的多元驱动合力和模式，对于中国区域人类福祉的可持续提升是十分关键的。

总之，经济增长、技术进步和生态效率等因素共同影响着中国区域人类福祉的变化和走势。其中，经济增长和技术进步是中国人类福祉变化的主要驱动力，而生态效率效应是主要的抑制力。

第七章　中国区域福祉不平衡的影响因素分析

本章将从全国、区域、省级三个空间层面，应用人类发展指数（HDI）及其基尼系数作为被解释变量，应用多元统计和计量经济等方法，综合分析影响中国区域福祉不平衡的主要因素。首先，从全国层面应用多元逐步回归模型对中国人类福祉空间差异的影响因素进行回归分析；然后从区域层面应用灰色关联度模型对中国人类福祉的主要影响因素进行定量分析；最后从省级层面应用面板模型对中国人类福祉变化的影响因素进行计量分析。

第一节　全国层面的中国区域福祉不平衡影响因素分析

一　中国区域福祉不平衡影响因素的指标选取

就人类福祉影响因素的研究成果来看，R. Scott Frey 等人（1997）以中国城市为例，具体分析了工业化、外资、公共服务投入和人口增长等因素对中国城市人类福祉的影响。K. Mazumdar（2003）从国家尺度选取工业化率、公共健康投入、公共教育投入、城市化率、人均 GDP 等指标分析了各国人类福祉的决定因素；S. Appleton & L. Song（2008）基于居民满意度指标分析了中国城市居民主观福祉的决定因素；K. Shams（2014）对巴基斯坦乡村居民主观福祉的决定因素进行了分析，认为教育、健康和收入水平是影响居民主观福祉的主要因素；王圣云、史利江（2014）对长三角城市群福祉决定因素进行了因子分析，认为经济总量、经济联系、生活条件、产业结构等是影响长三角城市群福祉水平的主要因素；胡鞍钢（2013）对中国人类发展区域格局演变进行了分析，认为中国人类福祉提升源于高速经济增长、大规模人口迁移、财政转移支付、不断健全的公共服务体系。从上述人类福祉影响因素的研究可知，经济增长水平、公共服务、转移支付、工业化、城镇化、资本投资、产业发展以及基础设施等因素是影响福祉水平的主要因素。

可以看出，已有研究多探究的是中国人类福祉变化的影响因素，而非针对人类福祉地区差距的影响因素。需要说明的是：第一，考虑到 1994 年中国实行的分税制改革对中央与省级之间的财力分配关系改变很大，导致国家和省级地方政府的公共财政支出和公共财政投入变化较大。因而选取 1995 年作为实证研究的起始年份，分析 1995 年以后中国人类福祉空间差异及其影响因素。第二，只能根据历年中国各省级区域的 HDI 指数推算中国人类福祉的基尼系数，而无法找到很好的数据来估算中国各县级尺度的 HDI 数据，因此很难得到较为准确的各省历年 HDI 的基尼系数。

受数据所限，在全国层面只能以 HDI 的基尼系数作为被解释变量，对其影响指标进行回归分析，进而探究影响中国人类福祉地区差距的主要因素，以期为政府决策部门在全面建设小康社会背景下制定区域协调战略、促进经济与福祉协调发展以及福祉均衡调控政策等方面提供一定的参考。

已有的研究普遍认为，经济增长、公共服务和社会保障投入、中央财政转移支付、城镇化发展、基础设施水平、产业发展等因素对于缩小中国人类福祉地区差距具有影响作用。

二　中国区域福祉不平衡影响因素的逐步回归分析

选取逐步回归模型，剔除了平均受教育年限、人均社会保障支出、城乡收入比、非农产业比重和人均教育经费等指标，最终进入回归模型的解释变量有人均 GDP 增长率（R_{gdp}）、教育经费支出占 GDP 的比重（E_{gdp}）、卫生经费支出占 GDP 的比重（M_{gdp}）、人均转移支付的自然对数（lnTrp）、城镇化率（Urb）五项指标。需要说明的是，对人均转移支付指标采取对数形式以降低其量级影响，以 HDI 的基尼系数（$Gini_{HDI}$）为被解释变量，对1995—2013年全国层面的*HDI*的基尼系数进行回归分析，计算结果如下（见表7-1）。

$$Gini_{HDI} = -0.053R_{gdp} - 0.104E_{gdp} - 2.667M_{gdp} + 0.054\ln Trp - 0.573Urb \qquad R^2 = 0.986$$

$$(-2.160^{**}) \quad (-1.464) \quad (-2.221^{**}) \quad (5.393^{***}) \quad (-3.866^{***})$$

由回归方程可知，模型回归效果较好，$R^2=0.986$。

在回归模型中，人均*GDP*增长率、教育经费支出占*GDP*的比重、卫生经费支出占*GDP*的比重和城镇化率对*HDI*基尼系数呈负影响。其中，除教育经费支出占*GDP*的比重之外，其他三个自变量均通过5%的显著性检验，尤其是城镇化率的显著性水平为1%，说明这四项指标对缩小*HDI*的省际差距有显著作用。这可能是因为经济增长和城镇化发展带动了就业，促进了农业人口向城镇和发达地区的转移，这会增加一部分低收入者的收入，进而减少了*HDI*中的收入指数差距，使*HDI*的地区差距整体缩小。比较而言，对降低*HDI*的基尼系数作用最明显的是卫生经费支出占*GDP*的比重，说明卫生经费投入能有效降低各省区的健康福祉差距。尽管教育经费支出占*GDP*的比重不是十分显著，但t值超过1表明，教育经费投入也起到了缩小各省区教育差距的作用。

需要指出的是，取对数的人均转移支付指标对全国HDI的基尼系数的影响是正向的，也即人均转移支付非但没有起到预料的促进人类福祉均衡的目的，反而扩大了人类福祉的省际差距，且在5%水平上显著，表明人均转移支付是HDI空间差距扩大的原因之一，但所起作用的效果较小，人均转移支付的对数每增加1%，HDI的基尼系数将增加0.00054（见表7-1）。

根据分析可推知：（1）经济较快增长、加大公共服务投入、推进城镇化都有助于缩小中国人类福祉的省际差距，尤其是卫生经费投入能有效促进中国人类福祉的均衡发展，教育经费投入也在某种程度上缩小了中国人类福祉的省际差距。（2）人均转移支付则扩大了中国人类福祉的省际差距，表明人均转移支付并未达到均衡省际财政能力的效果，反而加大了省际公共财政差距，因此需要进一步完善中国公

表 7-1　　　　逐步回归模型系数

模型		非标准化系数		标准系数	t	Sig.
		B	标准误差			
	R_{gdp}	-0.053	0.025	-0.229	-2.160	0.049
	E_{gdp}	-1.040	0.710	-0.798	-1.464	0.165
	M_{gdp}	-2.667	1.201	-0.680	-2.221	0.043
	$\ln Trp$	0.054	0.010	9.939	5.393	0.000
	Urb	-0.573	0.148	-7.366	-3.866	0.002

共财政体制，以中国省级地方政府财政能力均等化为手段，促进中国人类福祉的均衡发展。中国实现分税制以后，中央财政收入明显壮大，增强了中央政府对财政的宏观调控能力，加大了对地方政府转移支付的规模。(3) 尽管中央财政具有向省级政府实施大规模转移支付的财力基础，但如何将转移支付落到实处，落到最能促进省区之间人类福祉的均衡上来，仍然需要进一步深入研究。(4) 中央和省级地方政府应继续加大对教育资源、医疗资源、科技创新等领域的投资，不断优化其资源分配结构和效率，有效减少中国人类福祉的地区差距。

第二节　区域层面的中国区域福祉变化的影响因素分析

本节将从区域层面分析和找寻影响中国人类福祉变化的影响因素，这不仅有助于评价中国经济发展的成效和衡量中国人民的生活状态，而且对于提升中国人类福祉水平、促进中国不同区域福祉的协调发展以及全面建成小康社会具有重要意义。

一　中国区域福祉变化的灰色关联度法

历年《中国人类发展报告》的人类发展指数数据时间序列不连续，数据量少，统计规律不明显，因此不宜采用回归分析等方法来探求中国人类福祉时空演变的影响因素。灰色关联分析方法弥补了采用数理统计方法的缺憾，它适用于较少数据序列的系统分析。其核心思想是根据序列曲线几何形状的相似程度来判断其联系是否紧密。曲线越接近，相应序列之间关联度就越大，反之就越小。

本节选取的中国人类福祉变化的影响因素主要包括公共服务投入因素、工业化和城镇化因素、产业结构因素和基础设施因素。具体而言，在公共服务投入因素方面选取了卫生经费投入和教育经费投入两个指标；工业化和城镇化因素分别选取了工业化率和城镇化率两个指标，分别用工业增加值占 GDP 的比重和城镇人口占总人口数的百分比来表示；产业结构因素用第三产业占 GDP 的比重来表示，基础设施因素用万人公路和铁路里程数来表示。

基于灰色关联度的中国人类福祉变化的影响因素分析步骤如下：首先对原始数据进行均值化变换；然后计算关联系数，在此基础上求关联度并排关联序，最后列出关联矩阵。设有经过均值化变换的母序列参考数据，并将其记为：

$$x_0^k = \{x_0^k(1), x_0^k(2), \cdots, x_0^k(n)\}$$

将子因素数据序列记为：

$$x_i^k = \{x_i^k(1), x_i^k(2), \cdots, x_i^k(n)\}$$

其中，$i = 1,2,\cdots,m$；m 为指标个数；n 为时间序列；k 为观测对象。

关联系数（$\varepsilon_i(k)$）可由下式计算得出：

$$\varepsilon_i(k) = \frac{\Delta_{min} + \rho\,\Delta_{max}}{\Delta_{oi}(k) + \rho\,\Delta_{max}}$$

其中，$\Delta_{oi}(k)$ 表示母序列与子序列的绝对差，即 $\Delta_{oi}(k) = \lfloor x_0(k) - x_i(k) \rfloor (1 \leqslant i \leqslant m)$；$\Delta_{min}$ 和 Δ_{max} 分别表示所有比较序列绝对差中的最小值与最大值；ρ 为分辨系数，$\rho\varepsilon(0,1)$，实际应用中一般取 $\rho = 0.5$。

对于观测对象，计算关联度：

$$\gamma_{oi} = \frac{1}{m}\sum_{k=1}^{m} \varepsilon_i(k)$$

二 中国区域福祉变化的影响因素分析

具体选取教育经费支出占 GDP 的比重（x_1）、卫生经费支出占

GDP 的比重（x_2）、人均转移支付（x_3）、城镇化率（x_4）、工业化率（x_5）、第三产业占 *GDP* 的比重（x_6）、万人铁路和公路里程数（x_7）、人均固定资产投资（x_8）八项指标，以 HWI 为母序列计算中国及四大区域的关联矩阵（见表 7－2）。

表 7－2　1990—2010 年中国人类福祉变化影响因素的关联矩阵

关联矩阵	x_1	x_2	x_3	x_4	x_5	x_6	x_7	x_8
全国	0.579	0.320	0.184	0.527	0.766	0.822	0.255	0.190
东部地区	0.574	0.368	0.210	0.298	0.759	0.771	0.265	0.215
东北地区	0.802	0.349	0.226	0.670	0.787	0.798	0.297	0.185
中部地区	0.841	0.294	0.189	0.508	0.759	0.704	0.242	0.188
西部地区	0.731	0.442	0.186	0.402	0.672	0.697	0.283	0.198

从表 7－2 的整体情况来看，中国及四大区域的人均转移支付、万人铁路和公路里程数、人均固定资产投资等指标与 HWI 的关联度很低，普遍低于 0.300。就人均转移支付指标来看，其关联度低可能是因为人均转移支付实质上较少投入民生领域（王小鲁、樊纲，2004），此外，虽然转移支付的区域分配能在一定程度上缩小区域之间或省区之间的财政收入差距，但由于人均本级财政收入高的省份相应地得到更多的转移支付，原本人均本级财政收入低的省份得到的人均转移支付反而少，人均转移支付尽管为促进区域间公共服务均等化提供了财力保障，却没有有效抑制东部、西部区域内的财力差距（田发、周琛影，2013）。万人铁路和公路里程数、人均固定资产投资指标关联度低可能是因为交通基础设施投入和固定资产投资对经济增长的促进作用明显，却对人类福祉没有直接影响（黄君洁，2011）；与教育经费支出占 GDP 的比重指标相比，卫生经费支出占 GDP 的比重指标的关联度低很多，中部、东北和西部地区尤其如此。

从全国层面计算的灰色关联度来看，第三产业占 GDP 的比重指标对中国 1990—2010 年 HWI 变化的影响最大，关联度为 0.822；工业化率指标次之，关联度为 0.766；再次是教育经费支出占 GDP 的比重和城镇化率指标，关联度分别为 0.579 和 0.527；人均固定资产投资与 HWI 的关联度最低（0.190）。中国 1990—2010 年 HWI 提升主要是由于产业发展及优化、教育经费投入和城镇化等影响因素驱动的，工业化、城镇化和教育发展对中国人类福祉提升产生了重要影响。

东部地区的关联度排序格局和全国层面的计算结果相近，其关联度超过 0.7 的指标是第三产业占 GDP 的比重和工业化率，教育经费支出占 GDP 比重的关联度为 0.574，可见，东部地区人类福祉提升主要由产业结构优化投入实现的，但其城镇化率与 HWI 的关联度仅为 0.298，低于全国层面的关联度得分，表明东部地区城镇化对其人类福祉提升的影响相对较小。

从计算得出的东北地区关联度来看，教育经费支出占 GDP 的比重对中国 1990—2010 年 HWI 变化的影响较大，灰色关联度得分超过 0.800，然后关联度由高到低依次为第三产业占 GDP 的比重、工业化率、城镇化率等指标，可见，东北地区人类福祉提升是通过扩大教育经费投入以及产业结构不断优化和推进工业化与城镇化而实现的。

从计算得出的中部地区关联度来看，教育经费支出占 GDP 比重指标的关联度最高（0.841），工业化率和第三产业占 GDP 比重指标的关联度次之，分别为 0.759 和 0.704；再次是城镇化率指标，关联度为 0.508。可知，促进中部地区人类福祉提升最主要的影响因素是教育经费投入，第二、三产业的发展是促进中部地区人力福祉提升的第二驱动因素，城镇化则是第三驱动因素，而其他指标对于中部地区人类福祉提升的作用相对较小。

就西部地区而言，教育经费支出占 GDP 比重指标的关联度最高（0.731），然后是第三产业占 GDP 的比重指标（0.697），再次是工业化率指标（0.672），表明西部地区教育经费投入和产业结构调整对其 HWI 提升的影响较大，其他指标对其 HWI 提升的作用较小。

对中国四大区域板块而言，教育经费投入是中、西部地区的第一驱动因素，对中部地区尤为重要，同时是东北地区的第二驱动因素。产业发展及结构优化是东部、东北地区的第一驱动因素，也是西部地区的第二驱动因素。工业化是东、中部地区的第二驱动因素。城镇化对东北、中部地区人类福祉的提升产生了较为重要的影响，但对于东、西部地区的驱动作用则较小（见表7－3）。

表7－3　1990—2010年中国区域人类福祉变化的影响因素组合

	第一影响因素	第二影响因素
东部地区	产业发展与结构优化	工业化
东北地区	产业发展与结构优化	教育经费投入
中部地区	教育经费投入	工业化
西部地区	教育经费投入	产业结构优化

从国家整体来看，中国人类福祉水平不断提升首先得益于第二、三产业的快速发展，其次是教育经费投入和城镇化的重要推动，而卫生经费投入、交通基础设施、人均固定资产投资、人均转移支付对中国人类福祉提升的作用较小。对中国四大区域板块而言，教育经费投入是中、西部地区的第一驱动因素，对中部地区尤为重要；产业结构优化是东部、东北地区的第一驱动因素；工业化是东部、中部地区的第二驱动因素，产业结构优化是西部地区的第二驱动因素，教育经费投入是东北地区的第二驱动因素。城镇化对东北、中部地区人类福祉提升产生了较为重要的影响，但对于东部和西部地区的驱动作用则较小。

1990—2010年，第二、三产业的快速发展是中国人类福祉整体提升的主要动力，其次是教育经费投入和城镇化发展，而卫生经费投入、交通基础设施、人均转移支付等因素的驱动作用较小。经济增速、公共服务投入及城镇化发展均有助于缩小中国人类福祉的省际差距，尤其是卫生经费投入有效地促进了中国人类福祉的均衡发展，人均转移支付则扩大了中国人类福祉的省际差距。

第三节　省级层面的中国区域福祉不平衡的影响因素分析

本节将选取卫生经费占财政支出的比重、教育经费占财政支出的比重、人均社会保障支出、人均转移支付和城镇化率五个指标，选用

1995—2013 年共 19 年时间序列、31 个省份的面板数据，对中国区域福祉不平衡的影响因素进行面板数据分析。

鉴于转移支付和社保投入两个指标以数值表示，而其他都以百分比（%）表示，对这两个数值的变量取对数（ln）后进行回归。由于使用的是面板数据，为保证分析结果及模型的科学性，需先对各变量进行平稳性检验，检验方法为面板数据 Levin、Liu 和 Chu 单位根检验。

从表 7-4 可以看出，经过 Levin、Liu 和 Chu 单位根检验，教育经费占财政支出的比重和卫生经费占财政支出的比重是非平稳的，但其一阶差分是平稳的。故对教育经费占财政支出的比重和卫生经费占财政支出的比重两个指标采用一阶差分形式，平稳后，对两个平稳的一阶差分进行回归，代替原来的数值。其他变量都是平稳的，可直接使用。利用 Hausman 检验判断固定效应还是随机效应，卡方值 CHI 小于 0.1，拒绝原假设，使用固定效应。

表 7-4　　Levin、Liu 和 Chu 单位根检验

指标	P 值	检验结论
HDI	0.000	平稳
Med	0.084	不平稳
Dmed	0.000	平稳
Edu	0.098	不平稳
Dedu	0.000	平稳
Lnsec	0.000	平稳
Lntrs	0.050	平稳
Civ	0.080	平稳

从表 7-5 实证结果可以看出，模型的整体拟合效果较好，rho 约为 0.96，表明模型所选解释变量的方差能够解释总体方差的大部分信息，所选变量能很好地解释 HDI 的变化。具体来看，教育经费占财政支出的比重、人均社会保障支出、人均转移支付、城镇化率这四个指标为正相关，且除了教育经费占财政支出的比重之外，其他三个指

标均显著，说明加大人均社会保障支出、人均转移支付以及加快城市化进程均有助于提高各省区人类福祉，提高教育经费占财政支出比重的增速，能提高各省区的人类福祉。

表 7－5　HDI 的影响因素面板数据估计结果（1995—2013 年）

	HDI（FEM）
Dmed （卫生经费占财政支出的比重）	－0. 1583 （－2. 91）***
Dedu （教育经费占财政支出的比重）	0. 0167 （0. 43）
Lnsec （人均社会保障支出）	0. 0185 （11. 25）***
Lntrs （人均转移支付）	0. 0352 （18. 68）***
Civ （城镇化率）	0. 0253 （3. 75）***
R^2（within）	0. 9543
R^2（between）	0. 1058
R^2（overall）	0. 3419
Hausman test	V^2(5) ＝－19. 54 （p＝0. 0000）
rho	0. 9625

说明：*** 表示在 1% 的显著性水平下显著。

结合省级面板数据对人类发展指数的回归和本章第一节中全国层面的逐步回归法对人类发展指数的基尼系数的回归来看，入选的指标相同的都是表征教育、卫生、社保投入以及城市化进度的指标。从回归结果来看，教育经费的投入和城市化进程在提高人类发展指数的同时，促进了区域福祉均衡。换言之，教育经费投入和城镇化的推进可以提高人类福祉，且对于低福祉地区的作用更为明显。可以推测，对于低福祉地区，提高教育经费投入、推进城镇化将大幅提升其人类福祉。

需要指出的是，转移支付均为显著正相关，说明增加转移支付虽能提高人类福祉，但会加大地区间的福祉差距。原先处于较高人类福祉的地区得到了更多的转移支付，而处于较低人类福祉的地区得到的却更少，也即国家在进行转移支付分配时存在一定的不合理性，有失公平。耐人寻味的是，对卫生经费占财政支出比重指标的回归结果分析可知，卫生经费占财政支出比重的增速，是有效缩小中国地区福祉差距的重要途径，但可能会降低地区人类福祉水平。

第八章　中国区域福祉均衡机制与调控方案

第一节　中国区域福祉均衡的调控机制

中国社会经济发展不平衡以及由此带来的基本公共服务供给不均等，已成为不争的事实。解决这一问题，除继续加快经济发展，提高基本公共服务和财政投入外，还可通过供需匹配实现中国区域福祉均衡，缩小各地区之间的生活水平或福祉水平差距，缓解中国各地区之间由于经济差距所造成的福祉失衡现象，促进社会公平正义与社会和谐。

由于福祉衡量的是人的良好生活状态，区域福祉均衡的核心要义是在各地区人均生活水平不断提高的基础上，使得各地区人均福祉水平大致均等。这也就意味着，从区域发展来看，尽管区域之间的经济发展可以不平衡，但只要区域之间的福祉水平大致均衡，就可以说实现了区域福祉均衡。① 因此，实现区域福祉均衡的目标，不是要刻意平衡区域之间的经济发展，而是在保持适度经济发展差距的前提下，积极创造条件以扭转区域之间存在的福祉供需失衡和福祉差距扩大趋势，逐步实现区域之间人均福祉水平大体均等。

需要指出的是，福祉均衡比当前学界广泛使用的基本公共服务均等化概念的含义更为丰富。其一，福祉均衡是一个比基本公共服务均等化更能反映民众生活状态好坏的概念，而且涵盖范围更宽，更能体

---

① 樊杰（2007，2013）认为，区域发展的空间均衡是指标识任何区域综合发展状态的人均水平值趋于大体相等。

现出人的功能性活动和可行能力方面的均衡含义；其二，福祉均衡除了反映福祉差距缩小的含义外，比基本公共服务均等化概念更能反映福祉结构上的均衡含义，而基本公共服务均等化多侧重于反映每人都能享受均等的基本公共服务；其三，福祉均衡侧重于福祉供需匹配的均衡性，而基本公共服务均等化往往只强调基本公共服务领域相关投入的大致均等。

本章研究范围是中国大陆 31 个省份（不包括港澳台），选取 2014 年的数据。数据主要来自《中国统计年鉴》（2015）、《中国环境统计年鉴》（2015）和《中国人口和就业统计年鉴》（2015）。试图从福祉均衡的视角，测算 2014 年中国各省份的福祉供给和福祉需求情况，分析各省份的福祉供给能力和福祉需求水平的匹配状况。本章根据福祉供给和福祉需求的空间不匹配现状，根据福祉需求，调整福祉供给盈余省份的福祉供给，以期达到供需匹配视角下的中国省级区域福祉均衡。

一　区域福祉供需均衡的理论机制

对一个地区而言，决定福祉供需的主要因素总体上有两个：一个是地区对福祉的供给能力，一个是地区对福祉的需求水平，这两个因素的变化会对最终的福祉供需关系产生重要影响。

因而，区域福祉失衡实质上是福祉供给能力和福祉需求水平在结构上的不协调和空间上的不匹配。换言之，区域福祉失衡主要有两个内涵：一是经济增长与社会福祉之间的失衡；二是区域之间存在着福祉差距。从区域发展来看，造成区域之间福祉失衡的根本原因在于福祉供需的空间不匹配。据此，本书认为，区域福祉供需均衡指的是区域之间的一种福祉均衡状态，即以福祉为衡量基准，某地区可提供的福祉能力与该地区对于福祉的需求水平相适应，因而每个地区都有其各自的福祉“供—需”均衡点。

假设全国有两个地区：一个是发达地区（Ⅱ），另一个是落后地区（Ⅰ）（见图 8 - 1）。

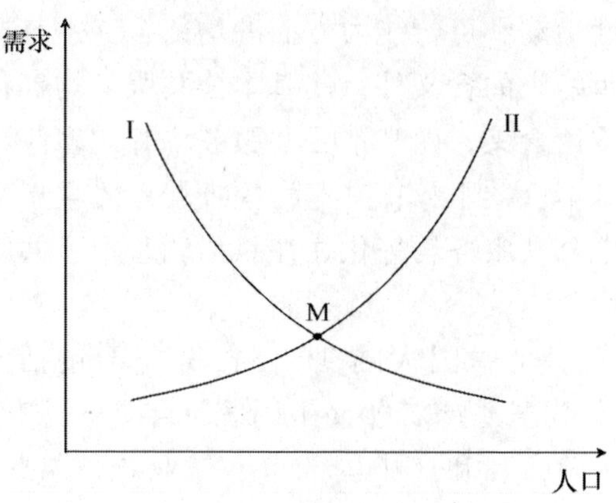

图 8－1 区域福祉供需均衡原理

假设发达地区的福祉基础水平较高，且初始的福祉供需之间是大致均衡的，当其经济增长较快且有大量人口流入时，人口的快速增加带来了大量的对公共服务和社会保障等方面的福祉需求，使其原有福祉供给能力不足以满足大量流入人口的新增福祉需求，这就体现为经济增长与社会福祉之间的失衡，所以需要当地加大福祉供给和投入。

假设落后地区的经济发展水平较低，福祉水平也较低，且初始福祉供需之间是均衡的，当其经济发展较慢且有大量人口流出时，因为该地区初始福祉水平低，经济发展水平低，所以这里对公共服务和社会保障等方面的福祉需求较大。这就体现为与发达地区的福祉差距。但是由于其人口大量流出，人口基数减小，如果当地加大福祉供给方面的公共服务和财政投入，人均福祉水平更易得到提高。

根据上述假设，要实现中国区域之间的福祉均衡，就不能忽视以下几方面的因素：一是人口跨地区迁移所带来的人口规模变化；二是各区域原有的福祉存量水平；三是地区经济社会发展情况（城镇化、老龄化、失业率、环保压力等），因为各地区对福祉的需求会因实际人口规模、福祉基础水平以及经济社会发展状况而异。

从福祉均衡调控策略来看，不论是对发达地区还是落后地区，财政和公共服务等福祉供给都旨在做大福祉增量，是在其原有福祉存量基础上的相应损益或发展（王圣云，2011），即发达地区因为福祉存量水平高，人口大量流入，所以要加大福祉供给，提高人均福祉水平。落后地区因为福祉存量水平低，人口大量流出，所以只要略微加强福祉供给，就可以提高人均福祉水平。

二　基于福祉供需空间匹配视角的中国区域福祉均衡调控思路

福祉均衡不是福祉均等，若对所有地区的公民个体划定绝对公平的福祉供给标准，显然不尽合理，因为每个人的个体特征和社会经济属性各不相同，所以对福祉的需求也不相同。说到底，各地提供福祉供给，是为了满足该地区民众对福祉的需求。这也在某种意义上说明，只从福祉供给均等的角度去考虑区域福祉均衡是不科学的，从福祉供需空间匹配视角分析中国区域福祉均衡机制，是更好的一个分析视角。

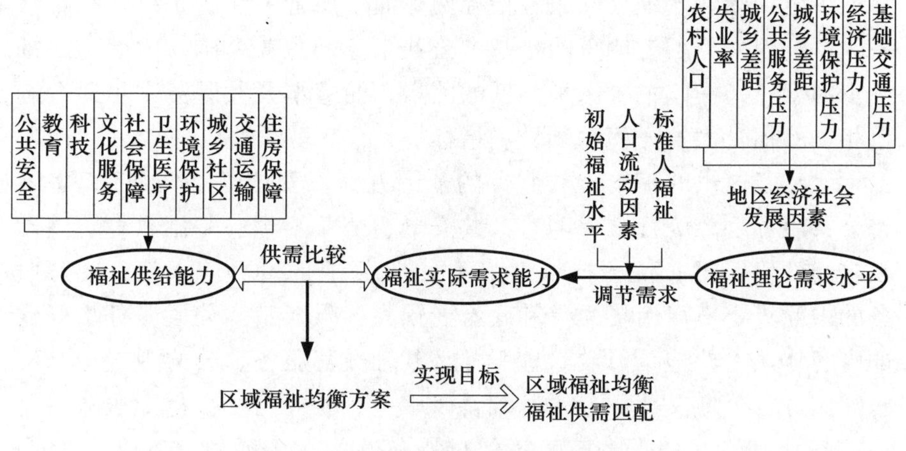

图 8－2　中国区域福祉均衡调控思路

据此提出了基于福祉供需匹配的区域福祉均衡调控思路：首先要思考，应当在一个什么样的福祉水平基础上实现全国范围内的福祉空间均衡？为此，先要计算全国人均意义上的标准人福祉水平；然后计算各地区福祉供给能力和福祉需求水平；再应用全国标准人福祉水平、地区福祉存量水平、人口流动因素等合成地区福祉需求的调节系数[①]，对原先计算的地区福祉需求得分进行修正；在此基础上，通过比较各地区福祉供需匹配关系以及福祉总供给盈余和福祉总需求缺口情况，提出中国区域福祉供需匹配与均衡调配方案（见图8－2）。

第二节　中国省区福祉供给能力和需求水平测算

一　中国省区福祉供给能力和需求水平测评指标体系

（一）中国各省区福祉供给能力测评指标选取

在地区福祉供给的范围方面，至今未达成共识。一般而言，福祉供给能力反映的是一个地区用于改善民生福祉方面的投入情况，通常由该地区的地方政府主导提供，表示各地区对于提高民生福祉的供给能力。关于衡量福祉供给能力的指标选取方面，目前研究主要集中在福祉决定指标和基本公共服务指标两方面。前者关注的是决定福祉水平的影响因素，后者侧重的是基本公共服务的覆盖范围，显然，福祉决定因素只是影响福祉水平高低的因素，而基本公共服务则更适合选取相关的福祉供给方面的领域和指标。

就政府提供的基本公共服务的范围方面，安体富、任强（2008）将公共服务划分为社会保障、公共安全、公共卫生、基础教育、基础设施、环境保护、科学技术七大类。张启春（2009）认为，公共服务的内涵界定应以市场失灵和政府干预为界限。基本公共服务均等化的内容体系主要包括行政管理服务、基础教育服务、公共卫生与基础医疗服务、公共文化服务、基础科研服务、就业与社会保障服务、公益性基础设施服务、生态环境保护服务八类。丁元竹（2009）将中国现阶段的全国性基本公共服务的范围划定在医疗卫生、基本教育、社会救济、就业服务、基本养老保险和保障性住房六类。

由于中国已经整体上进入了由生存型社会向发展型社会迈进的新

① 标准人需求的设定主要受到两种因素的影响：一个是地区初始福祉水平，一般认为，相对于福祉水平较低的地区而言，福祉水平较高的地区的潜在福祉需求较低。二是人口流动因素，一般认为，各省按照户籍人口提供的福祉供给会被常住人口分配和分享。因此，常住人口大于户籍人口的流入地区对福祉的潜在需求更高。

阶段，福祉也从生存型福祉向发展型福祉不断拓展（王圣云，2014）。使得在基本公共服务的内涵和范围方面，随着中国经济社会发展水平的不断提高，以及全面建成小康社会战略的深入推进，对基本公共服务的“基本”内涵在不断拓宽（吕炜，2008）。根据马斯洛的需要层次理论以及 Doyal & Gough 的中间需要理论，人不仅有经济方面的需要，而且有社会文化方面的需要，以及对安全的需要、对居住福祉的需要和对社会交往的需要，而且对良好的生态环境也有需要。

因此，结合上述讨论，在选取福祉供给指标时，除了涉及公共安全、教育、科技、社会保障和就业、医疗卫生与计划生育、节能环保、交通运输七方面指标之外，纳入了文化体育与传媒支出占比、城乡社区支出占比和住房保障支出占比三项指标，反映各地区在文化休闲、社会交往和住房条件方面的福祉供给情况。

总之，从中国常规财政支出中选定了与民生福祉紧密相关的十项福祉供给指标（$x_1 - x_{10}$），所选的10个福祉供给指标覆盖了安全、教育、科研、社会保障等十项内容，能全面反映中国各地区的福祉供给情况。

从表8-1可以看出，中国各省在各类民生财政支出方面有所差异。2014年，中国十项民生财政支出指标之和占总财政支出的69.72%。其中比重最高的是天津，达到77.17%；最低的是西藏，为61.14%。总体来看，所选的十项指标占到地方财政支出的六至八成。表8-1可以较好地反映出中国各地区的福祉供给格局和整体状况。

表8-1 **2014年中国10项公共民生财政支出占比** (%)

	公共安全支出	教育支出	科学技术支出	文化体育与传媒支出	社会保障和就业支出	医疗卫生与计划生育支出	节能环保支出	城乡社区支出	交通运输支出	住房保障支出	十项支出总计
北京	6.18	16.40	6.25	3.62	11.25	7.12	4.72	12.54	4.74	1.48	74.30
天津	4.83	17.92	3.78	1.66	9.00	5.59	2.01	28.55	3.29	0.54	77.17
河北	5.31	18.58	1.10	1.77	12.52	9.55	4.14	7.86	6.63	2.71	70.17
山西	5.21	16.44	1.76	2.07	14.61	7.91	3.09	7.10	5.52	3.03	66.74

续表

	公共安全支出	教育支出	科学技术支出	文化体育与传媒支出	社会保障和就业支出	医疗卫生与计划生育支出	节能环保支出	城乡社区支出	交通运输支出	住房保障支出	十项支出总计
内蒙古	4. 65	12. 31	0. 85	2. 37	13. 71	5. 87	3. 68	13. 93	7. 54	4. 06	68. 97
辽宁	4. 64	11. 90	2. 14	1. 82	17. 63	5. 39	2. 09	16. 72	6. 12	3. 43	71. 88
吉林	5. 31	13. 97	1. 25	2. 10	13. 39	7. 09	4. 82	9. 38	7. 86	4. 71	69. 89
黑龙江	4. 97	14. 73	1. 15	1. 33	17. 55	6. 85	3. 25	9. 67	6. 90	4. 29	70. 69
上海	5. 10	14. 13	5. 33	1. 75	10. 12	5. 38	1. 57	16. 28	3. 19	2. 42	65. 26
江苏	5. 59	17. 76	3. 86	2. 25	8. 38	6. 62	2. 81	14. 42	5. 87	2. 24	69. 79
浙江	7. 18	19. 98	4. 03	2. 24	8. 44	8. 41	2. 34	7. 54	7. 53	1. 93	69. 62
安徽	3. 85	15. 93	2. 78	1. 76	12. 35	9. 11	2. 25	11. 98	7. 25	4. 99	72. 25
福建	5. 80	19. 19	2. 04	1. 94	7. 82	8. 83	1. 87	8. 16	9. 40	2. 77	67. 82
江西	4. 53	18. 33	1. 50	1. 55	10. 88	8. 72	1. 75	5. 84	7. 46	5. 08	65. 63
山东	5. 30	20. 36	2. 05	1. 78	10. 64	8. 44	2. 32	10. 84	5. 56	2. 52	69. 81
河南	4. 55	19. 93	1. 35	1. 51	13. 12	10. 00	1. 99	7. 16	6. 05	4. 11	69. 76
湖北	5. 25	15. 67	2. 73	1. 55	14. 54	8. 13	2. 10	7. 38	8. 03	2. 98	68. 37
湖南	4. 91	16. 61	1. 18	1. 59	13. 19	8. 42	2. 74	9. 25	6. 42	4. 15	68. 46
广东	7. 62	19. 76	3. 00	1. 84	8. 71	8. 50	2. 83	8. 41	9. 65	2. 89	73. 20
广西	5. 52	18. 98	1. 72	1. 97	11. 13	10. 21	2. 41	7. 74	5. 89	3. 30	68. 87
海南	6. 16	16. 00	1. 23	2. 14	12. 96	8. 04	2. 12	6. 64	7. 86	3. 58	66. 71
重庆	4. 83	14. 22	1. 15	1. 09	15. 22	7. 45	3. 19	17. 49	7. 89	1. 95	74. 49
四川	4. 70	15. 55	1. 20	2. 00	13. 64	8. 59	2. 48	7. 77	8. 00	4. 53	68. 46
贵州	5. 31	17. 98	1. 25	1. 54	8. 46	8. 56	2. 41	2. 86	12. 19	8. 16	68. 72
云南	4. 95	15. 21	0. 97	1. 27	13. 16	7. 94	2. 45	4. 11	14. 42	3. 71	68. 20
西藏	5. 85	11. 98	0. 37	2. 88	7. 25	4. 12	2. 47	5. 66	14. 61	5. 95	61. 14
陕西	4. 07	17. 51	1. 13	2. 35	13. 66	7. 91	2. 84	8. 34	9. 38	5. 75	72. 95
甘肃	4. 23	15. 79	0. 83	1. 95	14. 80	8. 03	2. 88	3. 10	10. 12	4. 47	66. 20
青海	4. 13	11. 60	0. 77	2. 54	10. 98	5. 95	4. 21	7. 05	15. 19	5. 03	67. 45
宁夏	4. 76	12. 26	1. 17	1. 60	11. 64	6. 52	3. 46	10. 40	7. 30	8. 14	67. 25
新疆	6. 70	17. 10	1. 22	2. 24	9. 07	6. 10	2. 14	8. 64	6. 50	6. 01	65. 70

具体来看，之所以没有选择人均支出指标及其支出占 GDP 比重

两类指标，是因为这两类指标受到人口和经济规模的影响较大，因此选取公共安全支出占财政支出比重、教育支出占财政支出比重、科学技术支出占财政支出比重、文化体育与传媒支出占财政支出比重、社会保障和就业支出占财政支出比重、医疗卫生与计划生育支出占财政支出比重、节能环保支出占财政支出比重、城乡社区支出占财政支出比重、交通运输支出占财政支出比重、住房保障支出占财政支出比重（$x_1 - x_{10}$）共十项指标。可以发现，这十项指标对于一个地区的福祉供给而言，均为正指标，某个地区该指标越大，即民生财政支出比重就越高，表示这个地区的福祉供给能力越强（见表 8 - 1）。

需要补充说明的是，一些没有入选的指标主要包括一般公共服务、外交、国防、资源勘探信息等与民生福祉关联较弱的财政投入指标。之所以没有将一般公共服务列入福祉供给指标体系，是因为从一般公共服务支出明细来看，它属于保障机关事业单位正常运转，支持各机关事业单位履行职能的经常性开支，这一支出与民生福祉供给相关性很低。有研究指出，从实行改革开放政策以来，至 2005 年，政府行政管理效率和公共财政体制效率持续下降，政府用于自身运转费用的增长幅度是用于文教、科学、卫生等公共服务支出增长幅度的 1 倍（吕炜，2008），因此可以认为一般公共服务支出是政府的运营管理费，几与增加地区福祉供给能力无关。

（二）地区福祉需求水平测评指标选取

地区福祉需求水平主要反映的是一个地区对福祉的潜在需求，因为对地区福祉需求很难直接衡量，借鉴已有研究经验，根据地区经济社会发展状况对地区福祉需求进行间接衡量，通过分析民众对良好生活的追求和向往，以反映该地区在福祉方面的潜在需求程度。

假设各地区对福祉的潜在需求基于其经济社会系统结构的变化而变化，任何一个与福祉需求相关领域的经济社会结构发生变化，都会影响到各地区的福祉需求水平。可以预计，中国城镇化进程对福祉需求的影响将十分显著，为此选取了农村人口比重来反映城镇化对福祉需求的影响。失业和城乡差距也是导致各地区福祉需求增加的重要因素，失业率高，将导致社会保障压力加大；城乡差距越大，表明农村地区的福祉需求将增加。人口老龄化和少儿抚养问题也将直接影响中国养老保障和抚养负担等福利支出压力。此外，还选取了反映经济增长压力、公共投入压力、基础设施压力等方面的需求指标。共选取十项反映中国各地区对福祉潜在需求的评价指标（y_1-y_{10}），表8－2为选取的指标及说明：

y_1：人口/GDP（单位：人/万元）。也即人均GDP的倒数，表示每生产万元国内生产总值需要的人口数，这是一个正指标，间接说明该地区人口的劳动生产率较低，对福祉的需求越大。

y_2：农村人口比重（单位:%），这一指标表示某地区城镇化程度。该指标越大，则该地区城镇化水平越低，未来将进入城市的农村人口较多，对于公共产品的潜在需求大，对于福祉的需求也越大。

y_3：城镇登记失业率（单位:%），这一指标表示失业情况。该指标越大，反映该地区失业人口数越多，需要提供的就业保障服务支出就越多，对于福祉的需求也就越大。

y_4：城乡收入比，这一指标用城镇居民人均可支配收入与农村居民人均纯收入的比值来衡量。该指标越大，说明该地区城乡居民收入差距越大，在城乡一体化推进过程中产出的福祉需求就越大。

y_5：人口/卫生人员数（单位：人/人），这一指标表示的是每位卫生人员服务的人口数，能反映该地区医务人员的配置情况。在中国医护人员投入相对不足的背景下，这可以被视为一个正指标，也即每位卫生人员服务的人口数越多，表明该地区在医务人员配置方面的福祉需求就越大。

y_6：人口/教师数（单位：人/人）。表示的是每位教师对应的人口数，这里的教师数选择的是统计年鉴中的专职教师数，是一个正指标，也即每位教师所对应的人口数越多，则表明该地区在教师资源配置方面对福祉的需求越大。

y_7：初中学历以下人口比重（单位:%），这一指标反映了该地区处于低教育水平的人口比例。低的受教育水平通常意味着对高教育投入的潜在需求，当该指标越大时，表明该地区对于教育方面的福祉需求越大。

y_8：人口密度/铁路公路总里程数（单位：万人/万平方公里/公里），表示单位通车里程服务的人口和面积。这一指标表示各地基础设施服务提供的效率，这一指标越大，表示该地区的公共基础设施提供效率越低，对交通方面的福祉需求越大。

y_9：少儿抚养比（单位:%），反映0—14岁人口占15—65岁人口比重，表示该地区需要抚养儿童的比例，该指标越大，表明该地区抚养负担越重，对福祉的需求就越高。

y_{10}：三废总排放/GDP（单位：吨/万元），表示某地区生产每万元GDP所产生的三废排放量。三废包括废水、废气、固体废物。该指标是正指标，该指标越大，表明该地区的环境效率越低，对生态环境的破坏较大，因此该地区对生态福祉的潜在需求越高。

表8-2　各地区福祉供给与福祉需求指标体系

	维度	所选指标	符号	指标性质
地区福祉供给与需求指标体系	福祉供给维度	公共安全支出占财政支出比重	x_1	正向
		教育经费支出占财政支出比重	x_2	正向
		科研经费支出占财政支出比重	x_3	正向
		文化服务支出占财政支出比重	x_4	正向
		社会保障支出占财政支出比重	x_5	正向
		卫生医疗支出占财政支出比重	x_6	正向
		环境保护支出占财政支出比重	x_7	正向
		城乡社区支出占财政支出比重	x_8	正向
		交通运输支出占财政支出比重	x_9	正向
		住房保障支出占财政支出比重	x_{10}	正向
	福祉需求维度	人口/GDP	y_1	正向
		农村人口比重	y_2	正向
		城镇登记失业率	y_3	正向
		城乡收入比	y_4	正向
		人口/卫生人员数	y_5	正向
		人口/教师数	y_6	正向
		初中学历以下人口比重	y_7	正向
		人口密度/铁路公路总里程数	y_8	正向
		少儿抚养比	y_9	正向
		三废总排放/GDP	y_{10}	正向

（三）测评指标的权重计算和数据处理

1. 确定福祉供给和福祉需求的指标权重

关于指标权重的计算，已预先尝试过应用客观赋权法（熵权法），但熵权法是根据数据分布情况得出的客观权重，权重差异很大且和历史数据的分布规律近似，不能反映福祉均衡的调控意图。故采取了多轮专家咨询方式，由专家根据自己的经验和对实际的判断给出主观权重，经过多番咨询以及调整，最终采取德尔菲法与专家咨询法计算指标权重，得到表 8－3 所示的指标权重。

表 8－3　**地区福祉供给和福祉需求各指标权重**

供给指标	$w_{供j}$	需求指标	$w_{需j}$
公共安全支出占财政支出比重	0.10	人口/GDP	0.15
教育经费支出占财政支出比重	0.15	农村人口比重	0.15
科研经费支出占财政支出比重	0.15	城镇登记失业率	0.05
文化服务支出占财政支出比重	0.10	城乡收入比	0.10
社会保障支出占财政支出比重	0.10	人口/卫生人员数	0.075
卫生医疗支出占财政支出比重	0.10	人口/教师数	0.075
环境保护支出占财政支出比重	0.05	初中学历以下人口比重	0.10
城乡社区支出占财政支出比重	0.15	人口/面积/铁路公路总里程数	0.15
交通运输支出占财政支出比重	0.05	少儿抚养比	0.10
住房保障支出占财政支出比重	0.05	三废总排放/GDP	0.05

2. 原始数据标准化处理

为了消除原始数据量纲差异，采用极差标准化方法对原始数据进行标准化处理：

$$a_{ij} = \frac{x_{ij} - x_{min}}{x_{max} - x_{min}}$$

$$b_{ij} = \frac{y_{ij} - y_{min}}{y_{max} - y_{min}}$$

其中，x_{ij}、y_{ij} 表示福祉供给和福祉需求各指标的原始值，a_{ij}、b_{ij} 是福祉供给和福祉需求各指标标准化之后的值，其中，i 表示各个省区，

j 表示各个指标。

二　中国各省区福祉供给能力和福祉需求水平测算与分析

（一）中国各省区福祉供给能力和福祉需求水平测算

以 2014 年为例，中国各省区福祉供给与福祉需求的测度采用线性加权评价法，$W_{供i}$，$W_{需i}$ 表示福祉供给得分和福祉需求得分，$w_{供j}$，$w_{需j}$ 分别表示福祉供给或福祉需求维度的第 j 个指标的权重。因此，线性加权评价模型为：

$$W_{供i} = \sum_{i=1}^{31} w_{供j} \times a_{ij} \quad (j = 1,2,\cdots,10)$$

$$W_{需i} = \sum_{i=1}^{31} w_{需j} \times b_{ij} \quad (j = 1,2,\cdots,10)$$

经计算，2014 年，中国各地区福祉供给与福祉需求得分及排序如表 8－4 所示。

表 8－4　**中国各省区福祉供给得分和福祉需求得分（2014 年）**

省区	$W_{供i}$	供给得分排序	$W_{需i}$	需求得分排序
北京	0.5995	1	0.0950	31
天津	0.4418	7	0.1883	30
河北	0.4407	8	0.5356	10
山西	0.4004	13	0.4692	16
内蒙古	0.3253	27	0.4704	15
辽宁	0.3409	25	0.3505	26
吉林	0.3844	16	0.3800	25
黑龙江	0.3623	22	0.4675	17
上海	0.3680	21	0.2098	29
江苏	0.4474	5	0.3298	27
浙江	0.5189	2	0.3087	28
安徽	0.4030	12	0.5352	11
福建	0.4167	10	0.3978	23
江西	0.3584	24	0.5419	9

续表

省区	$W_{供i}$	供给得分排序	$W_{需i}$	需求得分排序
山东	0.4431	6	0.4008	22
河南	0.4226	9	0.5155	13
湖北	0.3922	14	0.4097	19
湖南	0.3746	18	0.5333	12
广东	0.5164	3	0.3889	24
广西	0.4482	4	0.6201	5
海南	0.3891	15	0.4079	21
重庆	0.3616	23	0.4087	20
四川	0.3710	20	0.5906	7
贵州	0.3732	19	0.6583	3
云南	0.3214	28	0.6945	1
西藏	0.2434	31	0.6861	2
陕西	0.4119	11	0.4252	18
甘肃	0.3407	26	0.6262	4
青海	0.2851	30	0.5511	8
宁夏	0.2977	29	0.4797	14
新疆	0.3788	17	0.5935	6

（二）中国福祉供需的空间失配

结合表8－4、表8－5可以看出，中国各省区福祉供给得分与福祉需求得分的分布规律不同。福祉供给得分的空间差异较小，分布在0.2434和0.5995之间，其均值为0.3929，其变异系数为0.1814，得分分布相对集中，偏度为0.6787，呈右偏态，也即大部分省区的福祉供给得分低于均值。

与福祉供给得分相比，福祉需求得分的省区差异更大，分布在0.0950和0.6945之间，其均值为0.4603，变异系数为0.3119，得分分布相对分散，偏度为－0.5465，呈左偏态，也即大部分省区的福祉需求得分高于均值。值得注意的是，北京是福祉供给得分最高且福祉需求得分最低的地区。西藏的福祉供给得分最低，仅为北京的

40.6%；云南的福祉需求得分最高，是北京的7.31倍。

表8－5　　中国省区福祉供需得分的统计特征（2014年）

	最大值	最小值	均值	变异系数	偏度
福祉供给得分	北京（0.5995）	西藏（0.2434）	0.3929	0.1814	0.6787
福祉需求得分	云南（0.6945）	北京（0.0950）	0.4603	0.3119	－0.5465

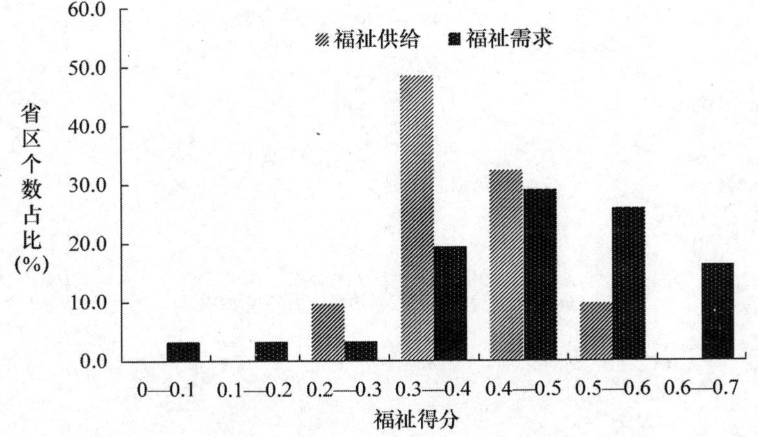

图8－3　中国各省区福祉供给得分与福祉需求得分的分布情况（2014年）

从图8－3可以看出，中国区域福祉供给与福祉需求存在着较为明显的空间失配现象。比较而言，中国省区福祉供给得分的分布更加集中，有近一半省区的福祉供给得分落在0.3分和0.4分之间；而福祉需求得分超过0.5分的省区占比累计在40%以上。由各省区合计的全国福祉总需求为14.27，超过福祉总供给17.16%。具体来看，福祉需求高于福祉供给的省份较多，近2/3的省区是在图8－4中45度对角线上方，分布在对角线上方的省区属于存在福祉供给缺口的省份。在45度对角线下方的省份普遍是福祉供给高于福祉需求的省份，可以发现，全部是中国东部省区。从图8－4中可以明显地看出中国福祉“供给—需求”关系存在着区域差异，东部省区的福祉需求水平普遍较低，大部分属于福祉供给盈余省区；中部地区、东北地区的福祉供给水平相近，都是福祉需求高于福祉供给，但福祉需求缺口较小；而福祉需求缺口较大的省份集中在西部地区。图 8－4 所揭示的是中国各省区福祉供给—需求的匹配和失配格局，符合本章第一节区域福祉均衡的理论分析中的假设和经验判断。

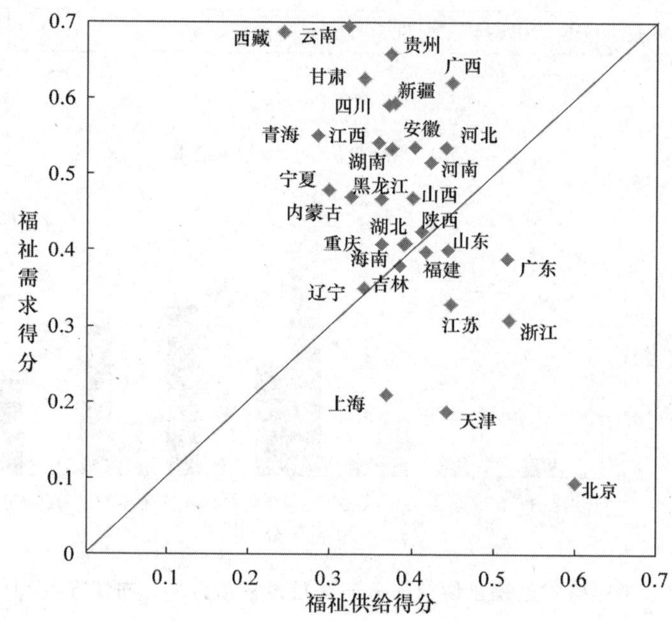

图 8－4　中国各省区福祉供给—福祉需求的匹配关系（2014 年）

三　中国各省区福祉需求得分的修正计算

（一）地区福祉需求水平的修正依据

若按照福祉供需直减的简单算法，虽然福祉供给和福祉需求能从整体上反映图 8－4 的福祉供需失配现象，但仍存在两个不可忽视的重要考量因素：其一，在计算各地区的福祉供给和福祉需求得分时，并没有考虑到各地区的福祉基础水平。比如，不同地区的经济社会发展水平相近，但基础福祉水平差距较大，这种情况势必影响到地区的福祉需求。其二，由于地区之间在收入、就业、社会福祉等方面存在差距，那么在收入、就业、社会福利较好的地区往往会吸引大量人口流入，人口流动因素也是影响地区福祉需求水平的考量因素。从指标来看，就体现为户籍人口和常住人口孰多孰少对地区福祉需求所带来的深刻影响。例如，北京、上海、广东是人口流入大省（市），广西、贵州是人口流出大省（市），显然，在计算各地区的福祉需求时，若不考虑户籍人口和常住人口孰高孰低的比对关系，势必会低估前者的福祉需求，而高估后者的福祉需求，使之有失真实。因此，有必要纳入对地区基础福祉水平和人口流动两个因素的考量，对原来计算的地区福祉需求得分进行修正。

（二）地区福祉需求得分的修正计算过程

根据上述讨论，本书使用人类发展指数来刻画地区人类福祉基础水平①；采用常住人口与户籍人口之比来反映人口流动因素，试图对地区的真实福祉需求进行测算。

一般而言，在中国政府放松户籍管治，强调劳动力自由流动的背景下，尤其是新型城镇化战略的深入推进，大量的劳动力会流入发达地区，所以假定各省区按户籍人口投入的福祉供给最终会被常住人口分享。可以推断，各地区客观上存在大量流入人口或流出人口，往往会造成常住人口和户籍人口统计数据上的较大差异。

应用常住人口、户籍人口和人类发展指数作为参数，对各地区的福祉需求做一些调整，使其更加符合实际状况。具体计算步骤如下。

1. 测算全国标准人福祉水平（$HDI_{标}$）

从全国单位人平均意义上计算一个标准人②本应享有的福祉水平（$HDI_{标}$），也表示全国平均的标准人福祉水平：

$$HDI_{标} = \frac{\sum_{i=1}^{31} HDI_{i户} \cdot p_{i户}}{p_{全}}$$

其中，$p_{i户}$ 表示第 i 个省区的户籍人口数；$p_{全}$ 表示全国总人口数。$HDI_{i户}$ 表示第 i 个省区使用户籍人口计算出来的人类发展指数。这里采用老算法（算术平均法）核算各省区的 HDI 值，计算方法为 $HDI_{户}$

① 通常，我们认为一个地区的人类发展指数可以较好地衡量一个地区的人类福祉现状。

② 标准人实质上是构造的一个单位人概念。

$= \frac{1}{3}(H_1 + H_2 + H_3)$，其中 H_1 为收入指数，H_2 为健康指数，H_3 为教育指数。收入指数采用2014年各省区户籍人口的人均GDP美元平价取对数的形式计算，健康指数采用最新的2010年的全国各省区人口预期寿命计算，教育指数使用成人识字率（占2/3权重）和综合毛入学率（占1/3权重）计算。

计算可得2014年全国平均的标准人标准福祉水平（$HDI_{标}$）为0.8207。

2. 计算地区福祉需求的调节系数（f）

在福祉需求得分中纳入对地区福祉基础水平及人口流动因素的考量，构造地区福祉需求的调节系数（f），即 i 省区常住人口的福祉水平与全国平均标准福祉水平的比值，反映的是 i 省区常住人口的人均福祉水平与全国标准福祉水平之比。由计算 f 的公式可知，f 表示的是常住人口的福祉水平与全国平均标准福祉的差距，决定于 i 省区的福祉水平和人口流入流出情况。可以看出，f 是一个负向指标，f 越小，表示常住人口的福祉水平与全国平均标准福祉的差距越大，是常住人口大于户籍人口的省区，属于人口流入地区，因此应调高该地区的福祉需求得分。

$$f = \frac{HDI_{i户} \cdot p_{i户}}{p_{i常}} / HDI_{标} = \frac{HDI_{i户}}{HDI_{标}} \cdot \frac{p_{i户}}{p_{i常}}$$

3. 计算调整后的地区福祉需求得分（$W'_{需i}$）

因为 f 是一个负指标，采用极差标准化方法将其转化为正向指标 f'。需要指出的是，根据 f 的取值范围，设定 f 的最大值和最小值分别为1.2和0.6，避免出现 f' 取值为0的情况。借鉴阿特金森（Atkinson）测度收入不平等的方法，用 f' 对福祉需求得分（$W_{需i}$）进行调整，对原有的地区福祉需求得分（$W_{需i}$）进行修正，得到调整后的地区福祉需求得分（$W'_{需i}$）。

经过调整，使得那些原来福祉需求较低的省份，由于未将自身较高的福祉基础水平和流入人口分享其福祉总供给而导致的福祉需求得分低估的省份，其福祉需求得分得以提高，这样的调整更为真实。例如，上海市是极高人类福祉地区，且户籍人口远小于常住人口，如果不考虑这两点因素，那么根据经济社会发展因素指标估算的地区福祉需求得分将大大低估其真实的福祉需求。

调整后的地区福祉需求得分（$W'_{需i}$）计算公式如下：

$$W'_{需i} = \left[\frac{1}{2}(W_{需i})^{1-\varepsilon} + \frac{1}{2}(f')^{1-\varepsilon}\right]^{\frac{1}{1-\varepsilon}}$$

其中，ε 是一个调整参数，表示在修正地区福祉需求得分时，对地区福祉基础水平和人口流动因素的重视。当 ε 逐渐增大时，意味着对福祉基础水平高且人口大量流入地区给予了更大的福祉需求偏向；$\varepsilon=0$，表示对上述两点因素不做考虑；这里取 $\varepsilon=2$。表 8-6 为计算得出的调整后的中国各地区福祉需求得分 $W'_{需i}$。

表 8-6　　**中国各省份调整后的福祉需求得分（2014 年）**

省份	$\frac{HDI_{i户}}{HDI_{标}}$	$\frac{p_{i户}}{p_{i常}}$	f	f'	$W'_{需i}$
北京	1.0451	0.62	0.6483	0.9195	0.1722
天津	1.1103	0.67	0.7454	0.7576	0.3016
河北	0.9936	1.03	1.0217	0.2972	0.3823
山西	0.9918	0.97	0.9576	0.4039	0.4341
内蒙古	1.0188	0.98	0.9999	0.3334	0.3903
辽宁	1.0429	0.97	1.0081	0.3199	0.3345
吉林	1.0067	0.97	0.9771	0.3715	0.3757
黑龙江	0.9944	0.98	0.9721	0.3798	0.4191
上海	1.0992	0.59	0.6520	0.9134	0.3412
江苏	1.0477	0.97	1.0114	0.3143	0.3219
浙江	1.0561	0.88	0.9317	0.4472	0.3652
安徽	0.9638	1.14	1.0989	0.1684	0.2562
福建	1.0315	0.97	1.0016	0.3306	0.3611
江西	0.9766	1.08	1.0585	0.2358	0.3286
山东	1.0287	1.00	1.0243	0.2929	0.3385
河南	0.9842	1.18	1.1580	0.0700	0.1233

续表

省份	$\frac{HDI_{i户}}{HDI_{标}}$	$\frac{p_{i户}}{p_{i常}}$	f	f'	$W'_{需i}$
湖北	0.9850	1.06	1.0437	0.2605	0.3185
湖南	0.9880	1.07	1.0562	0.2396	0.3306
广东	1.0610	0.83	0.8792	0.5347	0.4503
广西	0.9854	1.15	1.1350	0.1084	0.1846
海南	1.0124	1.01	1.0269	0.2886	0.3380
重庆	1.0083	1.13	1.1376	0.1040	0.1657
四川	0.9663	1.13	1.0872	0.1880	0.2852
贵州	0.9278	1.23	1.1440	0.0933	0.1634
云南	0.9223	0.98	0.9083	0.4862	0.5720
西藏	0.8199	1.02	0.8329	0.6118	0.6468
陕西	1.0024	1.04	1.0464	0.2560	0.3196
甘肃	0.9373	1.06	0.9892	0.3513	0.4501
青海	0.9376	0.99	0.9323	0.4461	0.4931
宁夏	0.9852	1.02	1.0001	0.3331	0.3932
新疆	0.9864	1.01	0.9967	0.3388	0.4314

说明：经计算，$HDI_{标} = 0.8207$。

经过对各地区福祉基础水平、人口流动情况以及修正后的地区福祉需求得分等分析发现，由于各地区人口流动情况的变动比例（0.81—1.69）比福祉基础水平的变动比例（0.81—1.11）大，可见人口流入流出因素是影响各地区福祉需求得分在修正前后有所变化的主要原因。当然，原先计算的地区福祉需求得分是计算修正后的福祉需求得分的基础，也是不可忽视的一个重要依据。

具体来看，人口流入较多且原福祉需求水平较低的省份，在修正之后，其福祉需求得分得以提高（见表8－7）。从图8－5人口流动数据可以看出①，广东、北京、上海等东部沿海地区的人口流入较大，其常住人口/户籍人口最高达到了1.69。可以看出，修正后的地区福

① 正值表示流入人口，负值表示流出人口。

祉需求得分满足之前我们的假设，符合进行地区福祉需求调整的预期。

表 8－7　　部分省区修正后的需求与人口情况对比（2014 年）

省份	$W_{需i}$	$W'_{需i}$	常住人口（万人）	户籍人口（万人）	常住人口/户籍人口
北京	0.0950	0.1722	2152	1335	1.61
天津	0.1883	0.3016	1517	1018	1.49
上海	0.2098	0.3412	2426	1439	1.69
浙江	0.3087	0.3652	5508	4859	1.13
广东	0.3889	0.4503	10724	8887	1.21

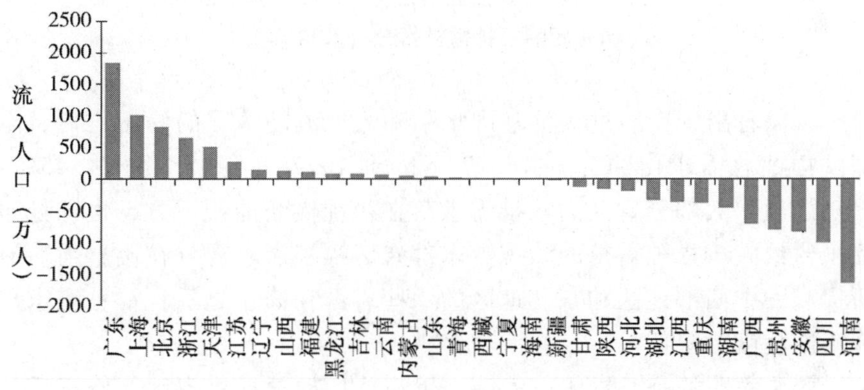

图 8－5　中国各省区常住人口与户籍人口的差异比较（2014 年）

第三节　中国省级区域福祉供需匹配与均衡调控方案

一　中国福祉供需关系的区域比较

从图 8－6 中可以进一步看出，从福祉供给方面来看，中国东、中、西和东北地区的福祉供给水平稍有不同。东部地区的福祉供给水平较高，中部地区与东北地区的福祉供给相近，西部地区是四大区域中福祉供给能力比较落后的区域。

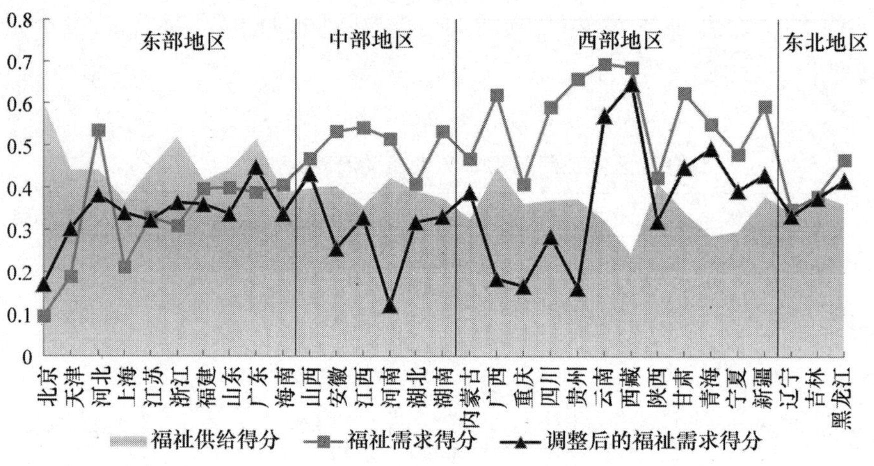

图 8－6　中国各省区福祉供给得分、福祉需求得分与调整后的福祉需求得分（2014 年）

可以看出，在经过福祉基础水平和人口流动情况的修正之后，全国的福祉总需求由原先的 14.27 下降到 10.78，降幅约为 24.45%。修正之后，大部分省区的福祉需求落在福祉供给曲线下方，也即处于福祉供给大于福祉需求的状态。东部省区福祉需求得分在调整前后有所提高，中西部地区和东北地区的一些省区在修正之后，福祉需求出现不同程度的降低。

需要说明的是，贵州、河南、重庆、广西这四个省区，修正后的福祉需求得分显著降低，这是因为这四个省区是人口输出大省，其常住人口与户籍人口之比分别为 0.81、0.85、0.87 和 0.89，常住人口小于户籍人口，因此这类省份的福祉需求在修正后变小。

二　中国各省区福祉供给盈余或需求缺口计算

经过调整的福祉需求得分更能反映地区的真实福祉需求情况，因此采用修正后的福祉需求得分（$W'_{需i}$）与福祉供给得分（$W_{供i}$），比较分析中国福祉供给盈余与福祉需求缺口及其空间匹配情况，以此作为调整中国省区之间福祉供给的依据，进而缩小中国各省区之间的福祉投入差距，实现中国区域福祉供需均衡调控。

计算福祉供给盈余，当 $W_{供i} > W'_{需i}$ 时：

$$W_{供盈} = \sum_{i=1}^{n} W_{供i} - W'_{需i}$$

计算福祉需求缺口，当 $W_{供i} < W'_{需i}$ 时：

$$W_{需缺} = \sum_{i=1}^{n} W'_{需i} - W_{供i}$$

表 8－8　**中国各省区福祉供给盈余与福祉需求缺口情况（2014 年）**

省份	$W_{供盈}$	省份	$W_{需缺}$
北京	0.4278	山西	0.0341
天津	0.1404	内蒙古	0.0653
河北	0.0587	黑龙江	0.0571
辽宁	0.0065	云南	0.2510
吉林	0.0083	西藏	0.4038
上海	0.0268	甘肃	0.1091
江苏	0.1251	青海	0.2081
浙江	0.1538	宁夏	0.0952
安徽	0.1468	新疆	0.0524
福建	0.0559		
江西	0.0294		
山东	0.1045		
河南	0.2997		
湖北	0.0735		
湖南	0.0444		
广东	0.0657		
广西	0.2634		
海南	0.0510		
重庆	0.1963		
四川	0.0858		
贵州	0.2096		
陕西	0.0924		
总盈余	2.6658	总缺口	1.2761

根据2014年调整后的中国各地区福祉需求和福祉供给得分来看，福祉供给总盈余大于福祉需求总缺口，全国整体处于福祉供大于求的状态。东部省区在经过对福祉需求的调整之后，仍处于福祉供给盈余的状态；存在福祉需求缺口的省区多分布在西部地区。2014年，全国有山西、内蒙古、云南、西藏、甘肃、青海、宁夏、新疆和黑龙江9个省区处于福祉需求缺口状态（见表8－8）。

三　中国省级区域福祉均衡调控的情景方案

在计算中国各地区福祉供给和调整后的福祉需求之后，我们进一步提出可供选择的福祉均衡调配方案。原则上讲，均衡方案既可以通过调整需求去适应供给，也可以通过调整供给来适应需求。但因为各地区对福祉的需求水平不易直接准确地加以测算，只能根据地区经济社会发展情况而定，如一个地区失业率高、老龄化率高，则间接反映出该地区对福祉的需求较高；反之亦然。因此，调整地区福祉需求不具有很好的可行性，而通过考量各地区对福祉的需求水平，进而以此为依据调整福祉供给的可行性更具有适用性。因此，笔者提出以下两种区域福祉均衡方案，兼以福祉供给适应福祉需求为准来均衡福祉的空间匹配。当然，调配方法和方案注意区分了适用于福祉供给大于需求和福祉供给小于需求两种情形（见表8－9）。

（一）绝对平均法

绝对平均法的调配办法是以全国层面的福祉总供给和福祉总需求为基准，计算全国福祉总供需的比例，以此作为调配的标准比例。调配各省份的福祉供给，使得每个省份的供给与需求达到标准比例。需要说明的是，采用这种调配方法，原先福祉供需比高于标准比例的省份就是福祉供给的转出方，而福祉供需比低于标准比例的省份就是转入方。各个省份经过调配之后，其供需比例等于全国的平均水平。从全国的角度讲，绝对平均法方案可以达到绝对意义上的福祉供需平衡。

（二）比例分摊法

比例分摊法是将福祉供给盈余省份的盈余全部转出，由福祉需求缺口的省份按照缺口份额占比来承接和分摊从盈余省份转移出来的总福祉供给。在这一种调配方法下，所有的福祉供给盈余省份就是福祉供给转出方，而所有的福祉需求缺口省份就是福祉供给转入方。经过调配之后，原先处于福祉供给盈余状态的省份达到了福祉供需匹配状态，而原先处于福祉需求缺口的省份可以按供需系数比例得到相应的福祉供给补配，是一种福祉供给盈余省份帮助福祉需求缺口省份的调配方法。

需要指出的是，这种调配方法的调配结果，会使原先福祉供给盈余省份在调配之后处于福祉供需匹配状态。但当总缺口远大于总盈余的时候，原先有福祉需求缺口的省份在调整之后仍存在福祉需求缺口；但当福祉总盈余大于总缺口的时候，原先有缺口的省份可能会接受到更多的福祉供给补给，因而也会造成由福祉缺口变为福祉有所盈余的状况。

表 8－9　**中国福祉供需均衡调控方法及比较**

调配方法	调配参照	转出方	转入方	调配特征	优点	缺点	适合情况
绝对平均法	福祉总供需比例系数	福祉供需比大于标准比例的省区	福祉供需比小于标准比例的省区	调配之后形成绝对的福祉供需均衡	可实现全国各地区均等分配，追求福祉供需匹配下的福祉均等目标	绝对均衡，过于强调平均主义	福祉总供给小于福祉总需求
比例分摊法	福祉供需盈缺比例系数	福祉供给盈余省区	福祉需求缺口省区	调配后转出方处于福祉供需均衡状态，转入方取决于总盈余与总缺口的比较	全部省区参与到调配中，福祉供给盈余方转出，福祉需求缺口方转入，追求供需匹配下的福祉相对公平	若在福祉总供给大于福祉总需求的情况下采用此方法可能会出现劫富济贫这一适得其反的结果	福祉总供给大于福祉总需求

从福祉供需匹配视角研究中国的区域福祉均衡调控机制，既可为国家和各级政府推行基本公共服务均等化提供重要参考，也可为不同福祉供需状况的地区提供可供借鉴的操作思路和福祉均衡调控方法。尤其是将地区福祉基础水平和人口流动因素纳入对福祉需求得分的修

正之中，较好地反映了中国经济社会发展的实际情况，因而更为科学；也使得基于此提出的福祉均衡方案更为贴近各地区福祉均衡调控的真实情况和需求。本章更侧重于从区域经济和福祉地理角度进行研究，由于省区作为中国进行区域管治的一级行政单元，进行省区之间的福祉均衡调控更具有操作性，尽管没有特别强调人与人之间的福祉均等，但研究中纳入了全国人均意义上的标准人福祉水平以及对人口因素的考量，因此，本章基于福祉供需匹配视角的区域福祉均衡研究也同时包括和兼顾了人均均衡、空间均衡以及供需均衡等几层福祉均衡的含义。

第九章　研究结论与对策建议

第一节　研究结论

一　中国人类福祉水平得到显著提升，但区域之间的福祉差距整体上趋向缩小

改革开放以来，中国人类福祉水平有了巨大提高，HDI 从 1980 年的 0.423 提升至 2014 年的 0.727，人类福祉水平已经超过世界平均水平，世界排名第 90。尤其是 1990 年以来中国人类发展进步斐然，已从 1990 年的低人类发展梯队跃升为 2014 年的高人类发展梯队，是唯一一个从低人类发展梯队跻身于高人类发展梯队的国家。尽管中国与发达国家人类福祉差距正在缩小，但与极高人类福祉水平国家仍有较大差距。特别是中国在教育福祉方面发展缓慢，与高人类发展梯队国家存在差距。中国人类福祉水平在显著提升的同时，也出现了区域不平衡问题，但区域差距整体上趋向收敛，在共同发展中各区域人类福祉差距趋于缩小。1995—2013 年，中国人类福祉的地区差距整体上呈递减趋势，经历了"九五"时期不断缩小，"十五"时期波动变化，"十一五"时期快速降低，"十二五"时期趋同发展的演变过程。

二　中国人类福祉呈渐进式空间梯度推进，各省区在福祉共同提升和动态演进中形成高人类福祉区域趋同格局

1990—2010 年，中国省区人类福祉提升经历了"增长极引领→东部地区率先提升→沿海向内陆推进→东部地区整体'隆起'及向东北和内陆推进→京九经济带人类福祉'隆起'和东部地区进一步扩展

→高人类福祉区域趋同”的动态演进过程。已初步形成人类福祉区域趋同发展格局，这和中国区域渐进式开发格局与次序相吻合，表明中国区域协调发展战略取得了很大成效。

四级人类福祉梯队包括高人类福祉梯队、上中人类福祉梯队、下中人类福祉梯队和低人类福祉梯队。其中，到2010年，低人类福祉水平省区只有内蒙古，主要是由于其人均碳排放量最高，所导致的惩罚性影响最为强烈。下中人类福祉水平省区有宁夏，上中人类福祉有山西、青海、贵州3个省份。其余省区都处在高人类福祉梯队。中国各省区的人类福祉可以划分为四种动态演进类型，包括增长快速型、增长较快型、增长较慢型和增长缓慢型。增长快速型包括江西、重庆、四川、云南、甘肃、贵州六省市；增长较快型包括安徽、福建、河南、湖北、湖南、广西、海南、陕西、青海9省区；增长较慢型包括河北、吉林、黑龙江、江苏、浙江、山东、广东、新疆、宁夏9省区；增长缓慢型包括北京、天津、上海、辽宁、山西、内蒙古6省区，主要是人类福祉基础较好的直辖市以及一些受碳排放因素惩罚性影响严重的省份。

三　中国经历了“低人类福祉不协调→经济福祉先导型→人类福祉协调型”福祉结构模式的动态演替过程

20世纪90年代以后，中国整体上经历了从第三象限到第四象限再到第一象限的动态演变过程，也即经历了从低人类福祉不协调→经济福祉先导型→人类福祉协调型的动态模式演替。中国社会福祉在人类福祉中的占比远高于生态经济福祉，且生态经济福祉比重整体上趋于降低，社会福祉比重整体上趋于提高。中国在社会福祉建设方面取得了巨大进步，但经济发展的碳排放压力严峻。1990—2010年，不论是生态经济福祉还是社会福祉，四大区域之间的相对差异整体上趋于缩小。其中，生态经济福祉占人类福祉比重的演进曲线大致呈倒U形，而社会福祉呈U形。大致以1999年为界，之前中国四大区域生态经济福祉提升快于社会福祉，之后生态经济福祉稳步不前，而社会福祉大幅提升。

四　中国多数省区已实现了人类福祉与碳排放的绝对脱钩，但内蒙古、宁夏、山西、辽宁等省区提升人类福祉付出的生态环境代价不容忽视

从纳入环境因素的人类福祉视角来看，中国收入福祉的提高是伴随着碳排放量的更快增加而实现的，说明中国提升人类福祉所付出的生态环境代价在2005年之后越来越大。内蒙古、宁夏、山西、辽宁的收入福祉指数受人均碳排放量的惩罚性影响最为严重，表明在人类福祉提升过程中所付出的生态环境代价不容忽视。中国提升人类福祉所付出的环境代价的省际差距从1999年起明显扩大，到2010年已经成为较为突出的区域不平衡因素。2001—2013年，中国多数省区实现了人类福祉与CO_2排放量的绝对脱钩，中国人类福祉与CO_2排放量之间脱钩关系的省区不平衡主要是由各地区经济发展水平及能源技术水平差距以及各地区能源和公共政策所导致的。

五　中国各地区之间的人类福祉不平衡越来越多地体现为收入福祉差距，而且经济维度的收入福祉差距正在逐渐扩大，非经济维度的健康福祉差距和教育福祉差距相对缩小。福祉变化的集中效应比结构效应更显著地促进了中国福祉的空间均衡

中国省区之间人类福祉差距远小于经济差距，收入福祉的省区差距是中国人类福祉省际差距中最主要的差距。在中国人类福祉的组份中，收入福祉差距仍然是主要的差距，而健康福祉的空间差距最小。中国人类福祉区域差距主要为收入福祉差距，健康福祉和教育福祉的省际差距相对较小。自1995年起，中国区域之间在收入福祉、健康福祉和教育福祉三个分项指数方面的相对均衡发展态势更为明显。教育指数与健康指数集中度系数的变化是促进中国福祉空间均衡的主要力量；从结构效应来看，多数年份的收入指数的结构效应与基尼系数变化之间呈现负相关，意味着收入指数份额越大，中国人类福祉的基尼系数就越大。这也在某种意义上表明，收入集中效应是影响中国人类福祉整体均衡与否的重要因素。

收入指数扩大了中国人类福祉的省际差距，人类福祉变化的集中效应是导致中国人类福祉基尼系数不断缩小的根本原因。收入指数和

健康指数对人类福祉的影响作用越来越大，尤其是收入指数的影响明显增强；教育指数对人类福祉的影响作用整体上趋向降低。收入结构效应是影响中国人类福祉整体均衡与否的重要因素。可见，实现不同省区之间经济的共同发展，可以大大降低中国人类福祉的空间差异，促进中国区域福祉的均衡发展。

六　中国四大区域之间的人类福祉差距是中国福祉总体差距中最主要的差距，但区域内部的福祉差距呈扩大态势

1995—2013 年，中国四大区域之间的人类福祉差距，与区域内差距相比，是最主要的差距，但区域间差异的贡献率呈递减趋势，而四大区域内部人类福祉差距的贡献率总体上呈递增趋势。西部地区人类福祉的省际差距最大，降幅最大，省际人类福祉差距明显缩小。东部地区以 2003 年为界人类福祉的省际差距先扩大后降低，中部和东北地区的人类福祉省际差距相对较小，总体上呈缩小态势。2013 年，中部地区人类福祉的省际差距最小，西部地区最大。中国区域内人类福祉差距最大的是西部地区，其次是东部地区，东北地区和中部地区内部的人类福祉差距较小。从三个分项指数来看，中国四大区域之间的教育福祉比较均衡，但各区域内部省区之间的教育福祉呈不平衡分布。从健康指数和收入指数来看，区域间与区域内差距的分解结果和演变趋势与教育指数相反。健康指数的区域间与区域内差距较小，且趋向均衡发展。而四大区域之间的收入福祉差距高于区域内部的收入福祉差距。教育指数的区域间和区域内差距趋异发展，而健康指数和收入指数的区域间和区域内差距则有趋同趋势，呈现出不同的演变特征。教育指数的区域内差距是主要差距，且贡献率存在着递增的趋势；而收入指数的区域间差距是主要差距，但收入指数和健康指数的区域间差距和区域内差距均存在趋同趋势，健康指数的趋同现象更为明显。

七　中国功能福祉与福祉能力都明显提升，但功能福祉增速快于福祉能力增速，功能福祉与能力福祉趋向同步发展，大致经历了“低水平均衡—福祉功能主导—福祉能力主导—高水平均衡”的演进过程。中国福祉质量明显提高

1995—2014 年，中国功能与能力层面的福祉得分整体上均得到明显提升，功能福祉增速快于福祉能力增速。2000 年是中国福祉的功能空间和能力空间变化的明显分界点。2000 年之后，中国福祉能力向福祉功能空间的转化效率持续增大，福祉整体状态和潜在能力都得到了有效改善。中国福祉的功能和能力空间整体上趋向均衡发展，福祉的功能空间均衡化趋势十分明显，2014 年，福祉的功能和能力空间之间趋于均衡。从功能空间来看，环境维度、社保维度、消费维度的福祉省际差距仍旧较大，而健康维度、教育维度的福祉状态省际差距很小。城市居民收入福祉差距也较小，而农村居民收入福祉差距相比城市居民要大。从能力空间来看，则是健康维度、教育维度、休闲维度的福祉省际差距较大。中国各省区福祉能力在近 5 年里有明显提升，且表现出持续上升的趋势。北京市与上海市赋值能力突出，但部分中西部省区也表现出较好的福祉能力。全国各省区福祉能力的提升较为均衡，并无明显东部优势。各省区同步提升，东部地区福祉功能与能力率先得到提升，进而向中西部地区推进。这也进一步说明东部地区整体福祉优于中西部地区。结合福祉功能与能力的发展趋势与均衡发展类型可以看出，中国将进入下一个“福祉能力主导”的发展阶段。上海市与北京市的福祉功能明显高于其他省区，各省区的福祉功能得分在近 10 年里有明显提升。福祉功能的发展演化表现出明显的东部优势，即东部地区的福祉得分高于或领先于中西部地区。但就各省区福祉得分曲线来看，近年来福祉功能得分增长势头放缓。

八 中国功能福祉水平存在着较大区域差异，而福祉能力的区域差距则相对较小。福祉能力的转化效率差异是造成区域之间福祉功能差距的主要原因

中国四大区域福祉功能间的差距大于福祉能力间的差距，反映出中国在四大区域间的发展潜力（即投入）与福祉功能相比较为均衡，福祉能力的转化效率是造成四大区域间福祉功能差距的主要原因。东部地区与东北地区福祉功能得分率先超过福祉能力，西部地区最晚，但 2005 年后，西部地区的福祉功能与福祉能力快速发展，尤其是福祉功能，增长速度最快。中国福祉功能空间整体上发展较快。2002 年以前，福祉能力大于福祉功能，潜在福祉能力的转化率较低；2002

年以后，福祉功能略高于福祉能力，且功能与能力同步提升，呈现出福祉功能空间与能力空间均衡发展的态势。

1995—2014 年，中国四大区域福祉功能空间得分由高到低依次为东部地区、东北地区、中部地区和西部地区，东部地区的福祉能力得分整体上领先于其他三大地区。东部沿海地区的功能福祉发展整体上较快，表现出明显的领先优势，中国功能层面的福祉水平呈现出由东部向中部再向西部不断推进及递减的空间格局。与功能层面的福祉提升由东向西的空间推进不同，在福祉能力方面并没有显现出明显的“东部优势”，各省区的福祉能力相对均衡，中国福祉能力的省际差距较小。

九　中国人类福祉的地区差距远小于经济差距。中国地区经济差距经历了先扩大、后缩小的倒 U 形演变过程，而人类福祉地区差距演变不符合倒 U 形规律，随着人类福祉的不断提升，人类福祉的地区差距稳步缩小

随着经济发展水平的不断提高，中国地区经济差距呈现出先扩大、后缩小的倒 U 形规律，2003 年是中国经济发展地区差距由扩大转向缩小的拐点。中国人类福祉的地区差距远小于地区之间的经济发展差距，未发现 HDI 地区不平衡呈倒 U 形演变趋势，即中国人类福祉地区差距演变不符合“倒 U 形”规律。随着中国人类福祉的不断提高，人类福祉的地区差距整体上趋于缩小，各省区之间的人类福祉呈趋同态势。中国过分强调经济增长，导致了部分省区经济发展进程的大大加快，从而加大了中国省区之间的经济差距，而教育指数、健康指数之间的省际差距却较小。实现人均福祉均衡比人均经济水平均衡对中国而言更容易。

十　中国及四大区域城乡福祉差距整体趋于缩小，但区域之间城乡福祉差距的不平衡程度加剧，而四大区域内部城乡福祉差距的不平衡态势有所减弱。经济发展、城镇化、公共投入、社会保障是影响中国城乡居民福祉差距的主要因素

2000—2013 年，中国以及四大区域城乡居民的福祉差距整体上趋于缩小，经历了先扩大后缩小的演变过程，尤其在2009年之后，城乡居民福祉差距明显降低。尽管城乡居民福祉差距整体上逐步缩小，但中国城乡居民福祉差距的区域不平衡问题较为突出。中国城乡居民福祉差距呈现出明显的区域特征。东部发达省市的城乡居民福祉差距较小或相对均衡，而西部欠发达省区的城乡居民福祉差距较大。中部和西部地区城乡居民福祉差距的省际差异有趋同趋势，但东部和东北地区城乡居民福祉差距的省际不平衡态势有扩大趋势。中国城乡居民福祉差距的空间不平衡主要表现为四大区域之间差异的扩大，而四大区域内部的空间不平衡态势有所减弱。进入新世纪，中国城乡福祉均衡取得了明显成效，但西部地区城乡居民福祉差距仍旧较大。

经济增长，城镇化水平，科技投入，第二、三产业发展，社会保障经费投入，公共教育经费投入，公共卫生经费投入等因素对中国城乡居民福祉差距缩小具有正向影响，且2013年和2000年相比影响更加显著。比较而言，经济增长、城镇化和科技投入对中国城乡居民福祉差距的影响更大且明显增强。2000年，人均社会保障投入缩小了中国城乡居民福祉差距，但2013年却扩大了中国城乡居民福祉差距。

十一 经济增长、技术进步和生态效率等因素共同影响着中国区域人类福祉的变化和走势。经济增长和技术进步是中国人类福祉变化的主要驱动力，而生态效率效应则是主要的抑制力

1980—2010年，生态效率效应一直是中国人类福祉提升的减量效应，说明中国在改善人类福祉的进程中，生态效率是制约和限制因素；而经济效应一直对中国人类福祉提升起着积极的驱动作用。中国人类福祉变化的驱动效应以经济效应驱动为主，经济增长是促进中国人类福祉提高的重要基础。随着中国经济的不断发展，居民消费能力扩大，效用提高，会促使人类福祉水平不断提升。同时，经济增长对中国社会发展进程具有重要的促进作用，通过加大教育和卫生投入，大大提高了人力资本和人的可行能力，进而促进中国人类福祉水平的提升。中国整体人类福祉水平提升主要由经济效应驱动，而技术进步效应，尤其是生态效率效应显现为减量效应，制约着中国人类福祉的提高。中国四大区域人类福祉变化的经济效应均为增量效应，技术效应均为增量效应，生态效率驱动效应均为减量效应。

十二　加快经济增长、加大公共服务投入、推进城镇化，尤其是加大卫生经费投入能有效促进中国人类福祉的均衡发展，加大教育经费投入在某种程度上缩小了中国人类福祉的省际差距，而人均转移支付却加剧了中国人类福祉的不平衡

经济较快增长、加大公共服务投入、推进城镇化都有助于缩小中国人类福祉的省际差距，尤其是卫生经费投入能有效促进中国人类福祉的均衡发展，教育经费投入也在某种程度上缩小了中国人类福祉的省际差距。与此相反，人均转移支付却扩大了中国人类福祉的省际差距，表明人均转移支付并未达到均衡省际财政能力的效果，反而加大了中国省际公共财政差距。增加转移支付虽能提高人类福祉，但却加大了地区间的福祉差距。说明原先处于较高人类福祉的地区得到了更多的转移支付，而处于较低人类福祉的地区得到的却更少，也即在进行转移支付分配的时候存在着不公平。1990—2010 年，第二、三产业的快速发展是中国人类福祉整体提升的主要动力，其次是教育经费投入和城镇化发展，而卫生经费投入、交通基础设施、人均转移支付等因素的驱动作用则较小。经济增速、公共服务投入及城镇化发展均有助于缩小中国人类福祉的省际差距，尤其是卫生经费投入有效地促进了中国人类福祉的均衡发展，人均转移支付却扩大了中国人类福祉的省际差距。教育经费的投入和城市化进程在提高人类发展指数的同时，促进了地区间人类福祉的均衡。对于低福祉地区，提高教育经费投入和推进城镇化是大幅提升其人类福祉的有效手段。增加卫生经费的投入是有效缩小地区人类福祉差距的途径，但却会降低人类福祉水平。

十三　中国福祉供给能力和需求水平在结构上的不协调和空间上的不匹配造成了区域福祉失衡，要以福祉供给适应福祉需求来调控福祉供需的空间匹配

从福祉供需空间匹配视角分析中国区域福祉均衡机制，是一个更好的分析视角。中国福祉“供给—需求”关系存在着区域差异，东部

省份的福祉需求水平普遍较低，大部分属于福祉供给盈余省份；中部地区、东北地区的福祉供给水平相近，都是福祉需求高于福祉供给，但福祉需求缺口较小；而福祉需求缺口较大的省份集中在西部地区。根据2014年调整后的中国各地区福祉需求和福祉供给得分来看，福祉供给总盈余大于福祉需求总缺口，全国整体上处于福祉供大于求的状态。东部省份在经过对福祉需求的调整之后，仍处于福祉供给盈余的状态；存在福祉需求缺口的省份多分布在西部地区。2014年，全国有山西、内蒙古、云南、西藏、甘肃、青海、宁夏、新疆和黑龙江9个省区处于福祉需求缺口状态。提出以下两种区域福祉均衡方案，兼以福祉供给适应福祉需求为准来均衡福祉的空间匹配。绝对平均法的调配办法是以全国层面的福祉总供给和福祉总需求为基准，计算全国福祉总供需的比例，以此作为调配的标准比例。调配各省份的福祉供给，使得每个省份的供给与需求达到标准比例。比例分摊法是将福祉供给盈余省份的盈余全部转出，由福祉需求缺口的省份按照缺口份额占比来承接和分摊从盈余省份转移出来的总福祉供给。

十四　世界人类福祉空间差异不断缩小，整体趋向均衡。健康、教育与收入维度福祉空间差异的缩小是世界人类福祉趋向空间均衡的主要原因，而结构效应却扩大了世界人类福祉鸿沟。增加收入和发展教育是提高世界人类福祉的有力途径

从世界范围来看，教育对促进人类福祉空间均衡的贡献率最高，教育差距是世界及七大区域内部人类福祉空间差异的主要因素。教育作为对未来的一种投资，是提升世界人类福祉不可忽视的一个重要的潜在因素。同时，教育在一定程度上代表着一个国家潜在的科技水平与创新能力，也是实现经济内生增长之源。可见，应着重关注国家之间在教育方面的差距，努力减小世界各国在教育方面的不平等，从而降低世界人类福祉空间不平衡程度，促进世界人类福祉趋向均衡。

世界人类福祉空间非均衡演变主要由集中效应引起，即世界人类福祉空间差异主要源于健康、教育与收入福祉在国家间的空间差异。结构效应导致全球人类福祉空间差异扩大。增加收入是提高世界人类福祉的最有力途径，教育因素对人类福祉的影响也呈提升趋势，一方面，教育因素对世界人类福祉的提升影响越来越大，另一方面，世界各国在教育层面仍存在较大差异。因此，要促进世界人类福祉的提升与均衡发展，需要不断弱化结构效应，在兼顾经济发展的同时，增加教育投入，改善教育环境，提高教育水平，促进教育、收入等方面的均衡发展。

第二节 对策建议

一 中国要综合发挥市场机制和政府调控作用，实行“适度经济差距”与“人均福祉均衡”并行不悖的区域均衡发展战略

保持区域之间存在适度的经济差距，发挥市场机制和政府调控规划作用，加快人口空间自由流动，促进公共财政合理配置，积极创造条件扭转区域之间所存在的福祉供需失衡、结构失衡和差距扩大趋势，不断提高福祉产出绩效和加强福祉均衡因素调控，通过福祉组份互补协调以实现福祉结构均衡，通过城乡区域福祉差距缩小以实现福祉空间均衡，通过福祉供需匹配以实现福祉供需均衡，进而使得中国人均综合福祉水平的地区差距趋向缩小和逐步趋同。这是中国区域协调发展新的“指示器”。

二 中国要大力提升福祉产出绩效，实行兼顾“降低碳排放量”与“增进人类福祉”双重目标的低碳福祉战略

以高碳排放为代价的人类福祉发展模式是不可持续的，因此要在有限的碳排放空间约束下，不断培育和提高人的可行能力，创造公平的发展机会，实施推进兼顾“降低碳排放量”与“增进人类福祉”双重目标的低碳人类发展战略，这是中国践行科学发展观和全面实现小康社会必须重视的目标导向。收入福祉受人均碳排放指标的惩罚性影响是制约一些省区人类福祉提升的主要限制因素。在碳排放空间稀缺的情况下，促进中国人类福祉的不断提升，务必要提高中国碳生产率，降低碳排放，提高碳福利，从而提升国民福祉的质量。要继续加大科技创新对人类福祉提升的贡献率。大力提高人类福祉导向的生态效率，增强经济社会福祉导向的生态效率驱动效应，对中国人类福祉

可持续提升及人民生活质量的改善具有重要价值。要根据不同省区的脱钩特征，实施差异化发展战略，促进中国各省区人类福祉的提升与CO_2排放量的全面脱钩。对四大区域板块而言，改变生态效率的减量效应，降低碳排放，对提高中国人类福祉具有重要价值。实施兼顾降低碳排放和提高人类福祉的低碳人类发展战略，对改变中国生态效率效应的减量效应具有重要的战略价值。

三　中国要促进福祉功能与福祉能力的同步发展，切实提升民生福祉水平和质量

1995—2014 年，中国福祉功能空间的基尼系数与福祉能力空间的基尼系数经历了先上升后下降的发展过程，说明中国福祉功能空间与能力空间整体上趋向均衡。根据阿马蒂亚·森的福祉分析框架，中国提升福祉水平和质量，就是要寻求功能福祉和福祉能力的同步发展。既要提高现实状态的福祉水平，也要提高福祉的潜在能力。因此，要进一步促进中国功能福祉和福祉能力的协同发展，提高中国福祉的投入产出绩效，一方面要继续促进中国功能福祉空间差异进一步缩小，另一方面要着力降低中国福祉能力的空间差异，促进中国福祉的功能和能力空间整体上保持均衡发展态势，从功能—能力结合视角，促进中国福祉空间的均衡发展。

四　中国要将缩小城乡福祉差距及其区域不平衡作为推进中国区域城乡协调发展的重点，逐步实现区域之间城乡之间人均福祉均衡发展

推进中国城乡区域基本公共服务均等化，促进区域之间城乡居民福祉均衡发展，是全面小康社会建设进程中非常迫切的任务。东部地区要在继续缩小城乡居民福祉差距的基础上，注意东部地区省与省之间城乡居民福祉差距的扩大趋势。中部六省城乡居民福祉差距的省际差异最小，六省之间城乡居民福祉比较平衡。为此，尤其要围绕中国城乡居民福祉差距的地域分布特点，针对城乡之间、区域之间中国居民福祉差距，全面增强中国城乡区域福祉均衡的协调性。在中国二元经济结构背景下，若想在短期内缩小城乡经济差距或收入差距，则很

难实现，但若允许适度的城乡经济差距和收入差距，通过进一步促进地区的经济增长、优化调整产业结构和加大创新创业投入等途径，加快欠发达地区经济发展，继续做大中部和西部经济“蛋糕”，是统筹中国城乡协调发展的重要基础。借助新型城镇化战略，加大公共产品投入，逐步均衡中国城乡区域之间基本公共服务水平，优先实现中国城乡居民生活条件的趋同发展，是改变中国城乡二元关系的民心所向。持续扩大人均社会保障投入，尤其要结合中国城乡居民福祉差距的区域特征，让社会保障因素切实发挥城乡居民福祉均衡效应。

促进人类福祉区域均衡发展势必是今后一段时期里中国践行区域协调发展战略的新焦点。中国政府要将缩小区域之间人类福祉差距作为缩小区域发展差距的先导战略，以缩小人类福祉的区域差距为优先着力点，更加重视中西部地区人们的基本生活需求，着力提高中西部地区人们的生活质量，逐步缩小中国经济社会发展的区域差距，促进区域公平，推进中国区域协调发展。

五　中国要不断优化各地区人类福祉结构，促进经济福祉与非经济福祉协调互动发展

1990 年以来，中国人类发展取得了巨大的成就。经济增长是中国人类福祉大幅提升的主要动力。在世界人类福祉协同演进的背景下，中国既要保持经济稳定增长，又要重点关注教育质量的提升，使经济发展成果有效转化为民生福祉。中国的教育水平与世界高人类发展国家之间尚存在不小差距，教育水平的提升难以一蹴而就，中国在保持经济稳定增长的同时，尤其要关注教育发展和改革，加大对教育事业的投入，推动教育水平和质量的提升。

地方政府要加大对教育和健康的经费投入。随着中国经济的不断发展和人类福祉水平的整体提高，针对当前中国省际经济发展差距过大的问题，地方政府要加大对教育和健康的经费投入，优化各地区人类福祉的要素结构，实现经济福祉与非经济福祉同步发展。中央要加大对教育和卫生投入较低地区的财政转移支付力度，帮助当地解决公共教育和卫生等方面的投入不足问题，着力提高其人力资本水平，缩小地区之间在教育和健康福祉方面的发展差距。要进一步完善中国公

共财政体制，推动各级地方政府从经济增长型政府向公共服务型政府转变。在保持经济增长的同时，大力推动教育卫生等基本公共服务事业的全面发展，实现基本公共服务均等化。因此，需要进一步完善中国公共财政体制，以中国省级地方政府财政能力均等化为手段，中央和省级地方政府应继续加大对教育资源、医疗资源、科技创新等领域的投资，不断优化其资源分配结构和效率，有效缩减中国人类福祉的地区差距。中国区域发展政策要充分重视和发挥教育福祉和健康福祉的区域均衡优势，大力推动中国区域经济与社会福祉的良性互动与协调共进，以此促进中国人类福祉结构的协调互动发展，进而实现经济与社会发展的互促联动与统筹兼顾。

参考文献

Adelson, N. , 2000. *Being Alive Well: Health and the Politics of Cree Well-being.* Toronto: University of Toronto Press.

Aganbegyan, A. G. , 2014. "Social and Economic Development of Russia: An Analysis and a Forecast." *Studies on Russian Economic Development*, 25 (4): 319 - 328.

Airey, L. , 2003. "Naeas Nice as Cheme as It Used to Belay Accounts of Neighbourhood in Civilities and Well-being." *Health and Place* (9): 129 - 137.

Andre, M. et al. , 2006. "The Evolution of Well-being: In Spain (1980 - 2001)." *A Regional Analysis Social Indicators Research* (76): 283 - 316.

Andrew, L. et al. , 2007. "Happiness and the Human Development Index: Australia Is Not a Paradox." *The Australian Economic Review*, 39 (2): 176 - 84.

Andrew, M. , 1981. "Are-based Positive Discrimination and the Distribution of Well-being." *Transactions of the Institute of British Geographers*, 6 (1): 53 - 67.

Andrew, M. , 1994. "Well-Being: A Philosophical Basis for Health Services." *Health Care Analysis* (2): 207 - 216.

Andrew, S. , 1999. A Survey of Indicator of Economic and Social Well-being (www. csls. ca).

Andrews, F. M. , 1976. *Social Indicators of Well-being.* New York, Plenum Press.

Anthony, B. et al., 1990. Livelihoods and Resource Accessing in the Andes: Desencuentros in Theory and Practice.

Barbara, K., 1999. "Clarification and Integration of Similar Quality of Life Concepts." *Journal Nursing Scholarship* (31): 215 – 220.

Beva, R., 1997. "Interdisciplinary Perspectives on Well-being." Edited by Frank, A. et al., *Well-being and Economic Goals*. Island Press. Washington D. C. Covelo, California: 3 – 4.

Bill, H. and Julienne, H. 1984. *The Social Logic of Space*. Cambridge University Press.

Blanchflowe and Oswald. 2005. Happiness and the Human Development Index. The Paradox of Australia.

Böhnke, P., Kohler, U. "Well-being and Inequality." In *Handbook of European Societies*. New York: Springer New York, 2010: 629 – 666.

Carola, G. and Stephan, K. 2001. "Growth, Income Distribution and Well-being in Transition Countries." *Economics of Transition* (2): 359 – 394.

Chambers, R., 1997. "Responsible Well-being: A Personal Agenda for Development." *World Development* 25 (11): 1743 – 1754.

Coates, R. Johnston, and Knox, P. 1977. *Geography and Inequality*. London: Oxford University Press.

Daniel F. Neff. 2007. "Subjective Well-being, Poverty and Ethnicity in South Africa: Insights from an Exploratory Analysis." *Social Indicators Research* (80): 313 – 341.

David Harvey. 1973. *Social Justice and the City*. Johns Hopkins University Press. Baltimore, MD.

David, L. K. et al., 1974. "Measures of Well-being: An Empirical and Critical Assessment." *Journal of Health and Social Behavior* (3): 267 – 270.

Decancq, K., Decoster, A, Schokkaert, E. "The Evolution of World Inequality in Well-being." *World Development*, 2009, 37 (1): 11 – 25.

Dejian, L. 2000. "Temporal Analysis of Human Development Indicators: Principal Component Analysis Approach." *Social Indicators Research* 51: 331 – 366.

Dejian, L. 2003. "Principal Component Analysis on Human Development Indicators of China." *Social Indicators Research* 61: 319 – 330.

Des Gasper, and J. Allister McGregor. 2007. *Well-being in Developing Countries: From Theory to Research.* Cambridge university press.

Des Gasper. 2007. Human Well-being: Concepts and Conceptualizations: 23 – 63.

Diener, E., and Suh, E. 1997. "Measuring Quality of Life: Economic, Social and Subjective Indicators." *Social Indicators Research*, 40, 189 – 216.

Richard, E. et al., 2001. Richard Eckersley, *Culture*, *Health and Well-being. The Social Origins of Health and Well-being.* Cambridge University Press.

Edward, H., 2007. "Creating Spaces of Well-being for People with Learning Disabilities: A Commentary." *New Zealand Geographer*, 63: 130 – 139.

Foberto, E. et al., 2006. The Spatial Distribution of Welfare in the European Union. *Tijdschrift voor Economische en Social Geografie* 97 (4): 331 – 342.

Goff, L., Helliwell, J. F., Mayraz, G. The Welfare Costs of Well-being Inequality. Nber Working Papers, 2016.

Gould, P. 1969. "Problems of Space Preference Measures and Relationships." *Geographical Analysis* 1: 31 – 44.

Greg, B. 2008. "Well-being and Health." *Health Care Anal.* 16: 97 – 113.

Guriev, S., Zhuravskaya, E. 2009. "(Un) Happiness in Transition." *Journal of Economic Perspectives*, 23: 143 – 168.

Haller, M., Hadler, M. 2006. "How Social Relations and Structures Can Produce Happiness and Unhappiness: An International Comparative Analysis." *Social Indicators Research*, 75, 169 – 216.

Hamilton, K. 2003. "Sustaining Economic Welfare: Estimating Changes in Total and Per Capita Wealth." *Environment Development and Sustainability* (5): 419 – 436.

Harvey, D., 1973. *Social Justice and the City*. Edward Arnold, London.

Jeroen, B. and Ineke Stoop. 1999. "Measuring Well-being in the Netherlands: The Scp Index from 1974 to 1997." *Social Indicators Research* 48: 51 – 75.

Johan, G. 1988. "International Development in Human Perspective." Roger A. Rosati, Editors. *The Power of Human Needs in World Society*. Lynne Rienner Publishes, Boulder and London.

John, M., Max, M., Annette, R., and Andrew, W. 2003. An Index of Sustainable Economic Welfare for Wales 3: 1990 – 2000.

Jonathan, I., Thomas, K., Sunder, R. 2002. *Social Capital and Economic Development: Well-being in Developing Counties*. Edward Elgar Pub.

Jordá, V., Sarabia, J. M. "Well-being Distribution in the Globalization Era: 30 Years of Convergence." *Applied Research in Quality of Life*, 2015, 10 (1): 123 – 140.

Jvarelius. 2004. "Objective Explanations of Individual Well-being." *Journal of Happiness Studies* 5: 73 – 91.

Knox, P. L. 1975. *Social Well-being: A Spatial Perspective*. Oxford University Press.

Knox, P. L., and M. B. Cottam, 1981. "A Welfare Approach to Rural Geography: Contrasting Perspectives on the Quality of High and Life." *Transactions of the Institute of British Geographers*. New Series: 6 (4): 433 – 450.

Krishnamazumdar. 2000. "Causal Flow between Human Well-being and Per Capita Real Gross Domestic Product." *Social Indicators Research* 50: 297 – 313.

Krishna Mazumdar. 2003. *Determinants of Human Well-being*. Nova Science Publishers Inc. , New York.

Lars, O. , and Andrew, S. 2002. "An Index of Economic Well-being for Selected OECD Countries." *Review of Income and Wealth*, 48 (3): 291 -316.

Lasso de la Vega. M. C. and A. M. Urrutia. 2001. "HPDI: A Framework for Pollution Sensitive Human Development Indicators." *Environment, Development and Sustainability* 3 (3): 199 -215.

Lelkes, O. 2006. "Tasting freedom: Happiness, Religion and Economic Transition." *Journal of Economic Behaviour and Organization*, 59 (2), 173 -194.

Lerman, R. , Yitzaki, S. "Income Inequality Effects by Income Source: A New Approach and Application to the United States." *Review of Economics and Statistics*, 1985, 1 (67): 151 -156.

Levi, L. and Anderson, L. 1987. Population, Environment and Quality of Life. Royal Ministry for Foreign Affair.

Marchante, A. J. , Ortega, B. , Sάnchez, J. "The Evolution of Well-being in Spain (1980 - 2001): A Regional Analysis." *Social Indicators Research*, 2006, 76 (2): 283 -316.

Maria, C. , Mapalad, M. and Carolynb, R. 2003. "Measuring Urban Well-Being Race and Gender Matter." *American Journal of Economics and Sociolog* (2): 62.

Mark, M. 2007. Human Well-being: Concept and Measurement. United Nations University.

Martínez, E. R. 2013. Social and Economic Well-being in Europe and the Mediterranean Basin: Building an Enlarged Human Development Indicator. *Social Indicators Research.*

McGillivray, M. , Markova, N. Global inequality in Well-being Dimensions. *The Journal of Development Studies*, 2010, 46 (2): 371 -378.

McNamara, R. 1971. Address to the Board of Governors of the World Bank. Washington, DC: The World Bank, September 27.

Michalos, A. C. 1997. Combining Social, Economic and Environment Indicators to Measure Sustainable Human Well-being. *Social Indicators Research*, 40 (1): 22.

Murias, P., Martínez, F. and de Miguel, C. 2006. An Economic Well-being Index for the Spanish Provinces: A Data Envelopment Analysis Approach. *Social Indicators Research.*

Neil T. Higgs. 2007. Measuring and Understanding the Well-being of South Africans: Everyday quality of life in South Africa. *Social Indicators Research* 81: 331 – 356.

Noorbakhsh, F. 2002. "Human Development and Regional Disparities in Iran. A Policy Model." *Journal of International Development* 14: 927 – 949.

Peter, D. and Peter E. Lloyd. 1981. *Modern Western Society: A Geographical Perspective on Work, Home and Well-being.* Happier & Row, Publisher. London.

Prescott-Allen, R. 2001. *The Well-being of Nations: A Country-by-Country Index of Quality of Life and the Environment.* Island Press. Washington D. C: 342.

Quentin, W., and Shlomo, Y. 2005. "Growth and Convergence: A Social Welfare Framework." *Review of Income and Wealth Series* 51, Number 3.

Rabia, N., and Joseph, S. 2009. "When Economic Growth Rhymes with Social Development: The Malaysia Experience." *Journal of Business Ethics*, 89 (2): 99 – 113.

Richard, E., Jane, D., and Bob, D. 2001. *The Social Origins of Health and Well-being.* Cambridge University Press.

Robert, L. K. and Thomas, J. 2002. "Well-being: Concepts and Measures." *Journal of Social Issues.* Vol. 58, 4: 627 – 644.

Ruth, P. and Gail, T. 2007. "Placing Well-Being: A Maori Case Study of Cultural and Environmental Specificity." Eco Health 4: 445 – 460.

Ruut and Joop, E. 1995. The Cross-national Pattern of Happiness: Test of Predictions Applied in Three Theories of Happiness. *Social Indicators Re-*

search.

Ruut Veenhoven. 2007. Subjective Measures of Well-being. United Nations University.

Sagar, A. D. , and Najam, A. 1998. The Human Development Index: A Critical Review. *Ecological Economics*, 25, 249 – 264.

Salai A. 1980. *The Meaning of Cooperative Research on the Quality of Life*. Sage, London.

Sarah, W. and Jethro, P. Participatory Approaches and the Measurement of Human Well-being: 241 – 265.

Sardar, M. N. , and Islam, M. C. 2002. The Relationship Between Economic Development and Social Welfare: A New Adjusted GDP Measure of Welfare. *Social Indicators Research*.

Scottfrey, R. and Feng, Xiang S. 1997. Human Well-being in Chinese Cities. *Social Indicators Research* 42: 77 – 101.

Sebastien, F. and Sarah, A. 2007. "Well-being, Health and Geography: A Critical Review and Research Agenda." *New Zealand Geographer*, 63: 106 – 118.

Shams, K. 2014. "Determinants of Subjective Well-being and Poverty in Rural Pakistan: A Micro-Level Study." *Social Indicators Research*, 119 (3): 1755 – 1773.

Smith, D. M. 1973. *The Geography of Social Well-being in the United States*. McGraw-Hill, New York.

Smith, D. M. 1977. *Human Geography: A Welfare Approach*. Edward Arnold, London.

Srinivasan, T. N. 1977. Development, Poverty and Basic human needs: Some Issues. *Food Research Institute Studies*, 16: 11 – 28.

Stanca, L. 2010. "The Geography of Economics and Happiness: Spatial Patterns in the Effects of Economic Conditions on Well-being." *Social Indicators Research*.

Thomas, J, Wilbanks, Harper, and Row. 1980. *Location and Well-Being: An Introduction to Economic Geography*. Publishers, Inc.

Tim, J. and Susanna, S. 1996. *Sustainable Economic Welfare in Sweden. A Pilot Index 1950 – 1992*. Published by Stockholm Environment Institute.

United Nations Department of Economic, United Nations Department of Information. *The Millennium Development Goals Report 2009*. New York: United Nations Publications, 2009.

United Nations Development Programme. Malik, K. *Human Development Report* 2014: *Sustaining Human Progress-Reducing Vulnerabilities and Building Resilience*. New York: UN, 2014.

United Nations Development Programme, Malik K. *Human Development Report* 2015: *Work for Human Development*. New York: UN, 2015.

Veenhoven, R. 1996. "Happy Life-expectancy: A Comprehensive Measure of Quality-of-life in Nations." *Social Indicators Research*, 39, 1 – 58.

World Bank. *World Development Report* 2006: *Equity and Development*. New York: Oxford University Press, Incorporated, 2006.

Watson, D., Pichler, F., and Wallace, C. 2009. *Subjective Well-being in Europe*. Dublin: European Foundation for the Improvement of Living and Working Conditions.

Williamson, J. G. 1965. "Regional Inequality and the Process of National Development: A Description of Patterns." *Economic Development and Culture Change*, 8, 4: 9 – 10.

A. C. 庇古:《福利经济学》，商务印书馆 2006 年版。

J. 丁伯根:《生产、收入与福利》，北京经济学院出版社 1991 年版。

Des Gasper、陆丽娜:《人类福利：概念和概念化》，《世界经济文汇》2005 年第 3 期。

阿马蒂亚·森:《伦理学与经济学》，商务印书馆 2006 年版。

阿马蒂亚·森等:《生活水准》，徐大建译，上海财经大学出版社 2007 年版。

阿马蒂亚·森主编:《生活质量》，中国社会科学出版社 2008 年版。

阿马蒂亚·森:《以自由看待发展》，任赜、于真译，中国人民大学出版社 2002 年版。

阿马蒂亚·森：《论经济不平等/不平等之再考察》，王利文、于占杰译，社会科学文献出版社 2006 年版。
埃里克·诺伊迈耶：《强与弱：两种对立的可持续性范式》，王寅通译，上海世纪出版集团 2006 年版。
安东尼·哈尔、詹姆斯·梅志里：《发展型社会政策》，社会科学文献出版社 2006 年版。
安东尼·吉登斯：《第三条道路——社会民主主义的复兴》，北京大学出版社 2000 年版。
白雪梅：《教育与收入不平等：中国的经验研究》，《管理世界》2004 年第 6 期。
包海花：《区域社会福利协调发展研究》，中国经济出版社 2013 年版。
比尔·麦吉本：《幸福经济：从"更多"到"更好"》，林立冠译，南海出版社 2010 年版。
布伦诺·S. 弗雷、阿洛伊斯、斯塔特勒：《幸福与经济学：经济和制度对人类福祉的影响》，静也译，北京大学出版社 2006 年版。
蔡昉、都阳：《中国地区经济增长的趋同与差异：对西部开发战略的启示》，《经济研究》2000 年第 10 期。
曹艳春：《我国适度普惠性社会福利制度发展研究》，上海世纪出版集团 2013 年版。
钞小静、任保平：《中国经济增长质量的时序变化与地区差异分析》，《经济研究》2011 年第 4 期。
陈得文、陶良虎：《中国区域经济增长趋同及其空间效应分解——基于 SUR—空间计量经济学分析》，《经济经纬》2012 年第 3 期。
陈栋生主编：《区域经济学》，河南人民出版社 1993 年版。
陈工、何鹏飞：《民生财政支出分权与中国城乡收入差距》，《财贸研究》2016 年第 2 期。
陈国生、向泽映、陈春泉：《基于因子分析的湖南省城乡一体化发展研究》，《经济地理》2009 年第 6 期。
陈浩、邓祥征：《中国区域经济发展的地区差异》，《地理信息科学学报》2011 年第 5 期。

陈力行、柳中权主编：《向社会福祉跨越——中国老年社会福祉研究的新视角》，社会科学文献出版社 2007 年版。

陈立新：《社会指标与社会协调发展》，湖南大学出版社 2005 年版。

陈培阳、朱喜钢：《基于不同尺度的中国区域经济差异》，《地理学报》2012 年第 8 期。

陈雯：《空间均衡的经济学分析》，商务印书馆 2008 年版。

陈晓玲、李国平：《地区经济收敛实证研究方法评述》，《数量经济技术经济研究》2007 年第 8 期。

陈秀山、徐瑛：《中国区域差距影响因素的实证研究》，《中国社会科学》2004 年第 5 期。

陈瑛主编：《幸福论》，中国青年出版社 1996 年版。

陈钊：《我国东西部地区的南北发展差异》，《地理研究》1999 年第 1 期。

程国栋、徐中民、徐进祥：《建立中国国民幸福生活核算体系的构想》，《地理学报》2005 年第 5 期。

程怀文、徐中民、李玉文：《基于幸福生活预期评价黑河流域各地社会发展》，《冰川冻土》2011 年第 3 期。

程开明、李金昌：《城市偏向、城市化与城乡收入差距的作用机制及动态分析》，《数量经济技术经济研究》2007 年第 7 期。

邓冬林、张伟丽：《区域经济差异研究综述及扩展方向展望》，《统计与决策》2010 年第 18 期。

丁元竹：《从 GDP 到人民福祉：关于构筑以生活品质为导向的评价体系》，《经济论坛》2007 年第 7 期。

丁元竹：《中国社会建设：战略思路与基本对策》，北京大学出版社 2008 年版。

董先安：《浅释中国地区收入差距：1952—2002》，《经济研究》2004 年第 9 期。

杜栋：《现代综合评价方法与案例精选》，清华大学出版社 2008 年版。

段娟、文余源、鲁奇：《中国城乡互动发展水平的地区差异及其变动趋势研究》，《中国软科学》2006 年第 9 期。

樊杰:《近期我国省域经济增长的基本态势分析》,《地理科学进展》1997 年第 3 期。

樊杰:《我国主体功能区划的科学基础》,《地理学报》2007 年第 4 期。

樊杰:《主体功能区战略与优化国土空间开发格局》,《中国科学院院刊》2013 年第 2 期。

范剑勇、朱国林:《中国地区差距演变及其结构分解》,《管理世界》2002 年第 7 期。

范剑勇:《产业结构失衡——空间聚集与中国地区差距变化》,《上海经济研究》2008 年第 2 期。

方福前、吕文慧:《中国城镇居民福利水平影响因素分析——基于阿马蒂亚·森的能力方法和结构方程模型》,《管理世界》2009 年第 4 期。

方匡南、章紫艺:《社会保障对城乡家庭消费的影响研究》,《统计研究》2013 年第 3 期。

封志明、吴映梅、杨艳昭:《基于不同尺度的中国人文发展水平研究:由分县、分省到全国》,《资源科学》2009 年第 2 期。

冯星光、张晓静:《基于广义熵指数的地区差距测度与分解:1978—2003》,《统计与信息论坛》2005 年第 4 期。

冯云廷主编:《区域经济学》,东北财经大学出版社 2013 年版。

冯长春、曾赞荣、崔娜娜:《2000 年以来中国区域经济差异的时空演变》,《地理研究》2015 年第 2 期。

弗兰克·G. 戈布尔:《第三思潮:马斯洛心理学》,吕明、陈红雯译,上海译文出版社 2001 年版。

傅晓霞、吴利学:《技术效率,资本深化与地区差异》,《经济研究》2006 年第 10 期。

高帆:《中国地区经济差距的“空间”和“动力”双重因素分解》,《经济科学》2012 年第 5 期。

高峰:《生活质量与小康社会》,苏州大学出版社 2003 年版。

高艳云:《中国城乡多维贫困的测度及比较》,《统计研究》2012 年第 11 期。

高志刚：《中国区域经济发展及区域经济差异研究述评》，《当代财经》2002 年第 5 期。

贡森、葛延风、斯汀·库勒：《中国人类发展报告 2016：通过社会创新促进包容性的人类发展》，联合国发展计划署。

贡森、苏杨等：《民生为向——推进包容性增长的社会政策》，社会科学文献出版社 2011 年版。

郭利平、方远平：《中国各省市人类发展指数的比较与分析》，《学术探索》2001 年第 S1 期。

郭腾云、徐勇：《我国区域经济空间收敛研究》，《地理与地理信息科学》2005 年第 4 期。

郭兴方：《城乡收入差距的新估计——一种动态解释》，《上海经济研究》2004 年第 12 期。

郭亚军：《综合评价理论、方法及应用》，科学出版社 2007 年版。

国务院发展研究中心课题组主编：《民生为本——中国基本公共服务改善路径》，中国发展出版社 2012 年版。

哈特利·迪安：《社会政策学十讲》，岳经纶、温卓毅、庄文嘉译，格致出版社、上海人民出版社 2009 年版。

贺建风、黄钦炼：《城市化、技术进步与城乡收入差距的动态分析》，《科技管理研究》2011 年第 14 期。

赫尔曼·E. 戴利：《超越增长：可持续发展的经济学》，诸大建、胡圣等译，上海世纪出版集团 2006 年版。

洪银兴：《城乡差距和城乡统筹发展的优先次序》，《当代经济研究》2008 年第 1 期。

胡鞍钢、王洪川、魏星：《中国各地区人类发展：大进步与大趋同（1980—2010）》，《清华大学学报》（哲学社会科学版）2013 年第 5 期。

胡鞍钢、魏星：《地区经济发展的局部不均衡剖解：1993—2005》，《改革》2008 年第 11 期。

胡鞍钢、王绍光、康晓光：《中国地区差距报告》，辽宁人民出版社 1995 年版。

胡鞍钢、张宁：《中国人类发展的地区格局与历史变迁》，《河北学刊》2006 年第 4 期。

胡鞍钢、邹平：《社会与发展——中国社会发展地区差距报告》，浙江人民出版社 2000 年版。

胡鞍钢：《2020 中国全面建设小康社会》，清华大学出版社 2007 年版。

胡怀国：《从新古典主义到阿马蒂亚·森的能力方法》，《经济学动态》2010 年第 10 期。

胡志远、欧向军：《基于泰尔指数的江苏省区域差异多指标测度》，《经济地理》2007 年第 5 期。

黄有光：《福祉经济学》，张清津译，东北财经大学出版社 2005 年版。

江易华：《当代中国县级政府基本公共服务绩效评估指标体系的理论构建与实证研究》，中国社会科学出版社 2010 年版。

金相郁：《中国区域经济不平衡与协调发展》，上海人民出版社、格致出版社 2007 年版。

景天魁、毕天云、高和荣等：《当代中国社会福利思想与制度——从小福利迈向大福利》，中国社会出版社 2011 年版。

凯特琳·勒德雷尔主编：《人的需要》，邵晓光、孙文喜、王国伟、王晓红译，辽宁大学出版社 1988 年版。

莱恩·多亚尔：《人的需要理论》，伊恩·高夫、汪淳波、张宝莹译，李秉勤、董明珠校，商务印书馆 2008 年版。

李广东、方创琳：《中国区域经济增长差异研究进展与展望》，《地理科学进展》2013 年第 7 期。

李晶、郭立文：《中国人类发展的区域差距和空间格局分析》，《统计与决策》2013 年第 23 期。

李晶：《在污染的迷雾中发展？——污染敏感的人类发展指数及其实证分析》，《经济科学》2007 年第 4 期。

李培林、朱庆芳：《中国小康社会》，社会科学文献出版社 2003 年版。

李培林：《中国社会结构转型——经济体制改革的社会学分析》，黑龙江人民出版社 1995 年版。

理查·莱亚德：《不幸福的经济学》，陈佳伶译，中国青年出版社2009年版。

林伯强、刘希颖：《中国城市化阶段的碳排放——影响因素和减排策略》，《经济研究》2010年第8期。

林南、王玲、潘允康、袁国华：《生活质量的结构与指标：1985年天津千户户卷调查资料分析》，《社会学研究》1987年第6期。

林毅夫：《中国的经济发展战略与地区收入差距》，《经济研究》2003年第3期。

刘慧：《区域差异测度方法与评价》，《地理研究》2006年第4期。

刘思峰、党耀国、方志耕等：《灰色系统理论及其应用》，科学出版社2010年版。

刘涛：《中国区域经济差异的空间分解和结构分解》，《理论学刊》2012年第8期。

刘卫东、龙花楼、张林秀等：《2013中国区域发展报告》，商务印书馆2014年版。

刘长平、李前兵：《基于省际面板数据的区域经济差异多指标测度》，《统计与决策》2012年第18期。

卢淑华、韦鲁英：《生活质量与人口特征关系的比较研究：北京、西安、扬州三市部分地区调查》，《北京大学学报》（哲学社会科学版）1991年第3期。

芦惠：《中国区域经济差异与极化的时空分析》，《经济地理》2013年第6期。

陆大道、刘毅、樊杰：《我国区域政策实施效果与区域发展的基本态势》，《地理学报》1999年第6期。

陆大道：《关于我国区域发展战略与方针的问题》，《经济地理》2009年第1期。

陆大道：《区域发展及其空间结构》，科学出版社1995年版。

陆学艺、李培林主编：《中国社会发展报告》，辽宁人民出版社1991年版。

陆学艺主编：《当代中国社会建设》，社会科学文献出版社2013年版。

罗楚亮：《城乡分割、就业状况与主观幸福感差异》，《经济学》（季刊）2006 年第 2 期。

罗敏、祝小宁：《城乡公共服务的社会空间均衡研究》，《社会科学研究》2010 年第 4 期。

吕洁华、刘飞、夏彩云等：《城乡居民生活幸福感指数的对比分析》，《统计与决策》2015 年第 5 期。

马晓冬、沈正平、宋潇君：《江苏省城乡公共服务发展差距及其障碍因素分析》，《人文地理》2014 年第 1 期。

马艳梅、吴玉鸣、吴柏钧：《长三角地区城镇化可持续发展综合评价——基于熵值法和象限图法》，《经济地理》2015 年第 6 期。

迈克尔·谢若登：《资产与穷人：一项新的美国福利政策》，商务印书馆 2007 年版。

尼尔斯·托马森：《不幸与幸福》，京不特译，华夏出版社 2004 年版。

聂江：《以基尼系数衡量的教育不平等与中国的实证研究》，《市场与人口分析》2006 年第 4 期。

牛媛媛、任志远：《关中—天水经济区人类发展水平空间差异分析》，《人口与发展》2011 年第 1 期。

帕萨·达斯吉普特：《大众经济学》，叶硕、谭静译，凤凰出版传媒集团、译林出版社 2008 年版。

潘家华、张丽峰：《我国碳生产率区域差异性研究》，《中国工业经济》2011 年第 5 期。

潘家华、郑艳：《基于人际公平的碳排放概念及其理论含义》，《世界经济与政治》2009 年第 10 期。

潘家华：《人文发展分析的概念构架与经验数据：以对碳排放空间的需求为例》，《中国社会科学》2002 年第 6 期。

佩德罗·孔塞桑、罗米娜·班德罗与卢艳华：《主观幸福感研究文献综述》，《国外理论动态》2013 年第 7 期。

千年生态系统评估项目概念框架工作组：《生态系统与人类福祉：评估框架》，张永民译，赵士洞审校，中国环境科学出版社 2007 年版。

乔峰、姚俭：《时序全局主成分分析在经济发展动态描绘中的应用》，《数理统计与管理》2003年第2期。

任媛、谢学仁：《人类发展指数的解析及应用——基于山西省各地市的测算与比较》，《西北人口》2011年第4期。

沈春丽：《中国地区差异的经济分析》，人民出版社2006年版。

沈颢、卡玛·尤拉主编：《国民幸福：一个国家发展的指标体系》，北京大学出版社2011年版。

沈玉芳、罗余红：《长江经济带东中西地区经济发展不平衡的现状、问题及对策研究》，《世界地理研究》2000年第9期。

施琳：《差异、差距与不平衡发展：兼论引起我国区域经济不平衡发展的主要因素》，《中央民族大学学报》（社会科学版）1998年第3期。

史修松、赵曙东：《中国经济增长的地区差异及其收敛机制（1978—2009年）》，《数量经济技术经济研究》2011年第1期。

世界银行：《2009年世界发展报告——重塑世界经济地理》，清华大学出版社2009年版。

宋洪远、马永良：《使用人类发展指数对中国城乡差距的一种估计》，《经济研究》2004年第11期。

宋长青、李子伦、马方：《中国经济增长效率的地区差异及收敛分析》，《城市问题》2013年第6期。

孙久文、姚鹏：《基于空间异质性视角下的中国区域经济差异研究》，《上海经济研究》2014年第5期。

孙文杰：《地方政府财政支出结构与公共品供给机制剖析——基于城乡差异视角的实证研究》，《当代财经》2008年第1期。

覃成林、罗庆：《中国区域人类发展差异研究》，《经济经纬》2004年第6期。

覃成林、张华、张技辉：《中国区域发展不平衡的新趋势及成因——基于人口加权变异系数的测度及其空间和产业二重分解》，《中国工业经济》2011年第10期。

田发、周琛影：《区域基本公共服务均等化与财政体制测度：一个分析框架》，《改革》2013年第1期。

田辉、孙剑平：《HSDI：植入环境敏感性因素的人类可持续发展指数》，《中国软科学》2007 年第 10 期。

田新民、王少国、杨永恒：《城乡收入差距变动及其对经济效率的影响》，《经济研究》2009 年第 7 期。

涂正革：《中国的碳减排路径与战略选择——基于八大行业部门碳排放量的指数分解分析》，《中国社会科学》2012 年第 3 期。

托马斯：《增长的质量》，中国财政经济出版社 2001 年版。

万崇华：《生命质量测定与评价方法》，云南大学出版社 1999 年版。

万广华：《不平等的度量与分解》，《经济学》（季刊）2009 年第 1 期。

万广华：《中国农村区域间居民收入差异及其变化的实证分析》，《经济研究》1998 年第 5 期。

王朝明、姚毅：《中国城乡贫困动态演化的实证研究：1990—2005 年》，《数量经济技术经济研究》2010 年第 3 期。

王绍光、胡鞍钢：《中国：不平衡发展的政治经济学》，中国计划出版社 1999 年版。

王圣云、沈玉芳：《福祉地理学研究新进展》，《地理科学进展》2010 年第 10 期。

王圣云、沈玉芳：《区域发展不平衡研究进展》，《地域研究与开发》2011 年第 1 期。

王圣云：《多维转向与福祉地理学研究框架重构》，《地理科学进展》2011 年第 6 期。

王圣云：《中部地区人文发展的生态效率评价与对策》，《经济地理》2011 年第 5 期。

王圣云：《中部地区社会发展测评、预警与比较研究——发展型福祉视角》，经济科学出版社 2014 年版。

王圣云：《中国人类福祉变化的驱动效应及时空分异》，《地理科学进展》2016 年第 5 期。

王圣云：《福祉地理学——中国区域发展不平衡研究》，经济科学出版社 2011 年版。

王小鲁、樊纲：《中国地区差距的变动趋势和影响因素》，《经济研究》2004 年第 1 期。

王雪霁：《城市化影响城乡收入差距的机制研究》，《财经理论研究》2013 年第 5 期。

王艳萍：《阿马蒂亚·森的"能力方法"在发展经济学中的应用》，《经济理论与经济管理》2006 年第 4 期。

王志平：《"人类发展"指数（HDI）：含义、方法及改进》，《上海行政学院学报》2007 年第 5 期。

吴寒光主编：《社会发展与社会指标》，中国社会出版社 1991 年版。

吴映梅、普荣、白海霞：《中国省级人类发展指数空间差异分析》，《昆明理工大学学报》（社会科学版）2008 年第 8 期。

夏铸九：《空间的文化形式与社会理论读本》，王志弘编译，明文书局 2002 年版。

项继权：《基本公共服务均等化——政策目标与制度保障》，《华中师范大学学报》（人文社会科学版）2008 年第 1 期。

谢立中：《社会发展：理论·评估·政策》，社会科学文献出版社 2012 年版。

邢占军：《公共政策导向的生活质量评价研究》，山东大学出版社 2011 年版。

杨爱婷、宋德勇：《中国社会福利水平的测度及对低福利增长的分析——基于功能与能力的视角》，《数量经济技术经济研究》2012 年第 11 期。

杨俊凯：《农村信用社改革的成效考察——西部某地区调查的时序全局主成分分析》，《西安交通大学学报》（社会科学版）2008 年第 2 期。

杨伟民：《社会政策导论》，中国人民大学出版社 2004 年版。

杨伟民、袁喜禄、张耕田等：《实施主体功能区战略，构建高效、协调、可持续的美好家园——主体功能区战略研究总报告》，《管理世界》2012 年第 10 期。

杨永恒、胡鞍钢、张宁：《基于主成分分析法的人类发展指数替代技术》，《经济研究》2005 年第 7 期。

杨永恒、胡鞍钢：《中国人类发展的地区差距和不协调：历史视角下的“一个中国，四个世界”》，《经济学》（季刊）2006 年第 3 期。

姚洋主编：《转轨中国：审视社会公正和平等》，中国人民大学出版社 2004 年版。

伊恩 · 莫法特：《可持续发展：原则、分析和政策》，宋国君译，经济科学出版社 2002 年版。

袁志刚主编：《中国经济增长——制度、结构、福祉》，复旦大学出版社 2006 年版。

约翰 · 弗里德曼：《生活空间与经济空间：区域发展的矛盾》，《国外城市规划》2005 年第 5 期。

约瑟夫 · E. 斯蒂格利茨、阿马蒂亚 · 森、让—保罗 · 菲图西：《对我们生活的误测：为什么 GDP 增长不等于社会进步》，新华出版社 2011 年版。

曾鹏、吴功亮、张晓君：《技术进步、城市化与城乡收入差距关系研究——基于中国城市群的经验分析》，《华东经济管理》2016 年第 2 期。

詹姆斯 · 米奇利：《社会发展——社会福利视角下的发展观》，格致出版社、上海人民出版社 2009 年版。

张敦富、覃成林：《中国区域经济差异与协调发展》，中国轻工业出版社 2001 年版。

张海东主编：《社会质量研究——理论、方法与经验》，社会科学文献出版社 2011 年版。

张军扩、侯永志：《协调区域发展——30 年区域政策与发展回顾》，中国发展出版社 2008 年版。

张磊主编：《中国扶贫政策演变（1949—2005 年）》，中国财政经济出版社 2007 年版。

张启春：《中国区域差距与政府调控：财政平衡机制和支持系统》，商务印书馆 2005 年版。

张伟进、方振瑞、黄敬翔：《城乡居民生活水平差距的变化——基于经济周期视角分析》，《经济学》（季刊）2015 年第 2 期。

张文、李昌文、徐小琴：《区域城乡收入差距的主要影响因素分析——基于 1985—2012 年的江西数据》，《华东经济管理》2015 年第 1 期。

赵士洞、张永民：《生态系统与人类福祉——千年生态系统评估的成就、贡献和展望》，《地球科学进展》2006 年第 9 期。

赵志强、叶蜀君：《东中西部地区差距的人类发展指数估计》，《华东经济管理》2005 年第 12 期。

中国发展研究基金会：《中国发展报告 2008/09——构建全民共享的发展型社会福利体系》，中国发展出版社 2009 年版。

中科院可持续发展研究组：《2001 年中国可持续发展战略报告》，科学出版社 2001 年版。

周恭伟：《中国人类发展指标体系构建及各地人类发展水平比较研究》，《人口研究》2011 年第 6 期。

周江燕、白永秀：《中国城乡发展一体化水平的时序变化与地区差异分析》，《中国工业经济》2014 年第 2 期。

周长城：《全面小康：生活质量与测量——国际视野下的生活质量指标》，社会科学文献出版社 2003 年版。

周长城：《中国生活质量：现状与评价》，社会科学文献出版社 2003 年版。

周长城等：《社会发展与生活质量》，社会科学文献出版社 2001 年版。

朱鹤、刘家明：《中国东部地区旅游业竞争力研究——基于时序全局主成分分析法》，《地域研究与开发》2015 年第 5 期。

诸大建、刘国平：《碳排放的人文发展绩效指标与实证分析》，《中国人口·资源与环境》2011 年第 5 期。

诸大建：《中国发展 3.0：诸大建学术日记（2008）》，同济大学出版社 2010 年版。